# Le nouveau TOEIC®

Serena Murdoch-Stern

David Mayer

*Serena Murdoch-Stern remercie ses stagiaires et ses étudiants pour leur participation, ainsi que Joël, Thibaut, Anne Charlotte, Arnaud, Pauline et Lily pour leur patience et leurs encouragements.*

*David Mayer remercie tout d'abord Steph pour la patience et son soutien depuis tant d'années. Ce livre est dédié à tous mes élèves et à la mémoire de mes chers parents, je crois qu'ils seraient fiers.*

Droits iconographiques : Éditions Nathan

ISBN 978-2-09-810924-7

# Avant-propos

Que ce soit pour les études, ou pour le travail, un bon résultat au TOEIC est un atout considérable pour l'avenir. Dans les deux cas, on ne dispose pas toujours d'autant de temps qu'on le souhaite pour améliorer son anglais.

Avant de commencer votre préparation au TOEIC, nous souhaitons vous rassurer : l'examen n'est pas vraiment difficile. Certes, c'est un « challenge », mais difficile ? ... certainement pas ! Nous avons aidé nos élèves à se préparer à l'examen pendant toute notre carrière de professeurs d'anglais et leurs commentaires sont toujours les mêmes : « L'examen en soi n'est pas trop dur, mais c'est très long et compliqué de se concentrer aussi longtemps ». Nous sommes tout à fait d'accord. Le TOEIC est un examen de 2 heures qui exige une force de concentration importante. Il est déjà difficile de passer un examen de cette durée dans sa langue maternelle et encore plus dans une langue étrangère !

Pour réussir le TOEIC il faut savoir se concentrer et gérer son temps. L'objectif de ce livre est de vous entraîner, en vous aidant à augmenter votre capacité de concentration et à faire les exercices dans un temps limité, afin de pouvoir finir l'examen en temps et en heure.

Ce livre vous donne une explication à chaque partie du test, et une série d'astuces pour améliorer vos performances. Cette partie est suivie par un « build up » (exercices d'entraînement) : il s'agit d'apprendre à enchaîner les épreuves, petit à petit, afin d'augmenter votre niveau de concentration (voir sommaire). À la fin des exercices d'entraînement, trois examens blancs TOEIC complets vous permettent de tester votre concentration et voir si vous avez bien compris comment gérer votre temps, en situation réelle.

Enfin, pour terminer cette introduction comme nous le faisons chaque année avec nos futurs candidats : « You can do it, all you have to do is try » !

# Sommaire

# Introduction

Nous allons vous expliquer plus en détail les difficultés que nous avons abordées dans l'avant-propos, et comment ce livre vous aidera à les surmonter.

## La partie Listening du Test

Les 4 parties **Listening** du test durent 45 minutes. Elles sont composées de dialogues et de monologues. En général, lorsque les candidats arrivent à la 4e partie, ils sont épuisés. Leur concentration s'affaiblit et par conséquent, tout ce qu'ils entendent dans le dialogue est « Hi Jim... blablabla ». Et puis, tout d'un coup « Now answer question 167 » ! Évidemment, ils sont perdus et se trompent dans la réponse. Mais la question qui se pose est : « Auraient-ils réussi s'ils avaient été encore concentrés ? » La plupart du temps, la réponse est OUI ! Un manque de concentration et de focalisation peut faire toute la différence entre un TOEIC réussi ou échoué. Pendant la partie compréhension orale, les dialogues suivent un rythme assez soutenu, le candidat n'a aucun contrôle de la vitesse des enregistrements. Le maintien de la concentration est donc primordial.

### Quelques conseils

Si vous le pouvez, prenez le temps d'écouter autant d'anglais que possible. Pour préparer l'examen, la radio est le meilleur média car il est plus difficile de comprendre sans indication visuelle. Identifiez les problèmes qui vous empêchent de bien entendre et entraînez-vous en suivant ces consignes.

### L'écoute passive

Il a été prouvé que votre oreille n'est pas forcément très « ouverte » aux sons de la langue anglaise. Cette « écoute passive » vous servira à stimuler votre acuité auditive, et petit à petit à mieux comprendre. Et ça marche vraiment ! Lorsque vous avez un moment de calme (dans la salle de bains, le matin), mettez la radio en anglais (BBC ou autre) – n'essayez pas de comprendre, c'est juste une musique de fond – c'est facile et efficace !

### L'écoute active

Vous aimez la musique ? Prenez une chanson (en anglais bien sûr) que vous appréciez et essayez de noter les paroles. Ensuite, vous pouvez les chercher sur Internet pour vous auto-corriger.
La télévision est aussi un atout majeur pour améliorer votre écoute. Bien sûr, vous avez envie de vous détendre lorsque vous regardez un film. Au départ, regardez-le en v.o. (anglais !) 10 minutes, puis remettez les sous-titres. Après une semaine, augmentez la durée en anglais d'environ 15 minutes, et ainsi de suite jusqu'au moment où vous profitez d'un film entier – tout en anglais !
Vous voyez, vous pouvez augmenter votre capacité d'écoute tout en vous amusant !

## La partie Reading du Test

La deuxième partie du test, **Reading**, est fondée sur les connaissances de grammaire de base, de vocabulaire, et de la capacité à lire et comprendre un texte écrit.

Ici le défi pour le candidat est de gérer son temps. Vous avez 75 minutes, soit 1 heure 15 minutes pour accomplir les parties 5, 6 et 7, autrement dit répondre à 100 questions. La clef est de lire VITE d'une manière efficace. Souvent les candidats n'arrivent pas à finir l'examen parce qu'ils lisent beaucoup trop lentement.

Le principal obstacle est de ne pas lire régulièrement en anglais. Souvent on entend « Mais je ne lis même pas dans ma propre langue ! », ou « Je n'ai pas le temps de lire, j'ai trop de travail / autre chose à faire ». Néanmoins, pour bien réussir l'examen il est essentiel de savoir lire rapidement.

Mais en dehors de la lecture, l'autre option pour réussir est d'optimiser le temps à passer sur les sections grammaire (5, 6) pour consacrer plus de temps à la partie 7 (compréhension du test).

L'entraînement pour la partie **Reading** doit donc consister en :
– 15 minutes pour la Part 5,
– 15 minutes pour la Part 6,
– 30 minutes pour la Part 7.

Les 15 minutes qui restent vous donnent le temps de revoir vos réponses, ou relire les textes sur lesquels vous avez un doute. Au départ, cela semble très difficile, mais avec de la persévérance vous y arriverez et vous serez capable de réussir le jour J. Souvenez-vous que l'exercice doit être fait régulièrement, – donnez-vous un peu de temps et vous constaterez vos progrès.

# Explication de l'examen

Maintenant pour le côté pratique...

Il est nettement plus facile de réussir un examen si vous savez, avant de commencer, à quoi vous attendre.

Il y a deux sections au TOEIC : « LISTENING TEST » (parts 1, 2, 3, 4) et « READING TEST » (parts 5, 6, 7) composées de :

| | | Questions | | | Score | |
|---|---|---|---|---|---|---|
| Part 1 | Photos | 10 | | *COMPRÉHENSION ORALE 45 MINUTES* | | |
| Part 2 | Questions-réponses | 30 | | | | |
| Part 3 | Conversations | 30 | | | | |
| Part 4 | Monologues | 30 | = 100 | | 5-495 | |
| Part 5 | Phrases incomplètes | 40 | | *COMPRÉHENSION ÉCRITE 1 HEURE 15 MINUTES* | | |
| Part 6 | Textes à compléter | 12 | | | | |
| Part 7 | Compréhension de textes écrits | 48 | = 100 | | 5-495 | |
| | | | | TOTAL = 200 | | 10-990 |

L'examen dure 2 heures, mais il faut compter à peu près 3 heures en tout, partie administrative comprise.

**Quelques astuces pour bien appréhender l'examen :**

1. Soyez sûr d'avoir bien compris à l'avance toutes les consignes que vous trouverez à l'examen – pour ne pas perdre de temps.
2. N'oubliez pas d'apporter une pièce d'identité valide, et plusieurs crayons de papier, gommes et taille-crayons !
3. Vous ne pouvez pas apporter de feuille de papier libre, et vous ne devez pas prendre de notes pendant l'examen, ni sur le test, ni sur la grille de réponses.
4. Soyez à l'heure (il y a plein de papiers à remplir) et mettez-vous le plus près possible de la source audio afin d'être sûr de bien entendre.
5. Remplissez bien le cercle pour votre réponse – les grilles sont lues par ordinateur.
6. Il n'y a pas de points négatifs si vous mettez la mauvaise réponse. Donc si vous avez un doute, mettez une réponse – après tout, il y a 25 % de chance que ce soit la bonne !
7. Faites confiance à votre instinct. Vous avez sûrement beaucoup révisé et il y a de fortes chances que votre cerveau vous indique la bonne réponse. En cas de changement, gommez bien pour ne laisser aucun doute sur votre réponse.
8. À la fin, vérifiez sur votre grille de réponses que vous avez mis une réponse à toutes les questions – sinon, complétez-la.
9. Vérifiez que vous n'avez pas mis deux réponses pour une question – si c'est le cas, vos deux réponses invalidées.
10. Dormez-bien la veille de l'examen. Vous devez prendre un bon petit-déjeuner si l'examen est le matin, et un déjeuner léger si l'examen est dans l'après-midi.

# *Tips for* Part 1

◖ Dans cette partie, pensez avant tout à bien regarder la photo. Vous allez entendre 4 phrases et devrez choisir la plus adaptée à la situation. Vous devez donc être capable de faire deux choses à la fois : écouter les réponses ET regarder les photos.

◖ Dans cette épreuve, il faut être extrêmement attentif aux détails des photos. Souvent les candidats sous-évaluent cette partie, la trouvant trop facile. Or pour certaines questions, la réponse n'est pas évidente. Si vous n'êtes pas assez concentré, vous n'entendrez pas les réponses et si celles-ci sont ambiguës, vous vous tromperez. De plus, si l'on se rend compte que l'on n'a pas entendu la bonne réponse, la première réaction est de paniquer, on n'est plus concentré pour la question suivante, etc. Le candidat a déjà raté deux questions, juste par manque d'attention.

## CONSEILS ET EXERCICES

**Tout d'abord, commençons ensemble par ce petit travail.**
**Regardons cette image :**

**Ensuite, posons-nous quelques questions.**

### 1. Que voit-on lorsque l'on regarde la photo d'une manière globale ?

On voit une petite fille (*a little girl*), qui tient la main d'une femme qui marche (*who is holding hands with a woman who is walking*). On voit un public qui applaudit (*the audience that is clapping*).

### 2. Quelle est la composition de la photo ?

Au centre (*in the middle*) se tiennent la petite fille et la femme. À droite, le public (*the audience*). Les lignes de perspective arrivent au centre de la photo, derrière les deux personnages principaux (*the two main characters*).

**3. Quelle est l'impression générale qui se dégage ?**

On dirait un défilé de mode (*fashion show*). La femme dont on ne voit pas le visage (*the woman whose face is hidden*) est probablement habillée avec une robe de mariée (*a wedding dress*), et la petite fille joue la demoiselle d'honneur (*bridesmaid*). Elles ont l'air de marcher sur un podium ou une estrade (*catwalk*).

**4. Quelles sont les prépositions que je peux rencontrer ici ?**

Les prépositions de mouvement (*along, beside...*) et de position (*on, between...*).

**5. Quelles sont les expressions des personnages ?**

La petite fille a l'air intimidée (*overawed*) ou timide (*shy*). Le public a l'air ravi (*delighted*). Les gens sourient (*are smiling*) et prennent des photos (*are taking photos*).

**6. Quel temps employer pour décrire la scène ?**

Les personnages sont-ils en mouvement ou immobiles ? S'agit-il d'une action habituelle, d'un état, ou d'un événement en train de se passer ?

☒ *They are carrying bouquets of flowers.* ☐ *They carry bouquets of flowers.*

**7. Quels sont les pièges que je peux rencontrer ?**

Les **prépositions** (surtout de position ou de mouvement – *on, over, under, by...*) :

☒ *They are walking along the catwalk.* ☐ *They are walking around the catwalk.*

Les **homophones** (*leek/leak, ring/wring, dear/deer...*) :

☒ *The little girl looks like a fairy.* ☐ *The little girl looks like a ferry.*

Les **mots que l'on confond** (*briefly/shortly, stationary/stationery...*) :

☒ *The audience is clapping.* ☐ *The spectators are clapping.*

Les **mots qui se ressemblent phonétiquement** (*bang/rang/hang/sang...*) :

☒ *The little girl is shy.* ☐ *The little girl will try.*

Les **faux-amis** (*actually/currently...*)

☒ *The woman has a beautiful dress.* ☐ *The woman has a beautiful robe.*

**Entraînez-vous avec d'autres photos. Posez-vous les mêmes questions en essayant d'aller de plus en plus vite pour que ce soit instantané le jour de l'examen, où les questions s'enchaînent.**

**1. L'observation**

Entraînez-vous à bien regarder tout ce qui vous entoure – et bien sûr des photos. Souvent la bonne réponse est basée sur un tout petit détail de la photo (par exemple le téléphone dans la main de la fille). Nous allons travailler ensemble sur un exercice pour éveiller votre capacité d'observation – ensuite vous pourrez le refaire autant de fois que vous voulez, avec vos propres photos, ou des magazines, etc.!

***Exercice 1***

Essayez : regardez la photo ci-contre et remplissez le tableau. Ensuite, comparez votre liste avec la nôtre !

| Nom | Verbe | Adjectif/adverbe | Préposition |
|---|---|---|---|
| | | | |
| | | | |
| | | | |
| | | | |
| | | | |

CORRIGES p. 282

**2. Le contexte**

Ici vous allez faire jouer votre logique. Si vous comprenez bien le contexte de l'image, vous pourrez anticiper sur les mots-clefs qui se trouveront dans une des 4 phrases proposées.

Il se peut que vous entendiez un bruit de fond (par exemple, le bruit des voitures) – à ce moment-là, si vous entendez le mot « jam », et que dans la photo il y a plein de voitures, vous pourrez en conclure que votre contexte est un « traffic jam ». Il n'y a pas toujours de bruit de fond, mais vous aurez des indications visuelles.

### Exercice 2

**Nous allons faire à nouveau l'exercice, mais cette fois-ci avec des points d'observation plus généraux.**

| Où est prise la photo ? | Quelles sont les actions que vous voyez réellement ? | À votre avis, que se passe-t-il ? |
|---|---|---|
| | | |
| | | |
| | | |
| | | |
| | | |

CORRIGES p. 282

**3. Le vocabulaire**

Si l'on voit une crevette et que l'on ne sait pas qu'une crevette se dit « *a shrimp* » en anglais, on ne peut pas trouver la bonne réponse. Il faut donc augmenter votre vocabulaire. L'exercice suivant n'est qu'un exemple de ce que vous pouvez mettre en œuvre. Puisque nous avons parlé de « *shrimp* », nous allons nous entraîner avec la nourriture. À vous de trouver d'autres sujets pour réaliser le même travail (en ville, les loisirs, les voyages, les hôtels...) !

### Exercice 3

**Mettez les mots de la liste suivante dans la bonne case.**

Beef – lettuce – cauliflower – pheasant – lamb – egg – Brussels sprouts – smoked – boiled – red wine – goose – roasted – beans – hare – pineapple – oysters – partridge

– pork – turnip – lager – wild boar – lemon – peanuts – scallops - white wine – trout – cucumber – mutton – shrimp – chicken – grilled – mineral water – banana – baked – avocado – leeks – raspberry – kipper – rosé – fried – steamed – mussels – asparagus – prawns – coffee – guinea fowl – green pepper – mushrooms – venison – turkey – pancake – veal – apple – fruit salad – carrots – soft drinks – olives – potatoes – grapefruit – poached – pike – blackcurrant – red pepper – cabbage – rabbit – pear – peas – grapes – spinach – ice cream – frogs' legs – duck – salmon – lime – tomato – custard – orange – lobster

| Ways of cooking | Meat | Poultry | Produce |
|---|---|---|---|
| | | | |
| **Drinks & nibbles** | **Fish & seafood** | **Game** | **Dessert / pudding** |
| | | | |

CORRIGES p. 282

**4. Les principaux pièges**

Travaillons un peu sur les pièges que l'on retrouve souvent à l'examen : les prépositions, les homophones, les mots que l'on confond, les mots qui se ressemblent phonétiquement, les faux-amis, le vocabulaire...

### *Exercice 4*

**Parmi les mots en italiques proposés, choisissez la (les) bonne(s) réponse(s). Évidemment, c'est plus difficile à l'écoute !**

**1.** There are seagulls *on/over/into* the sea.
**2.** We can see *as far as/until* the horizon.
**3.** The *sea/see* is like a millpond.
**4.** The lifeguard stand is on the *sand/land/left hand*.
**5.** The pontoon is in the *foreground/background*.
**6.** It is sunny *actually/at present*.
**7.** The lifeguard stand is made of *wood/would*.
**8.** It is a beautiful *beach/peach*.
**9.** This is a(an) *important/sizeable* beach – it's miles long.
**10.** The sea is *rough/calm/agitated/waveless*.
**11.** The trees are *behind/in front of/opposite* the sea wall.
**12.** There is *a white sign/some white wine*.
**13.** The *weather/whether* is clear and sunny.
**14.** We can *hardly/hard* see the birds.
**15.** The lifeguard is currently *working/taking time off*.

CORRIGES p. 282

# *Listening* TEST

CD 1 piste 1

PART 1

In the listening test, you will be asked to demonstrate how well you understand spoken English. The entire listening test will last approximately 45 minutes. There are four parts, and directions are given for each part. You must mark your answers on the separate answer sheet. Do not write your answers in the test book.

**Directions**

For each question in this part, you will hear four statements about a picture in your test book. When you hear the statements, you must select the one statement that best describes what you see in the picture. Then find the number of the question on your answer sheet and mark your answer. The statements will not be printed in your test book and will be spoken only one time.

**Example**

(A) The man is sitting at the table.
(B) The man is watching the boats.
(C) The man is praying.
(D) The man is eating.

Statement (A), "The man is sitting at the table" is the best description of the picture, so you should select answer (A) and mark it on your answer sheet.

SAMPLE ANSWER (A) (B) (C) (D)

## Part 1 Answer sheet pp. 294-303 CD 1 piste 1

1

2

3

4

5

6

7

8

9

10

CORRIGES p. 282

# *Tips for* Part 2



◖ La deuxième partie de l'épreuve consiste en une question ou phrase déclarative, suivie de 3 réponses, le tout en anglais. Il faut choisir la bonne réponse parmi les trois proposées. Rien n'est écrit, tout se passe à l'oral.

◖ Cette partie n'est pas difficile, mais elle est longue. Il y a 30 questions et souvent les étudiants se déconcentrent, les voix peuvent être lassantes. Il ne faut surtout pas se laisser aller et céder à la tentation de penser à autre chose, mais écouter chaque dialogue attentivement.
Repérez bien les questions « *Who* » « *Where* » « *When* » « *Why* » « *How much* » « *How many* ».
Vous avez le choix entre trois réponses, mais très souvent deux des trois ne sont pas logiques. Donc même sans comprendre tout le vocabulaire, si vous êtes attentif aux mots interrogatifs vous pouvez trouver la solution par déduction.

**• CONSEILS ET EXERCICES**

Révisons ensemble d'abord les deux principales catégories de questions en anglais.

## 1. Qu'est-ce qu'une « yes/no » question ?

• Ce sont les questions qui commencent par un auxiliaire, par exemple *is / are / would / could / will / do / does / did / have*. Il est donc probable que la réponse débute par « *yes* » ou « *no* ».

Ex. : *Is the plane for Bangkok leaving on time?*
*Yes, sir, there are no delays today.*
*No, I'm afraid it's been held up by snow.*

• En revanche, il est aussi possible que le « yes » ou « no » soit sous-entendu.

Ex. : *Was it a nice hotel you stayed in for your honeymoon?*
*Well, I've known better.*
*It couldn't have been better.*

• De plus, certaines questions (surtout indirectes) suscitent une réponse qui n'est pas transparente.

Ex. : *It's cold, would you mind if I opened the window?*
*I'd rather you didn't.*
*Not at all, go ahead.*
*Could you tell me what you pay in income tax?*
*Yes, of course.*
*I'd rather not.*
*Would you mind telling me what you earn?*
*Not at all.*
*I'd prefer not to.*

## 2. Qu'est-ce qu'une « wh » question ?

Il ne faut pas confondre les mots interrogatifs en « wh » ! Révisons-les, car si vous repérez correctement ces « mots-question » vous trouverez plus facilement la bonne réponse.
Indices pour la réponse :

• WHO — Nom propre ou nom commun, tout ce qui concerne les personnes.

• WHAT — Avec « what » il faut bien écouter soit :
– le verbe qui suit le sujet : *What do you do? What does he like?*

– l'objet qui suit « what's » : *What's the time? What's wrong?*
– le mot qui accompagne le « what » : *what colour, what time, what nationality, what size, what shape…*

• WHEN — Un adverbe : *earlier, later, shortly*
Une expression adverbiale : *after the meeting, before they go home*
Une préposition : *at, on, about*

• WHERE — Un lieu (avec ou sans préposition) : *at the office, to school, home*

• WHY — Une raison (avec ou sans « because ») : *It's late / Because it's late.*

• WHICH — « Which » demande une réponse sur un choix réduit (lequel/laquelle). Souvent la réponse contiendra le mot « one/ones ».
*Which book would you like? That one please.*

• WHOSE — Une question de possession donc la réponse contiendra souvent :
– un génitif : *It's Mary's.*
– un adjectif possessif : *It's her book.*
– un pronom possessif : *That's mine.*

• HOW — (Le « wh » ici est inversé !). La réponse va dépendre du :
– le verbe qui suit le sujet : *How did you like the film?*
– le mot qui accompagne la question : *How much, how many, how often*

Mais il se peut encore que la réponse soit plus nuancée, avec des sous-entendus.
*Where is he going for his holiday? Well, he's always liked the sun.*
*Why are they selling their house? Haven't you heard – he went bankrupt?*
*Whose car is so badly parked? I've no idea!*

***Exercice 1***

**Reliez ces questions que l'on confond souvent à leur réponse.**

| Question | Answer |
|---|---|
| **1.** How is she? | **a.** Something with a good clear screen. |
| **2.** What is she like? | **b.** How do you do? |
| **3.** What does she look like? | **c.** I'm a sustainable development manager. |
| **4.** Who does she look like? | **d.** Skateboarding and computers. |
| **5.** What does she like? | **e.** She's fine as far as I know. |
| **6.** What sort of computer does she like? | **f.** She's short, blond and very intelligent. |
| **7.** How do you do? | **g.** Neat with two ice cubes please. |
| **8.** How are you? | **h.** She's got red hair and green eyes. |
| **9.** What do you do? | **i.** Not so good today I'm afraid. |
| **10.** How do you like it? | **j.** Her twin sister. |

CORRIGES p. 282

## 3. Ai-je entendu une « *Hanging Preposition* » ?

Pour vous aider, écoutez la préposition qui se trouve à la fin de la question (contrairement au français, où l'on trouve la préposition au début de la phrase). En anglais, on appelle cela une « *hanging preposition* ».
Par exemple :
*How long have you been here for? For six years / since 20_ _*
*What are they looking at? The shooting stars I think.*
*Where do those products come from? On the label it says China.*

## 4. La question porte-t-elle sur l'objet ou le sujet ?

Dans la plupart des cas, une question porte sur l'objet et suit l'ordre traditionnel (mot question) – auxiliaire – sujet – verbe – (complément).
En revanche, n'oubliez pas les questions qui portent sur le sujet.
Par exemple :
*Who broke the window? Charlie did.*
*What's happening? They are running a marathon.*

### Exercice 2

**Posez une question « objet » ou une question « sujet ».**

1. Somebody sent me a postcard. (Who) ..........................................................................
2. She applied for a job. (Which job) ..........................................................................
3. She called someone. (Who) ..........................................................................
4. Some people are coming to dinner. (Who) ..........................................................................
5. Something happened to the car. (What) ..........................................................................
6. She passed the English test. (Which test) ..........................................................................

CORRIGES p. 282

## 5. Quelle est la nuance apportée par les questions négatives ?

Les questions négatives ont des nuances assez précises suivant la tournure de la question. C'est à nouveau un indice à ne pas négliger.

- Question ouverte : *Don't you want to try my new phone?*
- Suggestion (ou « Why not... ») : *Why don't we eat at the new diner?*
- Persuasion : *Wouldn't it be better to book before we go?*
- Critique : *Can't you (just) apply yourself a little more?*
- Surprise : *Didn't you tell them we were coming?*
- En attente d'une réponse positive : *Haven't we seen them somewhere before?*

### Exercice 3

**Créez une question à la forme négative en faisant attention à la nuance demandée.**

| Question | Instruction / nuance | Réponse |
|---|---|---|
| 1. met you before | Expecting positive answer | |
| 2. quicker to go by air | Persuasion | |
| 3. get the present I sent for your birthday | Surprise | |
| 4. take a break now | Suggestion | |
| 5. me to sweep the floor | Open question | |
| 6. be honest for once | Criticism | |

CORRIGES p. 282

## 6. Y a-t-il des pièges potentiels sur les *tags* ?

Il faut bien écouter le *tag* pour savoir si c'est une vraie question, une demande de confirmation, ou une demande d'un service ou d'information.

• Si l'intonation monte à la fin, c'est une vraie question :
*You work for PLN, don't you?* ↑ Tu travailles pour PLN, non ?

• Si l'intonation tombe à la fin, c'est une demande de confirmation.
*It was a great film, wasn't it?* ↓ C'était un bon film, n'est-ce pas ?

• Pour demander un service ou des informations, commencez par la négation.
*You couldn't give me a hand, could you?* ↑ Tu peux me donner un coup de main ?

• Ensuite, soyez attentif à la construction particulière de certains *tags*, et donc à la réponse :
*That's great, isn't it? Yes, it is.*
*I'm late, aren't I? I'm afraid you are – again!*
*Nobody likes the boss, do they? No, they don't, it's a pity.*
*Someone wants to come in, don't they? They'll just have to wait.*
*Everyone wears jeans these days, don't they? At high school they do.*
*Let's take the train for a change, shall we? Yes, we'll get there just as quickly.*
*Don't let him get at you, will you? I'll do my best but it's hard.*

## 7. Est-ce qu'il n'y a que des questions ?

Mais non ! Vous pouvez aussi avoir des échanges sans question, comme des petites conversations. Ici, faites jouer votre vocabulaire pour vous mettre dans le contexte et écoutez bien l'accentuation des mots-clés. Essayez l'exercice ci-dessous.

***Exercice 4***

**Reliez la réponse à la question (faites attention à l'intonation du mot-clé).**

| | |
|---|---|
| **1.** We didn't promise we'd go on a skiing holiday on January 4$^{th}$. | **a)** So what did you have in mind then? |
| **2.** We didn't promise we'd go on a skiing holiday on January 4$^{th}$. | **b)** Shall we take time off later then? |
| **3.** We didn't promise we'd go on a skiing holiday on January 4$^{th}$. | **c)** Well who did say we would then? |
| **4.** We didn't promise we'd go on a skiing holiday on January 4$^{th}$. | **de)** What date shall we leave then? |
| **5.** We didn't promise we'd go on a skiing holiday on January 4$^{th}$. | **e)** Yes you did! |
| **6.** We didn't promise we'd go on a skiing holiday on January 4$^{th}$. | **f)** Well, you certainly said we would. |

CORRIGES p. 282

# Listening TEST

CD 1 piste 2

**Directions:** You will hear a question or statement and three responses spoken in English. They will not be printed in your test book and will be spoken only one time. Select the best response to the question or statement and mark the letter (A), (B) or (C) on your answer sheet.

***Example***

SAMPLE ANSWER (A) (B) (C)

You will hear: Where is the museum?

You will also hear:
(A) It's down the road to your right.
(B) It's in the kitchen with Dinah.
(C) It's my mother.

Your best response to the question "Where is the museum?" is choice (A), "It's down the road to your right," so (A) is the correct answer. You should mark answer (A) on your answer sheet.

## Part 2 Answer sheet pp. 294-303

**11.** Mark your answer on your answer sheet.
**12.** Mark your answer on your answer sheet.
**13.** Mark your answer on your answer sheet.
**14.** Mark your answer on your answer sheet.
**15.** Mark your answer on your answer sheet.
**16.** Mark your answer on your answer sheet.
**17.** Mark your answer on your answer sheet.
**18.** Mark your answer on your answer sheet.
**19.** Mark your answer on your answer sheet.
**20.** Mark your answer on your answer sheet.
**21.** Mark your answer on your answer sheet.
**22.** Mark your answer on your answer sheet.
**23.** Mark your answer on your answer sheet.
**24.** Mark your answer on your answer sheet.
**25.** Mark your answer on your answer sheet.
**26.** Mark your answer on your answer sheet.
**27.** Mark your answer on your answer sheet.
**28.** Mark your answer on your answer sheet.
**29.** Mark your answer on your answer sheet.
**30.** Mark your answer on your answer sheet.
**31.** Mark your answer on your answer sheet.
**32.** Mark your answer on your answer sheet.
**33.** Mark your answer on your answer sheet.
**34.** Mark your answer on your answer sheet.
**35.** Mark your answer on your answer sheet.
**36.** Mark your answer on your answer sheet.
**37.** Mark your answer on your answer sheet.
**38.** Mark your answer on your answer sheet.
**39.** Mark your answer on your answer sheet.
**40.** Mark your answer on your answer sheet.

CORRIGÉS p. 282

# *Build Up* Part 1 + Part 2

**Directions:** You will now have to do parts 1 and 2 consecutively.

## Part 1 Answer sheet pp. 294-303

CD 1 piste 3

1

2

3

4

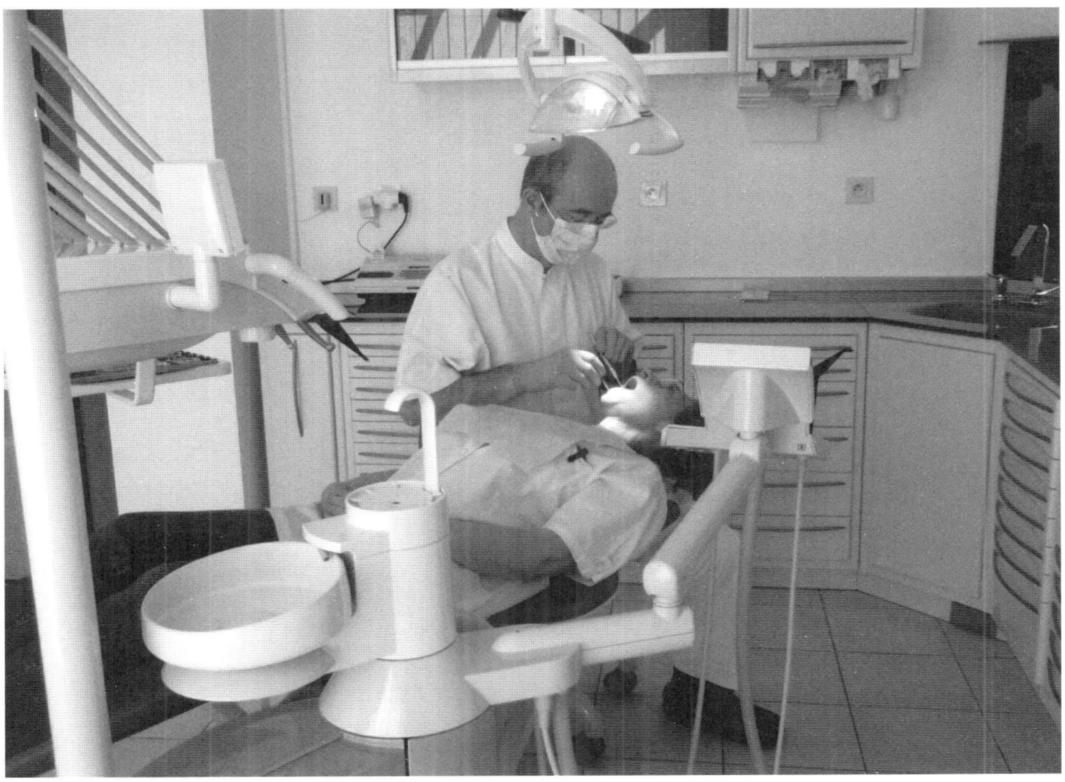

5

6

7

8

BUILD UP • PART 1 + 2

9

10

CORRIGES p. 283

## Part 2 Answer sheet pp. 294-303

CD 1 piste 4

11. Mark your answer on your answer sheet.
12. Mark your answer on your answer sheet.
13. Mark your answer on your answer sheet.
14. Mark your answer on your answer sheet.
15. Mark your answer on your answer sheet.
16. Mark your answer on your answer sheet.
17. Mark your answer on your answer sheet.
18. Mark your answer on your answer sheet.
19. Mark your answer on your answer sheet.
20. Mark your answer on your answer sheet.
21. Mark your answer on your answer sheet.
22. Mark your answer on your answer sheet.
23. Mark your answer on your answer sheet.
24. Mark your answer on your answer sheet.
25. Mark your answer on your answer sheet.
26. Mark your answer on your answer sheet.
27. Mark your answer on your answer sheet.
28. Mark your answer on your answer sheet.
29. Mark your answer on your answer sheet.
30. Mark your answer on your answer sheet.
31. Mark your answer on your answer sheet.
32. Mark your answer on your answer sheet.
33. Mark your answer on your answer sheet.
34. Mark your answer on your answer sheet.
35. Mark your answer on your answer sheet.
36. Mark your answer on your answer sheet.
37. Mark your answer on your answer sheet.
38. Mark your answer on your answer sheet.
39. Mark your answer on your answer sheet.
40. Mark your answer on your answer sheet.

CORRIGES p. 283

# Tips for Part 3

◖ Dans la 3e partie, on entend une conversation. Ensuite, sont posées par écrit trois questions sur ce dialogue, chacune avec quatre propositions de réponse. Une seule est juste !

◖ Pour les parties 3 et 4, vous devez être comme un célèbre empereur français et être capable de faire 2 choses en même temps : écouter les dialogues et lire les réponses. Ça peut paraître difficile mais c'est réalisable avec un peu d'entraînement. Tout d'abord, ne perdez pas de temps entre chaque conversation. Dès que vous avez coché votre réponse, n'attendez pas le début du prochain dialogue, lisez rapidement la question suivante et ainsi vous saurez déjà quels éléments retenir pour bien répondre aux questions.

## • CONSEILS ET EXERCICES

### 1. Comment gérer tous ces sujets différents ?

Les conversations que vous allez entendre peuvent aborder n'importe quel sujet, il faut donc apprendre à garder un esprit ouvert et prendre l'habitude de sauter rapidement du coq à l'âne. Aidez-vous d'Internet. Allez sur un site de culture générale ou d'information, mais privilégiez les articles courts. Entraînez-vous à les lire les uns après les autres, aussi vite que possible. Écoutez la radio aussi. Les « news » sont encore le meilleur entraînement pour pouvoir passer vite d'un thème à un autre – et bien sûr, vous allez « kill two birds with one stone » – votre habilité à changer de sujet va vite s'améliorer, ainsi que votre capacité d'écoute.

***Exercice 1***

**Lisez les cinq conversations ci-dessous, et attribuez leur un des titres.**
a) Insider dealers arrested b) Let's have a lie-in c) Don't waste time seeing it
d) Dream destination e) House hunting

**Conversation 1**
**Man.** I think we should make the most of the recession and invest quickly while prices are still low.
**Woman.** Look at this ad here – this stylish maisonette on the ground and lower-ground floors of a Grade II listed townhouse. 2/3 beds, kitchen, 2 baths, sitting/dining room, courtyard, parking – is going for a song at only £350,000.
**Man.** Well, I wasn't thinking of something on that scale, maybe we should go for something a bit lower-priced...

**Conversation 2**
**Woman.** Let's all go to the movies tonight. My friend told me about a really good new film – something like "Figure"...
**Man.** I think I know the one you mean – just listen to the review. "Based on a novel by I. Writit, *Figurine* stars Mary Moppet as a lost teenager who never really finds her way. In this unexciting, unoriginal and nonsensical movie, one corny scene replaces another in a never-ending series of rubbish. Billed as a family film – you really have to dislike your family to take them to this one."
**Woman.** Maybe we should just play couch potato instead.

**Conversation 3**
**Man.** So, what do you think of this idea? Discovered by Captain Jim Chef in 1515, a protectorate until the early 1900s, the island has come into its own. Just try out the incredible trekking, surfing and diving. Take a 3-hour hike from a white-sand beach up through pineapple fields and rainforest, to the two mountain peaks which offer stunning views over the bay.
**Woman.** Each to his own. My castle in the air stops at the beach.

**Conversation 4**
**Man 1.** Have you heard the news?
**Man 2.** No, what's been going on? Is it something to do with the investigation you were talking about?
**Man 3.** Right. Apparently, four prominent New York traders, from well-known financial institutions, have been taken into custody. It seems that they knew all about the ups and downs of their companies, and have been making a fortune out of it.

**Conversation 5**
**Mother.** I don't know what to do – I cannot get my son out of bed any more. On top of which, he says he's never late!
**School headmaster.** That's right, Mrs. Noifsandbuts. The school day now begins at 10am instead of 9am. We have a shorter lunch period, and finish one hour later – to fit in with teenage body clocks.
**Mother.** That's ridiculous – in my day we were always up and ready by 7am – and no harm came to us – we were 100% on the ball!
**Headmaster.** We made the adjustments 6 months ago, and the results show lateness has dropped by 9% and long-term absence by 29%. As for the exam results, our scores have improved no end.

CORRIGES p. 283

Maintenant vous pouvez bien sûr réaliser le même exercice tout seul. Prenez cinq articles courts, lisez-les très vite et trouvez un titre. Ensuite, lisez les articles tranquillement pour être sûr que vous avez bien compris le point essentiel de l'article.

## 2. Comment se mettre en contexte sans perdre de temps ?

Vous devez essayer de vous mettre « en contexte », si possible avant que le dialogue ne commence. Les questions et leurs réponses peuvent apporter un indice sur le sujet de la conversation. Bien sûr, vous n'aurez pas le temps de lire tranquillement les trois questions posées, ainsi que les quatre réponses à chaque question (soit 12 phrases).
Tout d'abord, vous devrez apprendre à lire vite, en diagonale – en anglais bien sûr, mais vous pouvez déjà vous entraîner en français si vous n'avez pas l'habitude de lire beaucoup. Voici des petites astuces qui peuvent vous aider.

**• Les mots-question**
Regardez les mots interrogatifs – ce sont des indices pour savoir à l'avance dans quel sens écouter. Voici quelques questions que vous pouvez rencontrer :
*Who are the speakers?* = Qui parle ? (*Woman, man, child, teacher, boss*)
*Who are they speaking about?* = De qui parlent-ils ? (*A friend, relation, colleague…*)
*What are they speaking about?* = À quel sujet ? (*Work, home life, travelling, leisure time…*)
*Where are they?* = Où sont ils ? (*at work, at home, in the car...*)
*What's happening?* = Que se passe-t-il ? (they are arguing, agreeing, talking, waiting…)
*When is it?* = Quand est-ce que l'action a lieu ? (*morning, afternoon, evening, any time…*)
What time did/will it happen? = Quand l'action va-t-elle se passer/s'est-elle passée ? (*tomorrow, in 5 minutes…. yesterday, last week…*)
*Why did/will it happen?* = Pourquoi l'action aura-t-elle/a-t-elle eu lieu ? (*because…*)
*How + much/many/long?* = Combien d'argent/choses/temps. (*£20, 15, 5 minutes…*)

Bien sûr, ce ne sont que des exemples pour éveiller votre esprit !

**Exercice 2**

**Essayez de répondre à ces questions à partir de la conversation 5.**
**(Bien sûr, dans le test, vous ne pourrez pas lire le dialogue!)**
**1.** Who are the speakers?
**a)** A mother and her child **b)** A mother and her son **c)** A mother and a headmaster
**2.** What are they speaking about?
**a)** Her son over-sleeps **b)** School timetable changes **c)** Biological rhythms
**3.** How much has absenteeism fallen by?
**a)** 100% **b)** 9% **c)** 29%

CORRIGES p. 283

**• Les mots-clés**

Vous avez appris à enrichir votre vocabulaire. Maintenant, utilisez-le pour trouver les mots-clés dans la question et les réponses proposées, afin de vous mettre en contexte.
Tout d'abord, quels sont les mots-clés dans une phrase ? Ce sont normalement les mots que vous entendez le plus, autrement dit, le verbe, le sujet, l'adjectif, les négatifs (et bien sûr le mot interrogatif).
Donc, si la question est : *How many people were at the conference last week?*
Les mots-clés sont : *how many people, conference (last week).*
– *Why did the man get a fine?* Les mots-clés sont : *why, man, fine*
– *Why didn't the woman get a pay rise?* Les mots-clés sont : *why didn't, get, pay rise*
– *What time isn't there a bus to Newark?* Les mots-clés sont : *what time, isn't, bus, Newark*

**Exercice 3**

**Entraînez-vous avec ces quelques phrases « squelettes » : essayez d'ajouter les mots qui manquent.**
**1.** He /so very happy /met Elise
**2.** How many times/he/New York?
**3.** / afraid/meat/overcooked
**4.** / really didn't like / choice /venue /party

**Et dans l'autre sens : dégagez les mots-clés de ces phrases :**
**5.** What kind of holiday is the couple hoping to take?
**6.** The party given for the authors was a howling success.
**7.** The next meeting on June 8$^{th}$ will be on the seventh floor in the Relax Room.
**8.** She didn't realize that the film was a flop.

CORRIGES p. 283

## 3. Quels sont les pièges ?

**• Les synonymes ou les paraphrases**

Il se peut qu'entre le dialogue et les questions/réponses proposées, vous rencontriez des synonymes ou des paraphrases.
Par exemple, si la question est « *What time did Mr. Smith have a wake-up call?* », vous pourrez entendre dans le dialogue :

Receptionist: Good morning, Mr. Smith. What an early bird – it's only half past six! Did you sleep well?
Mr Smith: Yes thank you. It was rather a rude awakening though: "It's 6 o'clock – rise and shine!"

Receptionist: Yes, it's our new "choose to be happy" policy. We think it's important to have a good start to the day – now you have a couple of hours to do your keep fit and have breakfast before you leave at eight o'clock!

Les réponses possibles : a) half past six – b) six o'clock – c) eight o'clock.

Il faut bien penser à établir le rapport entre « *wake-up call* » et « *It's six o'clock – rise and shine* » pour trouver la bonne réponse : b).

### Exercice 4

**Reliez les mots à leur synonyme / paraphrase.**

1. We got stuck at a red light.
2. She's really healthy.
3. He has really been much too overworked.
4. When is the next sailing?
5. What does the stewardess think is good?

A. He's burnt out
B. We were stopped at the traffic lights.
C. What does the flight attendant recommend?
D. She's in fine fettle.
E. What time does the subsequent ferry leave?

CORRIGES p. 283

**• Les mots qui manquent**

Parfois en anglais courant, certains mots sont « oubliés » en début de phrase. Le fait de retrouver ces mots manquants peut vous aider à comprendre un dialogue.

Par exemple :

| | | |
|---|---|---|
| *– Have you got the time ?* | = | *Got the time?* |
| *– Do you want one?* | = | *Want one?* |
| *– Are you going out now?* | = | *Going out now?* |
| *– I went for a bike ride.* | = | *Went for a bike ride.* |
| *– Where did he go? He went out.* | = | *Where did he go? Out.* |

### Exercice 5

**Quelles catégories de mots manquent ?**

1. ........................................
2. ........................................
3. ........................................
4. ........................................

**Et n'oubliez pas : soyez attentifs aux mêmes pièges que l'on trouve dans tous les sections d'écoute – les prépositions, les homophones, etc.**

CORRIGES p. 283

# *Listening* TEST

CD 1 piste 5

**Directions:**
You will hear some conversations between two people. You will be asked to answer three questions about what the speakers say in each conversation. Select the best response to each question and mark the letter (A), (B), (C) or (D) on your answer sheet. The conversations will not be printed in your test book and will be spoken only one time.

## Part 3 Answer sheet pp. 294-303

**41. What is the tone of the conversation?**
(A) sad
(B) angry
(C) stressful
(D) nostalgic

**42. What did they use to make copies?**
(A) typewriters
(B) adding-machines
(C) carbon paper
(D) pencil sharpeners

**43. What does the man long to do?**
(A) go back in time
(B) set the time
(C) write a letter
(D) borrow a clock

---

**44. Where are the speakers?**
(A) They are at a school.
(B) They are at the races.
(C) They are in a department store.
(D) They are in an office.

**45. What are they worried about?**
(A) a course that they're supposed to be taking
(B) an exam that they are taking
(C) the work schedule
(D) the secretary's health

**46. What are they hoping for?**
(A) another exam
(B) another course
(C) some good luck
(D) a new secretary

---

**47. Why are the speakers complaining?**
(A) They're not making enough money.
(B) They are working too hard.
(C) A co-worker is getting preferential treatment.
(D) It's too cold in the office.

**48. What is Emmanuel's attitude?**
(A) humble
(B) pleased with himself
(C) agreeable
(D) shameful

**49. Who is Emmanuel's boss?**
(A) his father
(B) his brother
(C) his cousin
(D) his uncle

---

**50. Where is the woman?**
(A) in a hardware store
(B) in a diner
(C) in a butcher shop
(D) in a grocery store

**51. Why is the woman disappointed?**
(A) They lost her order.
(B) The waiter is impolite.
(C) They don't have what she wants.
(D) The peas are not ripe.

**52. What will the woman order?**
(A) seafood and a vegetable
(B) meat and spaghetti
(C) meat and a vegetable
(D) fish and a salad

---

**53. What is the man in need of?**
(A) a break
(B) a check-up
(C) someone who can speak another language
(D) someone who can take up the slack

**54. What is the woman behind the counter expecting to receive?**
(A) money
(B) a gift
(C) a ticket
(D) a book

**55. What is the man's colleague going to try to do?**
(A) ease the workload
(B) go to lunch
(C) speak another language
(D) close the counter

---

**56. How late is the man for the train to Prague?**
(A) 10 minutes
(B) 15 minutes
(C) 30 minutes
(D) 45 minutes

**57. What does the woman suggest he do?**
(A) take a bus
(B) go by car
(C) fly a glider
(D) go by air

**58. What is the man going to do?**
(A) call a cab
(B) ask for the conductor
(C) go to the emergency room
(D) delay his trip

---

**59. Where does the dialogue take place?**
(A) in a hotel
(B) in a hospital
(C) in a restaurant
(D) in a health club

**60. What does the woman not complain about?**
(A) the size of the rooms
(B) the breakfast selection
(C) the number of towels
(D) the comfort of the bed

**61. What will the man do?**
(A) get the manager
(B) get a sedative
(C) get the secretary
(D) get a cab

---

**62. What are the men doing?**
(A) deciding what to do about lunch
(B) debating on when the meeting should end
(C) figuring out what to do about an absent member
(D) determining whether to pick up the cell phone

**63. Why is the first man reluctant to call the chairman?**
(A) The chairman doesn't like being disturbed at the gym.
(B) It's the chairman's address.
(C) He's afraid of disrupting the chairman on his personal phone.
(D) He's apprehensive about the chairman's mood.

**64. What will the second man have to take?**
(A) a break
(B) a seat
(C) responsibility
(D) a picture

---

**65. Where is the photocopying machine?**
(A) in the office
(B) in a box
(C) in a repair shop
(D) on the floor

**66. By when does the man have to finish his work?**
(A) by Monday
(B) by Tuesday
(C) by Thursday
(D) by Friday

**67. Where does the woman suggest he send the work?**
(A) to the manager
(B) to another branch
(C) to the repair shop
(D) to the trash bin

---

**68. Where is the dialogue taking place?**
(A) in a department store
(B) in a bank
(C) in a dry cleaning store
(D) in a furniture store

**69. What is the woman looking for?**
(A) some curtains
(B) a chair
(C) a floor rug
(D) a sofa

**70. What does she consider buying?**
(A) a wallet
(B) a bag
(C) a pair of shoes
(D) an elevator

CORRIGÉS p. 283

# *Build Up* Part 1 + Part 2 + Part 3

**Directions:** You will now have to do parts 1, 2 and 3 consecutively.

## Part 1 Answer sheet pp. 294-303

CD 1 piste 6

1

2

3

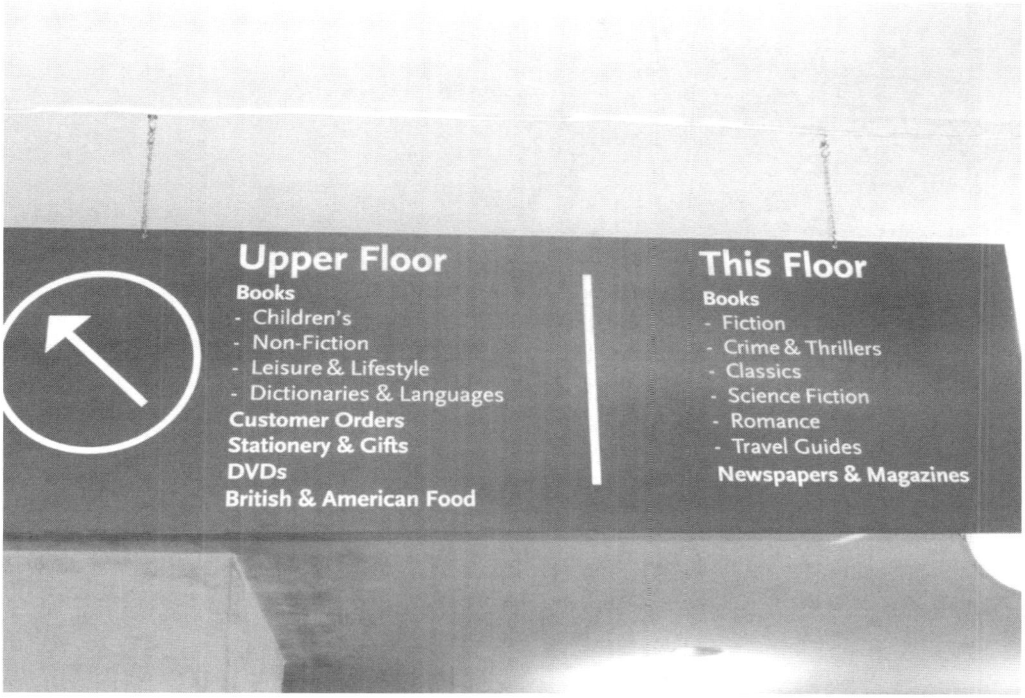
Upper Floor
Books
- Children's
- Non-Fiction
- Leisure & Lifestyle
- Dictionaries & Languages
Customer Orders
Stationery & Gifts
DVDs
British & American Food
This Floor
Books
- Fiction
- Crime & Thrillers
- Classics
- Science Fiction
- Romance
- Travel Guides
Newspapers & Magazines

4

5

6

7

8

9

10

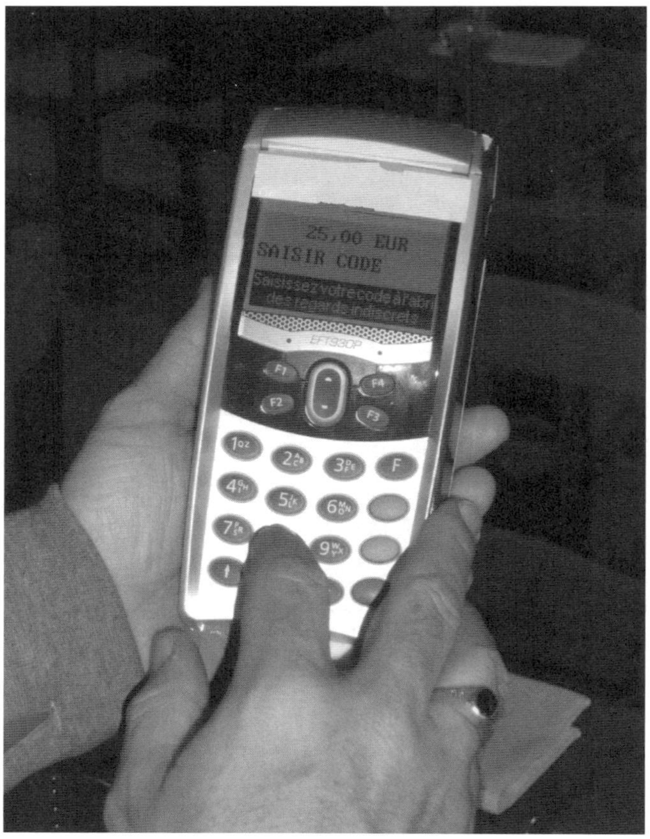


CORRIGES p. 283

## **Part 2** Answer sheet pp. 294-303

CD 1 piste 7



**11.** Mark your answer on your answer sheet.
**12.** Mark your answer on your answer sheet.
**13.** Mark your answer on your answer sheet.
**14.** Mark your answer on your answer sheet.
**15.** Mark your answer on your answer sheet.
**16.** Mark your answer on your answer sheet.
**17.** Mark your answer on your answer sheet.
**18.** Mark your answer on your answer sheet.
**19.** Mark your answer on your answer sheet.
**20.** Mark your answer on your answer sheet.
**21.** Mark your answer on your answer sheet.
**22.** Mark your answer on your answer sheet.
**23.** Mark your answer on your answer sheet.
**24.** Mark your answer on your answer sheet.
**25.** Mark your answer on your answer sheet.
**26.** Mark your answer on your answer sheet.
**27.** Mark your answer on your answer sheet.
**28.** Mark your answer on your answer sheet.
**29.** Mark your answer on your answer sheet.
**30.** Mark your answer on your answer sheet.
**31.** Mark your answer on your answer sheet.
**32.** Mark your answer on your answer sheet.
**33.** Mark your answer on your answer sheet.
**34.** Mark your answer on your answer sheet.
**35.** Mark your answer on your answer sheet.
**36.** Mark your answer on your answer sheet.
**37.** Mark your answer on your answer sheet.
**38.** Mark your answer on your answer sheet.
**39.** Mark your answer on your answer sheet.
**40.** Mark your answer on your answer sheet.

CORRIGES p. 283

## Part 3 Answer sheet pp. 294-303

CD 1 piste 8

**41. What is the woman worried about?**
(A) her meal plan
(B) her husband
(C) her table
(D) her guests

**42. What did her husband recently do?**
(A) fish
(B) fly
(C) hunt
(D) gamble

**43. What does the man suggest?**
(A) doing something that everyone likes
(B) going to a restaurant
(C) cancelling the dinner
(D) boring the guests

---

**44. When will construction be finished?**
(A) in October
(B) in November
(C) in December
(D) in January

**45. What is the man worried about?**
(A) the architects' dependability
(B) the height of the building
(C) the blueprints
(D) the woman's safety

**46. What is the tone of the man's voice?**
(A) happy
(B) sad
(C) angry
(D) tired

---

**47. Why is the man complaining?**
(A) His car is dirty.
(B) He had an accident.
(C) He doesn't have insurance.
(D) His car was broken into.

**48. Why does the woman consider his deductible justifiable?**
(A) He's a good driver.
(B) He has little experience as a driver.
(C) He pays a low premium.
(D) He drives too quickly.

49. **How long has the man been driving?**
(A) 10 years
(B) 16 years
(C) 26 years
(D) too long

---

50. **What does the woman want to have done?**
(A) the design of a swimming pool
(B) the construction of a house
(C) the landscape of a garden
(D) the erection of a tower

51. **What will the architect show the woman?**
(A) blueprints for the house
(B) the plumbing
(C) the electric circuits
(D) model cars

52. **When will she speak to an architect?**
(A) As soon as one is back from lunch.
(B) As soon as one is available.
(C) As soon as the office is closed.
(D) As soon as they are back from vacation.

---

53. **What does the man not say about the pub?**
(A) It's noisy.
(B) It's full of people.
(C) It's slow.
(D) It's dirty.

54. **What is the woman's favourite dish?**
(A) lamb with mint sauce
(B) fish and chips
(C) lasagne
(D) raviolis

55. **Why doesn't the man like the lamb?**
(A) It's undercooked.
(B) It's overcooked.
(C) It's fried.
(D) It's tasteless.

---

56. **How many people will be travelling in the same car?**
(A) 2
(B) 3
(C) 5
(D) 6

**57. Where is the event taking place?**
(A) outdoors
(B) indoors
(C) in a restaurant
(D) on the seashore

**58. Why are both families travelling together?**
(A) to keep each other company
(B) to go to a swimming pool
(C) to reduce costs
(D) to share the cab fare

---

**59. Where does the dialogue take place?**
(A) in a museum
(B) in an advertising office
(C) in a clothing store
(D) in a health club

**60. What is the art director upset about?**
(A) the organisation of photos
(B) the color of the shoes
(C) the length of the skirts
(D) the secretaries' campaign

**61. What would have happened to the director had the error remained unnoticed?**
(A) He would have been fired.
(B) He would have been taken to court.
(C) He would have looked ridiculous.
(D) He would have seen another designer.

---

**62. What are the men doing?**
(A) talking about car performance
(B) arguing about price
(C) looking for a loan
(D) discussing the possible purchase of a car

**63. What doesn't describe the cars?**
(A) They're older than five years old.
(B) They have low mileage.
(C) They are recent.
(D) They have been inspected.

**64. Approximately how much interest rate do they charge?**
(A) 3%
(B) 4%
(C) 6%
(D) 10%

---

65. **Where is the man's wife?**
(A) at the doctor's
(B) at the dentist's
(C) at the furrier's
(D) at the hairdresser's

66. **What service does the salon not provide?**
(A) hand care
(B) foot care
(C) hair coloring
(D) hair removal

67. **What is the woman's attitude?**
(A) haughty
(B) friendly
(C) congenial
(D) amicable

---

68. **What does "Cutler's Cutting Cutlery" produce?**
(A) pins and needles
(B) forks and knives
(C) cups and saucers
(D) beverages and refreshments

69. **What is the woman's question referring to?**
(A) a new air-conditioner
(B) a water fountain
(C) her child's well-being
(D) unsatisfactory conditions

70. **Who will be able to bring their children to the center?**
(A) anyone working at night
(B) anyone working midweek
(C) anyone working on a Sunday
(D) anyone working in the morning

CORRIGÉS p. 283

# Tips for Part 4

◖ Dans la 4e partie du test, vous allez entendre des monologues assez longs, et vous devrez répondre à chaque fois à trois questions. Comme dans la 3e partie, l'éventail des sujets est large. Vous pouvez par exemple avoir affaire à une publicité, une offre d'emploi, une annonce à la gare ou à l'aéroport, une émission de radio...

◖ Cette partie est la plus difficile même pour des personnes bilingues car elle est basée sur la mémoire à court terme et non sur la compréhension. Les candidats qui ont la mémoire courte se trompent, simplement parce qu'ils ont oublié ce qui était dit dans le passage. Deuxième difficulté majeure : cette partie se situe à la fin de l'épreuve de « listening » et les candidats commencent à être fatigués.

◖ Il faut donc avant tout suivre les mêmes consignes que pour la 3e partie, autrement dit :
- gérer une multitude de sujets différents,
- lire en diagonale,
- chercher le contexte (bien regarder les mots interrogatifs et les mots-clefs dans les réponses proposées),
- faire attention aux paraphrases, synonymes, homophones et prépositions,
- ne pas être surpris si des mots manquent dans une phrase !

## • CONSEILS ET EXERCICES

Essayons de vous donner encore quelques astuces pour réussir.

### 1. Comment entraîner sa mémoire à court terme

Si vous avez des difficultés avec votre mémoire à court terme, voici quelques petits exercices pour l'améliorer. Cela vous sera utile, et pas seulement à l'examen !

***Exercice 1***

**Regardez la photo ci-dessous pendant 1 minute. Ensuite, cachez-la et notez sur un bout de papier tout ce que vous avez vu. Essayez de trouver au moins 15 mots. Cet exercice peut également vous servir pour la 1re partie du test.**

CORRIGES p. 283

**Une autre astuce : « *I packed my bag and in it I put.* »**
Essayez ce jeu avec vos amis. Le premier dit, « *I packed my bag and in it I put my hairbrush* ». Le deuxième « *I packed my bag and in it I put my hairbrush and my slippers* ». Le troisième « *I packed my bag and in it I put my hairbrush, my slippers, my book* ». Et ainsi de suite. L'objectif est d'arriver à autant de "choses" que possible. Bien sûr, il faut le faire en anglais, mais même en français votre mémoire en tirera des bénéfices.
Enfin, c'est facile à faire, surtout lorsque l'on n'arrive pas à dormir le soir : pensez à un sujet, par exemple les repas (*meals*). Ensuite essayez de vous souvenir de ce que vous avez mangé le soir même (*supper/dinner*), au goûter (*tea-time*), à midi (*lunch*), le matin (*breakfast*). Et même aux petits en-cas (*snacks*) ! Ensuite, souvenez-vous d'hier (*yesterday*), d'avant-hier (*the day before yesterday*) …
Vous allez voir, au fur et à mesure votre mémoire va se renforcer – c'est étonnant !
Enfin, n'oubliez pas que pour les jeux de cartes – le bridge ou le « pelmanism » par exemple – une bonne mémoire est nécessaire. Vous pouvez même préparer l'examen tout en vous amusant !

## 2. Comment faire pour déduire le contexte ?

Tout d'abord, si les indices apportés par les questions et les réponses ne suffisent pas, vous serez obligé d'écouter tout le monologue avant d'en deviner la situation. C'est notamment le cas lorsque vous avez des questions « générales » :
– *What is the problem?*
– *What does the company do?*
– *What is the main purpose of the announcement?*
– *What is the advertisement about?*

### *Exercice 2*

**Voici 3 textes (plus courts qu'à l'examen) avec une question pour chaque texte.**

**1.** It had been billed as the most breathtaking steeplechase in all of the season, said Desmond Horsy in *Sportsman's Weekly*. Right at the start, when the horses were in their starting gates, everyone was watching the favorite "David's Darling", tipped at 30/100 odds as the jockey got himself ready to race. Then they were off. The red-hot favorite seemed to be a bit off-color, jumped low and nearly unseated her rider, then slowed, then came to a standing halt. What a let-down for all those punters!
***Q: What is the problem?***
**a)** the favorite was the wrong color
**b)** the people wanted to punt on the river
**c)** the punters were disappointed

**2.** So, you've had an invitation to the most amazing singles party ever to have been held. You are going to meet "Mr. Right" at last and show all your friends you were right to wait. This needs some serious planning. What are you going to wear? We suggest a quietly elegant black dress, discreet pearl earrings and necklace, and court shoes. Don't forget to take a trip to the hairdresser before. When you arrive, you will be given a name badge and a list of all your potential suitors. Then, it's up to you! Don't forget, if you want to arrive in style, you can always hire a limousine by calling us on 01654 761 889.
***Q: What does the company do?***
**a)** hire out cars
**b)** have a dating agency
**c)** organize wonderful parties

**3.** Ladies and gentlemen, welcome to our exceptional meeting which has been called because certain of our shareholders have been hassling us and asking for explanations about the fall in their dividends over the last couple of years. Well, let me explain. Given the current economic situation, we have taken the decision to re-invest over 75% of our profits in Research and Development, Industrialization, and to take any other measures which can give us a better long-term outlook. You must remember that any investment in stocks and shares is speculative and bound for ups and downs. We therefore wish to reassure you that we are not taking anything away from you, there is no dishonesty in our dealings – we are just doing our best to ensure the future of our company and your investments.

***Q: What is the announcement about?***

**a)** bolstering the shareholders

**b)** taking measurements

**c)** predicting the future

CORRIGES p. 283

## 3. Y a-t-il d'autres pièges ?

Bien sûr... Voici quelques pistes pour les déjouer en plus de tout ce dont nous avons déjà parlé. Ces conseils peuvent s'appliquer à toutes les parties « listening » du test.

**• Les mots qui sont là pour vous distraire**

Comme vous l'avez vu dans les textes ci-dessus, il peut y avoir énormément de « blabla » avant d'arriver au cœur du sujet. C'est pour cette raison qu'il faut bien « scanner » les questions et réponses proposées avant d'écouter le texte. Les monologues sont longs et souvent remplis de mots que vous pouvez penser important (voir l'exercice 2-2, *shareholders, dividends, investment, R&D, speculative*), alors qu'en fin de compte, seule la dernière phrase répond à la question. C'est la même chose dans l'exercice 2-3 où presque tout le monologue parle de la soirée, de rencontrer l'homme parfait, de comment se préparer, mais au final, il s'agit de location de voitures ! Méfiez-vous !

**• Les mots qui expriment les sentiments**

À l'examen (surtout Parts 3 et 4), vous trouverez parfois des questions qui portent sur l'ambiance ou le ton de la conversation / du monologue.

Par exemple :

– *What is the tone of the man's voice?*

– *What is the mood in the restaurant?*

– *How did the man react to the situation?*

### *Exercice 3*

**Lisez les trois petits textes ci-dessous, quel mot répond le mieux à la question ?**

**1.** Well, son, I really couldn't be more satisfied. Here we are, me a miner, a miner's son and a miner's grandson, and you have come out major of your business administration class in one of the best schools in the world.

***Q. What is the tone of the man's voice?***

**a)** scorning

**b)** proud

**c)** embarrassed

**2.** So, this is the first day of the sales – there would appear to be a bit of a battle going on in the corner over there – let's have a look. Oh dear, one woman has her left hand tightly round a bikini, and another her right hand tightly on the same bikini. Oh no, they're each pulling the bikini away from their opponent – and it's ripped – they have actually managed to tear the fabric in two! There seems to be no limit!

***Q. What is the mood in the store?***

**a)** uncontrollable
**b)** friendly
**c)** lively

**3.** So, once again here we are in the auditorium waiting for yet another speaker to come in and talk at us for another hour or so about something we care little about. The quantity of information someone can give which has so little founding or factual backing is absolutely amazing. If you look at the program, the seminar seems like it should definitely be worth taking a few days off work – when you look back over the past 3 days, we have learnt little and even dozed off several times.

***Q. The person at the seminar is?***

**a)** interested
**b)** bored
**c)** amazed

***CORRIGES*** *p. 283*

**• Les questions à la forme négative**

Méfiez-vous aussi des négations dans les questions ! Si vous ne remarquez pas que la question est à la forme négative, vous vous tromperez sûrement de réponse.
Voici quelques exemples :
– *What is not on sale at the store?*
– *What won't the company do?*
– *What facilities are not available at the hotel?*
– *Why does the man not want to take up the job offer?*
– *What should you not do if you want to lose weight?*
– *What is not included in the price?*

# *Listening* TEST

CD 2 piste 1

**Directions**
You will hear some talks given by a single speaker. You will be asked to answer three questions about what the speaker says in each talk. Select the best response to each question and mark the letter (A), (B), (C) or (D) on your answer sheet. The talks will not be printed in your test book and will be spoken only one time.

## Part 4 Answer sheet pp. 294-303

**71. What is the advertisement for?**
(A) a painting
(B) a statue
(C) a computer
(D) a web cam

**72. What doesn't describe the 700X?**
(A) independence
(B) fast connection
(C) heavy
(D) modern

**73. How will the 700X facilitate the user's life?**
(A) faster telephone connections
(B) better business contacts
(C) picture development
(D) faster gathering of information

---

**74. What will happen to 50 employees?**
(A) They will be hired.
(B) They will be sent on a long vacation.
(C) They will be let go.
(D) They will given a raise.

**75. Why has the company come to this decision?**
(A) increasing profits
(B) stocks have split
(C) share values have decreased
(D) poor output

**76. Who will receive severance pay?**
(A) Those who have been with the company the longest time.
(B) Those who have been with the company the shortest time.
(C) Those who have been hired less than a month.
(D) Those who have been hired less than a year.

---

**77. What do guests have to provide?**
(A) passports
(B) credit cards
(C) airline tickets
(D) checkbooks

**78. Who can have dinner?**
(A) anyone in the hotel
(B) anyone on a three-meal-a-day plan
(C) anyone who uses a towel
(D) anyone who has had breakfast

**79. What activity will cost extra?**
(A) snorkelling
(B) tennis
(C) rowing
(D) deep-sea diving

---

**80. Where is the announcement taking place?**
(A) in a factory
(B) in a human resources department
(C) in an insurance company
(D) in a department store

**81. Who will be allowed to go home?**
(A) everyone
(B) those who have filled out the forms
(C) those who are cashiers
(D) those who work part-time

**82. Why are those who work on commission not concerned?**
(A) They have their own coverage.
(B) They are not full-time employees.
(C) They've filled out the company forms.
(D) They don't have a cashier ID.

---

**83. Where is the flight bound for?**
(A) Cairo
(B) Capetown
(C) Rome
(D) Johannesburg

**84. What are Michele and Victor celebrating?**
(A) their birthdays
(B) their divorce
(C) 50 years of being together
(D) their retirement

**85. What is the captain doing for the celebrating couple?**
(A) giving them a free lunch
(B) taking them to Cairo
(C) lowering his altitude
(D) moving them to first class

---

**86. Who is this advertisement meant for?**
(A) computer analysts
(B) e-mail writers
(C) software programmers
(D) advertisers

**87. What will "Scram the Spam" do if the client is not satisfied with their product?**
(A) reimburse them
(B) cancel their order
(C) exchange the product
(D) send them an e-mail

**88. How can the client access the software program?**
(A) by mail
(B) by a long download
(C) by a short download
(D) by 3 minutes

---

**89. Who would be interested in this advertisement?**
(A) tourists
(B) antique collectors
(C) home owners
(D) museum curators

**90. What talent do the designers have?**
(A) They are young.
(B) They speak several languages.
(C) They come to your home.
(D) They provide tasteful food.

**91. What does their software provide?**
(A) a model of what your home will look like
(B) a fabric comparison
(C) a prefabricated workshop
(D) an array of sofas and chairs

---

**92. What is the tone of this announcement?**
(A) confident
(B) doubtful
(C) reserved
(D) demure

**93. What has management reduced to a minimum?**
(A) rentals
(B) operating costs
(C) leases
(D) stock options

**94. What is the result of higher stock prices?**
(A) The employees have to work less.
(B) The employees have to work more.
(C) The employees can hope for a better standard of living.
(D) The employees can look forward to unemployment.

---

**95. Where is the event being broadcast?**
(A) on the radio
(B) on television
(C) on the airplane
(D) on a mountain

**96. What are the athletes after?**
(A) a golden prize
(B) a silver bullet
(C) a moment of fame
(D) a downhill spiral

**97. What will not take place during the broadcast?**
(A) live images
(B) ice skating events
(C) skiing competitions
(D) advertisement interruptions

---

**98. What is the subject of the announcement?**
(A) how to dress
(B) how to work
(C) how to go out on Friday night
(D) how to stain a pair of jeans

**99. What kind of shoes will not be accepted?**
(A) loafers
(B) sandals
(C) sneakers
(D) golf shoes

**100. What does management suggest that its employees do?**
(A) obey the rules
(B) stay home on Fridays
(C) go to human resources in the morning
(D) speak to Dan about the company picnic

CORRIGES p. 283

# Build Up Part 1 + Part 2 + Part 3 + Part 4

**Directions:** You will now have to do parts 1, 2, 3 and 4 consecutively.

## Part 1 Answer sheet pp. 294-303

CD 2 piste 2

1

2

3

4

5

6

7

8

9

10

CORRIGES p. 283

## Part 2 Answer sheet pp. 294-303

CD 2 piste 3



11. Mark your answer on your answer sheet.
12. Mark your answer on your answer sheet.
13. Mark your answer on your answer sheet.
14. Mark your answer on your answer sheet.
15. Mark your answer on your answer sheet.
16. Mark your answer on your answer sheet.
17. Mark your answer on your answer sheet.
18. Mark your answer on your answer sheet.
19. Mark your answer on your answer sheet.
20. Mark your answer on your answer sheet.
21. Mark your answer on your answer sheet.
22. Mark your answer on your answer sheet.
23. Mark your answer on your answer sheet.
24. Mark your answer on your answer sheet.
25. Mark your answer on your answer sheet.
26. Mark your answer on your answer sheet.
27. Mark your answer on your answer sheet.
28. Mark your answer on your answer sheet.
29. Mark your answer on your answer sheet.
30. Mark your answer on your answer sheet.
31. Mark your answer on your answer sheet.
32. Mark your answer on your answer sheet.
33. Mark your answer on your answer sheet.
34. Mark your answer on your answer sheet.
35. Mark your answer on your answer sheet.
36. Mark your answer on your answer sheet.
37. Mark your answer on your answer sheet.
38. Mark your answer on your answer sheet.
39. Mark your answer on your answer sheet.
40. Mark your answer on your answer sheet.

CORRIGES p. 284

## Part 3 Answer sheet pp. 294-303

CD 2 piste 4

**41. What does the man loathe doing?**
(A) shovelling the snow
(B) making a snowman
(C) going to the theatre
(D) relaxing at home

**42. What will the man have to do for two consecutive days?**
(A) shovel all day
(B) work extra hours
(C) sleep all night
(D) play and have fun

**43. What is the tone of the man's voice?**
(A) sarcastic
(B) aggressive
(C) sorrowful
(D) bored

---

**44. Where is the man going on his trip?**
(A) Germany
(B) Spain
(C) Finland
(D) France

**45. Who paid for the plane tickets?**
(A) all of his friends
(B) the woman
(C) the photographer
(D) the boss

**46. Why was the man given the trip to Paris?**
(A) It was his anniversary.
(B) He was worthy of it.
(C) He was worse at the job.
(D) It wasn't a surprise.

---

**47. What is taking place in the dialogue?**
(A) a pleasure ride
(B) a traffic offence
(C) a driving exam
(D) a car test

**48. What has the woman not done so far?**
(A) a U-turn
(B) turns
(C) gone backward
(D) parked

**49. What is the tone of the man's voice?**
(A) hopeless
(B) encouraging
(C) sad
(D) impatient

---

**50. What do the speakers do?**
(A) They are architects.
(B) They build houses.
(C) They're real estate agents.
(D) They're interior designers.

**51. Why is the spring a bad time for them to get away?**
(A) It rains too much.
(B) They suffer from allergies.
(C) The properties are the prettiest.
(D) The days last longer.

**52. What will the man ask the boss about the policy?**
(A) If it's permanent.
(B) If he's expendable.
(C) If it's political.
(D) If it's a good one.

---

**53. Where is the dialogue taking place?**
(A) in a tanning salon
(B) in a lounge
(C) in a library
(D) on a beach

**54. What did the man not leave on his long chair?**
(A) his spectacles
(B) his tanning oil
(C) his reading material
(D) his cell phone

**55. What does the man ask the woman to do?**
(A) move over
(B) go swimming
(C) read a book
(D) direct him toward a tree

---

**56. Which season does the man prefer?**
(A) the spring
(B) the summer
(C) the autumn
(D) the winter

**57. Why doesn't the woman like the fall?**

(A) The trees become bare.
(B) The trees give off too much shade.
(C) The sweaters are too warm.
(D) The colors are not in style.

**58. What are the man and woman planning for?**

(A) a wedding
(B) a barbeque
(C) a return to school
(D) a trip to the seashore

---

**59. Why is the man telephoning?**

(A) He wants food delivered.
(B) He's lonely.
(C) He wants to cash a check.
(D) He doesn't want to cook.

**60. What does he have to provide in order to pay with a local check?**

(A) a traveller's check
(B) a credit card
(C) a pair of ID's
(D) directions to his house

**61. What does he not want on his pizza?**

(A) ham
(B) mushrooms
(C) sausage
(D) anchovies

---

**62. What are the men discussing?**

(A) being taken over by another company
(B) comparing salaries
(C) trying to improve their discipline
(D) buying loaves of bread

**63. What can be said about the home office?**

(A) It's close to home.
(B) Its profits are poor.
(C) It's too far away.
(D) It's international.

**64. What will happen to the employees of the home office?**

(A) They will be hired.
(B) They will be fired.
(C) They will get a bonus.
(D) They will meet with the new directors.

---

65. **Why is the man complaining?**
(A) He's been delayed at work.
(B) He hasn't been able to use the software.
(C) The accountant is too slow.
(D) He hasn't received his salary.

66. **What does the man miss?**
(A) coming to work
(B) being paid on time
(C) his bills
(D) the days when accountants used paper

67. **How old is the new accountant?**
(A) 52
(B) 35
(C) 44
(D) 24

---

68. **What is needed in the school?**
(A) more carbon paper
(B) more staples
(C) less paper
(D) reams of paper

69. **What is the tone of the man's voice?**
(A) condescending
(B) sarcastic
(C) angry
(D) understanding

70. **How does the woman react to the situation?**
(A) She's pleased.
(B) She's jovial.
(C) She's stunned.
(D) She's relaxed.

CORRIGÉS p. 284

## Part 4 Answer sheet pp. 294-303

CD 2 piste 6

**71. What does "Elmo's Exterminating Experts" do?**
(A) plant vegetables
(B) care for your pets
(C) eliminate garden pests
(D) plan garden parties

**72. How do they protect plants?**
(A) They put them in greenhouses.
(B) They pull them out of the soil.
(C) They make them disgusting to insects.
(D) They use fertilizer on them.

**73. What are the side effects on humans?**
(A) They break out in a rash.
(B) They suffer from asthma.
(C) They can't eat the vegetables.
(D) There are no side effects.

---

**74. What kind of food is served?**
(A) French
(B) Italian
(C) Spanish
(D) All of the above

**75. What is the mood in "David's Delectable Dinner-Theatre"?**
(A) formal
(B) tense
(C) relaxed
(D) sad

**76. What is provided for $60.00?**
(A) dinner
(B) beverages
(C) a musical show
(D) a group rate

---

**77. What is the purpose of the announcement?**
(A) to speak about the virtues of love
(B) to talk about bestsellers
(C) to tell anecdotes
(D) to sell a book

**78. When do the events in the book take place?**
(A) today
(B) in the 900s
(C) in the 1500s
(D) in the 1700s

**79. What makes the work interesting?**
(A) It has good recipes.
(B) It's a great how-to manual.
(C) It makes us reflect upon ourselves.
(D) It's a fine work of fiction.

---

**80. How long has the heat wave lasted?**
(A) 5 days
(B) 1 week
(C) 10 days
(D) 2 weeks

**81. Why is it forbidden to wash cars?**
(A) They are all clean.
(B) There is a lack of water.
(C) The weather is too humid.
(D) The water hoses are punctured.

**82. What should be avoided at this time?**
(A) reading
(B) eating ice cream
(C) running
(D) watching the news

---

**83. What has happened to "Todd's Toddler Toys"?**
(A) They've lost a lot of money.
(B) Their profits have greatly increased.
(C) Their stocks have risen.
(D) Their market share has dwindled.

**84. What do the toys teach young children?**
(A) how to write
(B) how to paint
(C) the alphabet
(D) numbers 10 to 20

**85. What does the magazine predict for the company?**
(A) It will be great to use their products in school.
(B) It will be a sure investment.
(C) It will lose money quickly.
(D) It will become outdated.

---

**86. What service is provided by the company?**
(A) catering
(B) legal advice
(C) dental
(D) financial

**87. What number should you push if you're calling about insurance?**
(A) 1
(B) 2
(C) 3
(D) 4

**88. What must you do at the end of the recording?**
(A) leave a message
(B) replace the receiver
(C) call a local hospital
(D) call back later

---

**89. What items will be half the original price?**
(A) meat
(B) sugar
(C) tomatoes
(D) flour

**90. How long will the flash sale last?**
(A) 10 minutes
(B) 20 minutes
(C) 30 minutes
(D) the whole day

**91. Why has Maria Hernandez been named?**
(A) She's the best worker.
(B) She's the fastest cashier.
(C) She's going into retirement.
(D) It's her birthday.

---

**92. What can be said about the competition?**
(A) It's weak.
(B) It's fearsome.
(C) It's fast.
(D) It's easy.

**93. What kind of terrain are they going to play on?**
(A) grass
(B) wet
(C) laminated
(D) clay

**94. What sport is being practiced?**
(A) hockey
(B) basketball
(C) tennis
(D) cricket

---

**95. What describes the kind of music that will be heard?**
(A) explosive
(B) uniform
(C) diverse
(D) disparaging

**96. Where does the musician playing Liszt come from?**
(A) Hungary
(B) Spain
(C) Sweden
(D) Holland

**97. What has happened to the regular program?**
(A) It has been postponed.
(B) It has been cancelled.
(C) It has been lost.
(D) It has been replayed.

---

**98. Why do people suffer from indigestion?**
(A) Their meals are well-balanced.
(B) Their food is too heavy.
(C) They work too much.
(D) They have heartburn.

**99. What is the cause of people's inactiveness?**
(A) eating regularly
(B) watching television
(C) the computer
(D) listening to a dietician

**100. What do we have to give up on?**
(A) eating snacks between meals
(B) exercising
(C) eating potatoes on a couch
(D) putting sugar on doughnuts

CORRIGES p. 284

# *Tips for* Part 5

- Ne prenez que **15 minutes** pour faire les exercices de la 5ᵉ partie.

- Cette 5ᵉ partie est le début de la section « Reading Test ». Des phrases à trous – de thèmes encore très variés – vont vous être soumises. Quatre solutions vous sont proposées, qui font appel à vos connaissances en grammaire et en vocabulaire, avec de nombreux pièges. Il faut choisir l'unique solution correcte.

- Cette 5ᵉ partie sert à évaluer vos connaissances des fondamentaux de la grammaire anglaise, ainsi que votre vocabulaire. La clef est d'être efficace et rapide lorsque vous choisissez vos réponses.

- Comme vous n'avez qu'une heure et demie pour faire les sections 5, 6 et 7, vous devez pouvoir finir les 40 questions de la Part 5 en moins de 15 minutes.

## CONSEILS ET EXERCICES

### 1. Quels sont les points de grammaire qu'il faut connaître ?

Pour être rapide, il faut avoir une compréhension concrète des points de grammaire suivants (par ordre alphabétique) :

– Accord sujet-verbe
– Adjectifs et adjectifs composés
– Adverbes
– Adverbes de fréquence et expressions de temps
– Articles (a, an, the)
– Auxiliaires modaux
– Causatifs
– Comparatifs et superlatifs
– Conditionnels
– Conjonctions (and, but…)
– Discours indirect
– Infinitif (+ to) / + ing
– Infinitif d'intention
– Mots de transition (however…)
– Négatifs (hardly, not )
– Noms dénombrables et indénombrables
– Participes (speak, speaking, spoken)
– Passif
– Possession
– Pluriel des noms
– Prépositions de lieu, mouvement et temps
– Pronoms
– Propositions relatives
– Quantificateurs
– Questions
– Subjonctif
– Temps des verbes
– Verbes à particule

### 2. La liste est longue, y a-t-il une astuce ?

Pour vous aider à choisir la bonne réponse, et utiliser vos connaissances grammaticales, il faut déjà savoir identifier les éléments grammaticaux d'une phrase.

**Le sujet :** Le sujet est « l'acteur » de la phrase. C'est celui qui fait l'action.

**Le verbe :** Le verbe est l'action qui est faite.

**L'adjectif :** L'adjectif décrit un nom, une personne, un endroit ou une chose. C'est la réponse à la question « What kind of ? » (Quelle sorte de).
Par exemple : « The blue window ». « What sort of window? » « Blue ». Donc « blue » est l'adjectif.

**L'adverbe :** L'adverbe décrit un verbe, un adjectif ou un autre adverbe. C'est la réponse à la question « How? » (Comment).
Par exemple : « He works quickly. » « How does he work? » « Quickly ». Donc « quickly » est l'adverbe.

## 3. Comment faire pour choisir dans toute cette liste de grammaire ?!

Comme pour tous les examens, il n'y a pas de secret, mieux vaut tout savoir !

## 4. Les prépositions

Nous avons beaucoup insisté sur les prépositions dans les parties « listening» du test. Elles sont aussi importantes dans la partie « reading ». Examinons-les d'un peu plus près.

Les prépositions posent toujours des problèmes à ceux qui apprennent l'anglais. Pourquoi ? Parce qu'il faut les apprendre !! Ceux qui peuvent vous induire en erreur sont :
– les prépositions de mouvement, lieu, temps,
– les prépositions qui accompagnent un verbe,
– les prépositions qui accompagnent un adjectif.
Le problème est que les prépositions sont souvent utilisées de manière idiomatique, et dans ces cas, sont parfois en contradiction avec la règle. Raison de plus pour les apprendre par cœur !

**a) Les prépositions de lieu et de temps**
Regardons quelques règles de base. Vous verrez qu'il y a une similarité entre les prépositions de lieu et les prépositions de temps :

| | PRÉPOSITIONS DE LIEU | PRÉPOSITIONS DE TEMPS |
|---|---|---|
| AT | 24 High Street, work, home… | 9 o'clock, 6pm, lunchtime, Christmas / Easter, the weekend, night… |
| IN | London, California, Australia, Asia, the valley… | The morning, afternoon, evening, August, 2010, the 20th Century, mid-June, half an hour… |
| ON | The beach, the mountain, the 7th floor… | Monday, Easter Day, a birthday, February 24th…. |

Vous avez trouvé la logique ?
« AT » concerne quelque chose de très précis.
« IN », d'un peu moins précis.
« ON » a des accompagnateurs souvent spécifiques (day). Essayons…

***Exercice 1***

**1.** We spent two weeks just lounging around ___ the beach.
**2.** The conference is going to start some time ___ the morning, and last all day.
**3.** It's late, where on earth could Bill be? I think he's still ___ work.
**4.** She had a wonderful surprise ___ her birthday, all her friends came to dinner.
**5.** Could you please come for the interview ___ half past eleven on the dot?
**6.** They have been living and working ___ Cape Town for 5 years now.
**7.** We always have our weekly review meetings ___ Fridays.
**8.** They have the most amazing apartment ___ the 24th floor – what a view!
**9.** It was lovely to see the family ___ Easter, but it rained ___ Easter Day.
**10.** The first working radio was invented ___ the mid-1860s.

CORRIGES p. 284

**b) Les prépositions de mouvement**

Lorsque vous utilisez un verbe de mouvement, souvenez-vous, vous devez l'accompagner d'une préposition de mouvement – en particulier « TO ».

Ex. : *He is going TO Italy tomorrow* (Il se déplace) mais *He will arrive AT 7 a.m.* (lorsqu'il arrive, il ne se déplace plus).

C'est la même chose pour « IN » (statique) et « INTO » (mouvement) :

Ex. : *His pen is in his briefcase.* mais *He puts his pen into his briefcase.*

Ou « ON » et « ONTO » :

*The table is set. All the glasses are on the table. Oh no, there's one missing – could you put another glass onto the table?*

**c) Les prépositions qui accompagnent les verbes**

Elles sont souvent une autre source d'erreur. Bien sûr, entre l'anglais et le français, certaines différences existent :

• Le verbe est suivi d'une préposition en anglais, comme en français, mais ce ne sont pas les mêmes :

Ex. : *Get <u>off</u> / get <u>on</u> the train at Boston*

= descendez <u>du</u> / montez <u>dans</u> le train à Boston.

• Le verbe en anglais est suivi d'une préposition. Le verbe en français ne l'est pas.

Ex. : *We've missed our bus. We'll have to wait <u>for</u> a long time for the next bus.*

Nous avons raté notre bus. Il va falloir attendre_longtemps le bus suivant.

• Le verbe français est suivi d'une préposition. Le verbe en anglais ne l'est pas.

Ex. : *Could you please answer my question as fully as possible?*

Pouvez-vous répondre à ma question aussi complètement que possible ?

À vous d'essayer.

### Exercice 2

1. Don't forget to *call / call to* the supplier.
2. He got married *with / to* Charlotte two weeks ago.
3. These specifications must be translated *into / towards* Dutch.
4. The job consists *in / of* running the industrialization and R&D departments.
5. I would like to take part *in / at* the 5S training next month.
6. Can you explain *me / to me* the difference between profit and loss?
7. I would like to suggest *to you / you* that it's really time to go home.
8. They guarantee *to us / us* that there will be no break-downs for 5 years.

CORRIGES p. 284

**d) Les prépositions qui accompagnent les adjectifs**

Elles sont très spécifiques. De plus, si vous vous trompez de préposition, vous changez le sens de la phrase. Il n'y a pas de secret, il faut les apprendre ! Regardez :

*He was very angry <u>at</u> the air hostess when she spilt the coffee on his suit.*

*He was very angry <u>about</u> the stain on his new suit.*

### Exercice 3

1. Michael is responsible *about / for* making all the arrangements.
2. He's really nervous *of / about* his presentation next week.
3. We are really grateful *of / for* everything you have done for us.
4. The football fan was really rude *at / to* me because we don't support the same team.
5. I'm really not keen *on / at* the idea of spending too much on advertising.
6. The customer seems really interested *in / of* our becoming their major supplier.
7. He's really furious *of / about* missing out on the promotions last month.
8. This novel is very similar *to / at* the last one the author brought out.

**CORRIGES** *p. 284*

## 5. Les verbes à particule

Ils sont aussi une cause de confusion. À nouveau, il faut les connaître sur le bout des doigts. Les « phrasal verbs » sont des verbes qui possèdent une particule adverbiale (une préposition) qui modifie le sens de ce verbe. Regardez :

*Look up in the sky, there are wild geese flying north for the summer.*
(Verbe + préposition = regardez en haut vers le ciel)
*Look up the word in the dictionary.*
(*Phrasal verb* = recherchez le mot dans le dictionnaire).

Le plus important donc est de bien comprendre le contexte.

Il y a deux sortes de *phrasal verbs* :
– **les indivisibles :** l'objet se place automatiquement après la particule.
*We have to check in by ten thirty at the latest.*
– **les divisibles :** l'objet se place avant ou après la particule – en revanche, si l'objet est un pronom, celui-ci se place automatiquement entre le verbe et la particule.
*They have done up their house. / They have done their house up. /*
*→ They have done it up.*

Ne séparez pas les deux parties d'un *phrasal verb* si :
– l'objet est très long : *He filled in the registration form for the hotel.* (Il a rempli le formulaire d'enregistrement pour l'hôtel.)
– le *phrasal verb* est suivi d'une préposition : *He looks up to his boss.* (Il respecte son patron.)

### Exercice 4

**Ajoutez aux verbes suivants une particule pour faire un « *phrasal verb* ». N'oubliez pas de conjuguer le verbe !**

*Look – come – drop – put – work – cut* *up – for – in – across – out – up*

1. It was such a surprise when I _________________ John at the conference.
2. I really don't know how she _________________ with her colleague – he's a creep!
3. The police are _________________ more clues to find the culprit.
4. I really cannot _________________ the solution to this – can you help?
5. How about if we _________________ on the Slaters on the way home?
6. He _________________ the meat into tiny pieces for his baby son.

**CORRIGES** *p. 284*

# *Reading* TEST

In the reading test, you will read a variety of texts and answer several different types of reading comprehension questions. The entire reading test will last 75 minutes. There are three parts, and directions are given for each part. You are encouraged to answer as many questions as possible within the time allowed.
You must mark your answers on the separate answer sheet. Do not write your answers in the test book.

**Directions**
A word or phrase is missing in each of the sentences below. Four answer choices are given below each sentence. Select the best answer to complete the sentence. Then mark the letter (A), (B), (C) or (D) on your answer sheet.

**Sample question**
Yesterday we ______ to the movies with my parents and had a wonderful time together.
(A) go
(B) have gone
(C) went
(D) had gone

**Answer**
(C) L'action est datée par le mot « yesterday » donc il faut un prétérit.

## Part 5 Answer sheet pp. 294-303

**Rappel**
Ne prenez que 15 minutes pour faire cette partie.

**101. ______ all we know, we would have missed the boat had we stopped for a drink.**
(A) In spite
(B) For
(C) However
(D) Because

**102. We usually don't get along, but I really ______ my brother while he was away.**
(A) failed
(B) longed
(C) missed
(D) yearned

**103. I'd love to go on a trip, but I just don't have the ______ to go anywhere.**
(A) mean
(B) means
(C) change
(D) price

104. _______ had they arrived when their babysitter called to tell them that they had no electricity.
(A) Somewhat
(B) Hard
(C) Bearing
(D) Hardly

105. The employees were preparing a picnic, _______ a storm was brewing at the same time.
(A) meanwhile
(B) however
(C) wherever
(D) just

106. I know that you want him to accompany you to the fair, but I'd rather he _______ his homework.
(A) does
(B) did
(C) doing
(D) didn't

107. How many times do I have to warn you that this is a library? I insist that your friend _______ quiet!
(A) stays
(B) be
(C) is
(D) may be

108. Are you sure that we can't talk you into _______ with us? We would have such a good time.
(A) come
(B) goes
(C) coming
(D) swim

109. I'm a little bit nervous because this is the first class that I've ever _______.
(A) learning
(B) teached
(C) taught
(D) take

110. When my Mom used _______ in Vienna, she always drank hot chocolate on weekends.
(A) living
(B) lived
(C) lives
(D) to live

111. My Dad and uncle are seeing _________ for the first time in 10 years since their falling out. It's going to be a real event.
(A) themselves
(B) their reflection
(C) each other
(D) both

112. **When can we ______ to receive your confirmation letter? Our offices need to make a decision as to whom they are going to hire for the position.**
(A) wait
(B) attend
(C) excerpt
(D) expect

113. **Our earnings have ______ over the past few months, but that doesn't mean that we can't do better.**
(A) raised
(B) risen
(C) rose
(D) raise

114. **The boss looked really pleased with the company's turnover. I think this is the best time to ask ______ for a promotion.**
(A) he
(B) her
(C) she
(D) it

115. **We were late again this morning and the teacher was ______ upset.**
(A) quiet
(B) either
(C) both
(D) quite

116. **According to our results, ______ men are more obsessed with their looks than women.**
(A) most of
(B) most
(C) multitude
(D) majority of

117. **You said that your specials tonight are either lobster or scallops but I thought that we could have ______.**
(A) none
(B) all
(C) both
(D) any

118. **I'm furious, the department chairman ______ that I could go on holiday next week, now he says that he's changed his mind.**
(A) is agree
(B) was agree
(C) agreeing
(D) agreed

119. **The country of Costa Rica is ______ for its warmth and sunny weather.**
(A) know
(B) knew
(C) now
(D) known

**120. I have a funny feeling that plane has been ______ .**

(A) departed
(B) dejected
(C) detoured
(D) deplaned

**121. Have you seen how she's trying to score points with the boss, she can be so ______ .**

(A) obsolete
(B) operational
(C) objectionable
(D) obsequious

**122. How ______ CDs does your stereo store at the same time?**

(A) much
(B) amount
(C) big
(D) many

**123. Their presentation was divided ______ 5 long parts. I thought it would never end.**

(A) in
(B) through
(C) on
(D) into

**124. I can't believe that the book is already finished. David writes really ______ .**

(A) quick
(B) fast
(C) fastly
(D) slowly

**125. The two companies came to a sound decision when they decided to create a ______ .**

(A) merger
(B) friendship
(C) merge
(D) mess

**126. Look at how wet the roads are, it ______ have rained while we were in the restaurant.**

(A) might
(B) could
(C) should
(D) must

**127. The ______ movement has changed the way we live and work today.**

(A) woman's
(B) women's
(C) womens'
(D) woman

**128. My mom told me that I couldn't go out until I've ______ up my bedroom.**

(A) tidy
(B) sent
(C) straightened
(D) fed

**129. Well if you don't know the meaning of the word why don't you look it ______ in the dictionary?**
(A) in
(B) for
(C) at
(D) up

**130. When ______ be the best time for me to call? I'll be at your disposal the entire week.**
(A) must
(B) can
(C) would
(D) ought

**131. I think there's a storm coming; we'll have to batten down the hatches and pull down the ______.**
(A) sales
(B) salesman
(C) sails
(D) seals

**132. I'd like to go fishing this afternoon, what time does the tide come ______?**
(A) in
(B) over
(C) by
(D) through

**133. I'm so glad that you talked me into going to that restaurant. The food was really ______ it.**
(A) worse
(B) worthy
(C) worst
(D) worth

**134. We've been spending too much over the past few months, we're going to have to ______ our budget.**
(A) lose
(B) loosen
(C) tight
(D) tighten

**135. John has travelled around the world but he told me that the building in Dubai was ______ skyscraper he had ever seen.**
(A) the taller
(B) the tall
(C) the tallest
(D) the most tall

**136. It looks to me as if you're still hungry, Tom, would you like another ______ of roast beef?**
(A) part
(B) share
(C) dose
(D) helping

**137. I know that the best way to improve my oral skills is through practice, ______ you have to have time to do so.**

(A) nonetheless
(B) throughout
(C) with regard to
(D) meanwhile

**138. I would like to thank you all for this award, and although all of the staff couldn't be here, ______ of everyone, I just want to express our appreciation.**

(A) in light
(B) on behalf
(C) in case
(D) by means

**139. The architects have done a wonderful job with the designs. They ______ the blueprints in only 45 minutes.**

(A) draw up
(B) draw down
(C) drew in
(D) drew up

**140. The fans' excitement was ______ as soon as the rock band came on stage.**

(A) tightened
(B) widened
(C) heightened
(D) broadened

CORRIGÉS p. 284

# *Tips for* Part 6

- Ne prenez que **15 minutes** pour faire les exercices de la section 6.

- La 6e partie est similaire à la 5e. Vous n'aurez pas des phrases, mais un texte à compléter – c'est donc un peu plus long. Quatre propositions vous sont données, qui font appel à vos connaissances en grammaire et en vocabulaire, avec des pièges. Il faut choisir l'unique solution correcte.

## CONSEILS ET EXERCICES

### 1. Y a-t-il des astuces ?

Bien sûr ! Puisque vous avez de bonnes bases en grammaire et en vocabulaire, essayez d'abord de « scanner » le texte. Il se peut que vous connaissiez déjà les réponses, sans avoir besoin de rentrer dans les détails. Si vous avez un doute, reprenez le texte une deuxième fois, de façon plus approfondie, pour être sûr de votre réponse. Entraînez-vous car cette astuce vous fera gagner du temps.

### 2. Y a-t-il d'autres points de grammaire ?

Tous les points de grammaire sont importants ! Nous avons sélectionné ceux qui posent souvent problèmes aux non-anglophones. Dans cette section 6, nous nous intéresserons d'abord à l'infinitif (avec ou sans « *to* ») et au « *-ing* », aux verbes causatifs, aux pronoms, et puis aux conjonctions. Ce n'est qu'un aperçu des principaux pièges. À vous de les approfondir !

### 3. Comment puis-je savoir s'il faut mettre la base verbale, l'infinitif ou le « *ing* » ?

Regardez ce petit tableau, ça vous mettra sur la voie.

| Verbe + base verbale | Infinitif (avec « *to* ») | Verbe + « *ing* » |
|---|---|---|
| Should | Plan | Enjoy |
| Can | Would like | Like* |
| Must | Need | Start* |
| Might | Try | Finish |
| Will... | Decide | Prefer* |
| Auxiliaires modaux | Une intention ou souhait | Sentiment, début / fin |

* Peut aussi être utilisé avec « to... » sans changer le sens.

*We might go to Rome next month.*
*They are planning to build a new factory.*
*He really enjoys skateboarding.*

Faites attention au verbe « *stop* ». Il peut être suivi de « *to* » ou de « *-ing* » mais le sens en est modifié.
*He stopped to drink coffee.* (Il s'est arrêté pour boire un café.)
*He stopped drinking coffee.* (Il a arrêté de boire du café.)

***Exercice 1***

**Conjuguez le verbe entre parenthèses.**

**1.** We have decided (try out) _______________ the new car next week.

**2.** He really doesn't like (listen to) _____________ jazz music.

**3.** I gather the company is planning (relocate) ___________.

**4.** We must (cut) ___________ our expenses drastically over the next 2 months.

**5.** She really needs (get) ___________ a new cell phone.

**6.** Great – next week we finish (work) __________ Friday lunchtime!

CORRIGÉS p. 285

## 4. Qu'est-ce qu'un « causatif » ?

On parle de « causatifs » lorsque l'on ne fait pas l'action soi-même, mais qu'on en est la cause. Par exemple : *She had her hair cut last week.* (Elle s'est fait couper les cheveux la semaine dernière – ce n'est pas elle qui les a coupés, mais c'est elle qui a décidé d'aller chez le coiffeur, autrement dit, elle a provoqué l'action !). C'est le « faire faire ».
Comparez avec la forme passive :
*Her hair was cut last week.* (Ses cheveux ont été coupés la semaine dernière.)
Si le complément d'objet direct du verbe causatif est à l'origine de l'action, il y a une formule à suivre. Les « causatifs » se rencontrent avec les verbes *let, have* et *make.*

| Sujet | Verbe causatif | Objet direct (personne) | Base verbale |
|---|---|---|---|
| She | made | her assistant | work (hard). |
| He | lets | his son | go out late. |
| They | will have | the applicant | come for an interview. |

Avec les verbes « allow, cause, force, get, order, tell, want », le principe est le même mais la construction est différente :

| Sujet | Verbe causative | Objet direct (chose/ personne) | Infinitif avec to |
|---|---|---|---|
| She | ordered | them | to stop (the noise). |
| My line manager | tells | me | to take time off every day! |
| The heavy rain | caused | the river | to burst its banks. |
| They | will allow | the workers | to go home early on Friday. |

En revanche, si le complément d'objet direct subit l'action du verbe causatif, la formule est différente – ne confondez pas !

| Sujet | Verbe causatif | Objet direct (chose) | Participe passé |
|---|---|---|---|
| The customer | will need | the contract | signed a.s.a.p. |
| Could you please | get | the letter | posted before midday? |
| The trade union | wants | the negotiations | finished today. |
| James | had | his car | cleaned. |

Voici quelques expressions anglaises correspondant au « faire faire » français :
– *To keep someone waiting* (faire attendre quelqu'un)
– *To let someone in* (faire entrer quelqu'un)
– *To show somebody around* (fair visiter quelqu'un)

### Exercice 2

**Choisissez la bonne réponse.**

**1.** I think the estate agent wants us *to sign / sign / signed* next Wednesday at the latest.
**2.** The union made me *to come / came / come* out on strike – I didn't want to!
**3.** Could you please let me *had / have / to have* your decision on your investment.
**4.** At last they have had the ice cream maker *repair / repaired / to repair*.
**5.** I'm afraid you're not allowed *walked / walk / to walk* on the grass in the park.
**6.** I have got a really bad toothache – I really need *to go / go / went* to the dentist.
**7.** The customs officer told me *opened / open / to open* all my bags!
**8.** The high winds caused the electric cables *fall / fell / to fall* all over the road. CORRIGES p. 285

## 5. Comment ne pas se tromper de pronom ?

Tout simplement, en apprenant le tableau ci-dessous par cœur ! Nous avons ajouté les adjectifs possessifs car on les confond souvent avec les pronoms possessif.

| Pronom sujet | Pronom objet | Pronom possessif | Pronom réfléchis | Adjectif possessif |
|---|---|---|---|---|
| I | Me | Mine | Myself | My |
| You | You | Yours | Yourself | Your |
| He, she, it | Him, her, it | His, hers, its | Himself, herself, itself | His, her, its |
| We | Us | Ours | Ourselves | Our |
| You | You | Yours | Yourselves | Your |
| They | Them | Theirs | Themselves | Their |

• Le pronom sujet se place avant le verbe ou l'auxiliaire, le pronom objet après le verbe et/ou les prépositions. La forme « it » concerne les objets et les animaux sauf s'il existe un lien affectif particulier.
*~~She's a wonderful city.~~* → *It's a wonderful pet / car / boat…*
(Pas de redondance de sujet en anglais. *~~My husband and I, we love the Internet.~~* → *My husband and I love the Internet.*

• Il n'y a pas de « verbe réfléchis » en anglais (contrairement au français : je me lève, il se repose). On emploie le pronom réfléchi lorsque :
– le sujet agit sur lui-même : *Help yourself.* (Servez-vous.) – *I cut myself.* (Je me suis coupé.)
– on veut insister sur la personne ou la chose qui fait l'action : *She cleans her car herself.* (Elle nettoie sa voiture elle-même.) *The subject itself is interesting, but the book...* (Le sujet en soi est intéressant mais le livre…)
– on peut aussi ajouter le mot « by » : *He is elderly but he still does the shopping by himself.* (Il est âgé, mais il continue à faire les courses lui-même/seul.)
Méfiez-vous des verbes qui sont réfléchis en français mais pas en anglais ! Voici quelques exemples : *complain* (se plaindre), *concentrate* (se concentrer), *get up* (se lever), *lie down* (s'allonger), *relax* (se reposer), *remember* (se souvenir), *sit down* (s'assoir), *wake up* (se réveiller).

• Ne confondez-pas le pronom réfléchi et le pronom réciproque (*each other/one another*). Le pronom réciproque concerne une interaction entre deux ou plusieurs personnes. Par exemple : *John loves Jane. Jane loves John.*
Si vous dites « *They love themselves* », cela veut dire que Jane aime Jane et John aime John. Un non-sens. Il faut donc dire « *They love each other* » ou « *They love one another* ».

• Ne confondez-pas l'adjectif possessif et le pronom possessif :
L'adjectif possessif est suivi par le nom : *My cell phone, his computer.*
Le pronom possessif est tout seul : *It's mine. That's hers.*

### *Exercice 3*

**Trouvez et corrigez l'erreur.**

1. My father, he is a kind man.
2. She wrote the contract himself.
3. That's not your suitcase. It's me.
4. We often send e-mails to ourselves.
5. Don't bother me please. I'm concentrating myself hard on the job.
6. We really need to discuss this family feud. Can we meet us?
7. They are really so proud of them house.
8. Him has been eating the cheese again! What happened to his diet?

CORRIGES p. 285

## 6. Les conjonctions

### a) Les conjonctions de coordination

Les conjonctions de coordination pour relier une phrase / des mots. Elles peuvent mettre en relation des idées semblables ou des idées opposées :

– Semblables : *and* (et), *not only... but also* (pas seulement... mais aussi), *or* (ou), *either... or* (soit... soit), *for* (car), *so* (ainsi)

– Opposées : *but* (mais), *nor* (ni), *neither...nor* (ni...ni), *whether...or* (si...ou), *yet* (pourtant),

→ Pour traduire le français « venez déjeuner » ou « allez voir » par exemple, nous utilisons : *Try / Come / Go / Wait* + *and* + base verbale

*Come and have lunch next week. He'll try and make it work.*

### b) Les conjonctions de subordination

– **Temps :** *When* (quand), *as* (comme, au moment où), *as soon as* (dès que), *since* (depuis que), *before* (avant que), *after* (après que), *till, until* (jusqu'à ce que), *while* (pendant que). Et attention, ne mettez pas de futur dans une proposition subordonnée de temps.

– **Hypothèse ou condition :** *if* (si), *unless* (à moins que), *in case* (au cas où)

– **Objectif :** *to*, in order to* (pour), *so as to* (afin de), *so that* (pour que)

– **Cause :** *because* (parce que), *as, since* (puisque)

– **Restriction :** *though, although* (bien que), *whereas* (alors que)

– **Résultat :** *so* (donc), *so that* (de sorte que)

* Reprenons ce « to ». Regardez les deux phrases ci-dessous :

*He goes to the bank to withdraw money.* (Un verbe)

*He goes to the bank for money.* (Un nom)

Le « pour faire » en français se traduit par l'infinitif (avec « to ») en anglais (et non pas avec « for » ou « for to » !). C'est l'infinitif d'intention (« *infinitive of purpose* »), et malheureusement une erreur très fréquente chez les francophones.

### *Exercice 4*

**Ajoutez une conjonction.**

1. The explorer fought his way through to the middle of the jungle ____ see the tribe.
2. To use our new computer, all you need is a plug _____ a socket – away you go!
3. _______ it's late we've still got time to go to the clothes store.
4. _______ you like it ________ not, we're going home now.
5. _______ our productivity has been exceptionally high, you'll all get a bonus!
6. He is going to change his glasses __________ he can see better.
7. The film was really a non-starter ________ we left in the middle.

CORRIGES p. 285

# *Reading* TEST

**Directions**
Read the texts that follow. A word or phrase is missing in some of the sentences. Four answer choices are given below each of the sentences. Select the best answer to complete the text. Then mark the letter (A), (B), (C) or (D) on your answer sheet.

## Part 6 Answer sheet pp. 294-303

**Rappel**
Ne prenez que 15 minutes pour faire cette partie.

**Questions 141-144 refer to the following letter.**

Mr. Donald Frump
11500 Sunset Blvd.
Los Angeles, CA. 75000

J.P. Gorgon
1100 Wall St.
N.Y., NY 12253

Dear Mr. Frump,

February 28, 20__

You will be pleased to receive the following report. ______ our branches

**141.**
(A) All
(B) Between
(C) Among
(D) Below

throughout the world all but one have shown a(n) ______ turnover. Home office would like to know

**142.**
(A) important
(B) taller
(C) substantial
(D) depressive

if you would authorise us to reward all managing directors with a small bonus for their efforts. We are hereby sending you the ______ concerning the names of the managers in question.

**143.**
(A) information
(B) informations
(C) peace of information
(D) directions

Moreover, could you please let us know when you plan on coming to New York, as we would need some time to set up the arrangements for your ______ in the Big Apple.

**144.**
(A) stay
(B) staying
(C) stayed
(D) staid

Sincerely,
Home Office Communications

**Questions 145-148 refer to the following memo.**

To all room service personnel:

Please remember that the number of towels per room are limited _______ the number of

**145.**
(A) at
(B) by
(C) through
(D) to

guests in the room. All of the cleaning staff must be cordial and cheerful. Cleaning personnel must _______ before entering a room. Should the room be occupied, under no

**146.**
(A) to hit
(B) hit
(C) to knock
(D) knock

circumstances is anyone allowed to be in the room while a guest is present. Pass keys may be found at the front desk but must be replaced before _______ the hotel.

**147.**
(A) quit
(B) leave
(C) quitted
(D) leaving

Should anyone forget to return a pass key, he or she will be _______ for negligence

**148.**
(A) penalize
(B) punishment
(C) fired
(D) fire

and not following hotel policy.

Should you have any questions, you may contact Mrs. Crabtree in hotel protocol on extension #7667.

**Questions 149-152 refer to the following letter.**

To: Museum members
From: Egyptian department

RE: Artefacts exhibit

Dear members,

Enclosed please find your _______ for our new exhibit on Egyptian artefacts. As you have

**149.**
(A) passed
(B) past
(C) passes
(D) passing

kindly donated money to the museum, you have all been given V.I.P. status, _______

**150.**
(A) therefore
(B) however
(C) but
(D) whence

each one of you will receive blue tags that are to be attached to your coat or shirt lapels indicating that you have priority status. The exhibit hall will be opened daily from 9am to 6pm, but blue tagged members will avoid _______ in line as you will be immediately be

**151.**
(A) stand
(B) stood
(C) queued
(D) standing

given entry to the museum wing. Furthermore, should you come on the day of the opening, you will have a privileged opportunity to meet the archeologists who uncovered all of these treasures. We look forward to _______ you at this never-before-seen treasure trove of Pharaohs' riches.

**152.**
(A) seeing
(B) see
(C) to see
(D) sawing

Following the opening there will be a reception to which you are all cordially invited to thank you for your philanthropy and your concern for the fine arts. Each one of you has contributed to the revival of Egyptology in our region.

CORRIGES p. 285

# Build up Part 5 + Part 6

**Directions:** You will now have to do parts 5 and 6 consecutively.

## Part 5 Answer sheet pp. 294-303



**101. ______ he a few inches taller he would be a wonderful basketball player.**
(A) Was
(B) Were
(C) Is
(D) Had been

**102. We're leaving ______ Spain this evening. We're travelling by car so I've taken my motion sickness pills to be on the safe side.**
(A) in
(B) at
(C) to
(D) for

**103. If you're going fishing, why don't you take your brother ______, it would make him so happy.**
(A) with
(B) a long
(C) along
(D) albeit

**104. The library will be open ______ the school holidays. Therefore all homework must be handed in on time.**
(A) during
(B) while
(C) in
(D) since

**105. I ______ have the time to have fun anymore. All I do is work on this endless book.**
(A) hard
(B) hardly
(C) barely
(D) forward

**106. Wow that is a huge plantation. ______ acres of tobacco do your parents have?**
(A) How big
(B) How much
(C) How many
(D) How long

**107. ______ that she's telling the truth, we still need evidence to prove her innocence.**
(A) Think
(B) Dreaming
(C) Assuming
(D) Perhaps

**108. You know you shouldn't ______ so late. You look exhausted and you have to get up early for work tomorrow morning.**
(A) trying
(B) worked
(C) to work
(D) be working

**109. I'm so tired of these whirlwind visits. My parents arrived ______ Friday evening and left the very next day.**
(A) in
(B) in the
(C) on
(D) on the

**110. No matter how much I travel, I can never get used to ______.**
(A) jet fever
(B) cabin fever
(C) jet lag
(D) fly

**111. My brother was a decorated hero during the war, I really look ______ him.**
(A) for
(B) at
(C) to
(D) up to

**112. I've been in school all day. This is the fifth class that I've ______ and I'm tired.**
(A) waited
(B) attended
(C) avoided
(D) expected

**113. ______ in the sun for lengthy periods of time can be quite dangerous. I think you should sit under a parasol.**
(A) Laying
(B) Lying
(C) Lye
(D) Lay

**114. The sun is really strong and my sunglasses are ______ to be found.**
(A) anywhere
(B) nowhere
(C) somewhere
(D) wherever

**115. My husband is quite upset, this is the third time he's been ______ for a job.**
(A) turned up
(B) turned out
(C) turned down
(D) turned over

116. This project must be ready by Friday. I hope that we can rely ______ Gwen to help us.
(A) over
(B) in
(C) by
(D) on

117. I know that you wanted to go out for dinner, but this restaurant is really expensive. Do you think we can ______ it?
(A) spend
(B) afford
(C) cost
(D) buy

118. The prisoner was charged ______ theft. He's going to be sentenced next week.
(A) on
(B) by
(C) with
(D) through

119. Anyone who ______ his rights to the land will be compensated with a cash equivalent for the value of the property.
(A) relinquishes
(B) reposts
(C) retorts
(D) rebuffs

120. I really hate ______ weekends. All we do is sit at home and do nothing.
(A) rain
(B) rained
(C) rainy
(D) runny

121. The movie started an hour ago. I wish that we ______ gotten here earlier.
(A) should have
(B) could have
(C) did have
(D) had had

122. That play was really sad. I don't think I've ______ that much in years.
(A) cry
(B) weep
(C) sob
(D) wept

123. The teacher was absent ______ class once again. I think she might be ill.
(A) from
(B) through
(C) on
(D) into

124. The president of the company surprised us by suddenly showing ______ at the end of the day when everyone had their coats on.
(A) out
(B) in
(C) up
(D) over

**125. I've been driving for hours; do you think we could stop ______ a drink?**
(A) having
(B) to have
(C) drinking
(D) drunk

**126. You're such a snob. Why do you think you are better than everyone else, you always look ______ everyone.**
(A) up to
(B) in on
(C) down on
(D) through at

**127. Mrs. Szabo is ______ to be the best administrator in the office. We all depend on her.**
(A) considering
(B) consider
(C) to consider
(D) considered

**128. In the ______ of fire, all personnel should use the emergency exits and stairs at the end of every hallway.**
(A) advent
(B) entity
(C) event
(D) advert

**129. ______ you may go, we will always be behind you in your every endeavour.**
(A) Wherever
(B) Whatever
(C) Whenever
(D) Whichever

**130. I really disagree with you. Anyone who doesn't go to class is simply ______ his responsibilities.**
(A) losing
(B) shirking
(C) mixing
(D) heightening

**131. I'm sorry but due to the ______ weather the beach will be closed today.**
(A) inclement
(B) inclusive
(C) inclining
(D) inculcated

**132. There is so much noise in this club, I can't hear you. You said you were talking to ______?**
(A) who
(B) what
(C) which
(D) whom

133. I try to get to the dentist's twice a year. How often do you have your teeth ______?
(A) wiped
(B) cleaning
(C) cleaned
(D) watered

134. He's been working so hard. The first three chapters are finished but he has yet ______ another two before the end of the week.
(A) do
(B) doing
(C) done
(D) to do

135. My brother and I really miss ______ walks on the beach but it's too cold in the winter.
(A) take
(B) took
(C) taken
(D) taking

136. I can't stand all of his lies. He's such a phoney, he pretends ______ something he's not.
(A) being
(B) was
(C) to be
(D) should be

137. Steven goes out of his way to surprise me for my birthday every year, but this year he has ______ himself.
(A) overdid
(B) outdone
(C) underwent
(D) upturned

138. I was so lucky that I was able to talk to my coach. He gave me such good ______ on how to play the game.
(A) advise
(B) advises
(C) advices
(D) advice

139. It's midnight already. How much longer do you intend ______ television? You have to be at work early tomorrow morning.
(A) in seeing
(B) to watch
(C) by looking at
(D) with viewing

140. Could you please ______ me to call my wife this afternoon? She's already called three times and I haven't had a moment to call her back.
(A) remember
(B) recall
(C) restart
(D) remind

CORRIGES p. 285

## Part 6 Answer sheet pp. 294-303

**Questions 141-144 refer to the following memo.**

To: All Graduating Students
From: Dean's office

As we're coming to the end of the school year, I would like to take _______

**141.**
(A) profit
(B) benefit
(C) advantage
(D) advantageous

of this opportunity to congratulate those who won't be with us next year. Yes, you've finally made it. You are going to be graduates of our prestigious school. You are about to start a new chapter of your lives. I'm sure that you're all wondering about what you will do next. Do you continue _______ or do you tempt the fates and look for your first job?

**142.**
(A) studying
(B) study
(C) to studying
(D) steadying

Of course the choice is yours; and it is the first real adult choice that you will have to make. But the goal of all of these years at school has been to help you to make those choices by limiting the risks all the while improving your _______. In any event, the world is full of

**143.**
(A) odds
(B) weird
(C) strange
(D) bizarre

surprises and I'm sure you will know what to do. If you stay with us for another few years we will be happy to see you once again. If you choose to move _______, we wish you all of our best.

**144.**
(A) in
(B) out
(C) on
(D) with

Each and every one of you is a shining beacon and you are representatives of our school. Your goal is to spread our message of learning wherever you may go. Please go forth and spread the word that knowledge is more valuable than gold. Remember that knowledge is the one thing that no one can take from you. Last but not least, all diplomas can be picked up in the bursar's office.

**Questions 145-148 refer to the following e-mail.**

To: Mr. & Mrs. Welcher
From: Supermarket Sweeps

Dear Mr. and Mrs. Welcher:

Your bill of June 6 has now been overdue _______ 2 months and we have no other recourse

**145.**
(A) since
(B) for
(C) during
(D) last

but to turn this affair _______ to our collection agency. We would like to avoid this

**146.**
(A) under
(B) up
(C) by
(D) over

measure, so if you can send us full payment in the amount of $750 by next Monday we will consider the case closed. _______ if we do not receive payment in the allotted time,

**147.**
(A) However
(B) Throughout
(C) Accordingly
(D) Thereby

the matter will no longer be in our hands and you will have to deal _______ the collecting

**148.**
(A) in
(B) with
(C) over
(D) below

agents. Unfortunately if the latter is the case, we will have to cancel your account with us as you will be considered unreliable clients. Please believe us when we say that we regret any inconvenience that this may impose but considering when payment was due, we have no other choice. Our goal is to keep as many clients as possible, but you must bear in mind that we have our commitments to our store policy. Should you have any mitigating circumstances that would justify your not being able to pay, please get in touch with our customer service office as soon as possible. We take creed in the fact that there is a solution to any problem and that communication can resolve anything, where there is a will there is a way. If there is no solution to be found, please expect a letter from the Worster, Williams & Wilder collection agency within the next 10 days.

Sincerely,

Customer service

**Questions 149-152 refer to the following memo.**

To: All Associate Professors
From: Dean's office

There will be a meeting in the chairman's office next Friday concerning the courses we will be _______ next semester. Undergraduate faculty must teach one language class and one

**149.**
(A) offer
(B) offered
(C) offering
(D) have offered

class in literature in their field of study. However any professor who has been given a sabbatical to do _______ must bring the dean's signed authorization to the meeting.

**150.**
(A) research
(B) researches
(C) search
(D) searches

Vacation requests must be handed _______ to the bursar's office no later than the

**151.**
(A) by
(B) through
(C) at
(D) in

end of the month. Book orders will be processed on a first come, first served basis. The later the request is received the longer it _______ for books to be delivered. Please remember

**152.**
(A) makes
(B) made
(C) passes
(D) takes

that the meeting will begin at 2 o'clock sharp. The chairman has other engagements after the meeting and we'd all like to leave before the weekend traffic. So please be on time. The meeting shouldn't last longer than 2 hours and we'll have snacks and coffee at your disposal. As a last item on the agenda, all grades must be handed in by the end of the semester. Any absence must be considered an incomplete course unless justified by a medical certificate. Dissertation revisions must be approved by the dean's office before being handed back to students.

CORRIGES p. 286

# *Tips for* Part 7

◖ Ne prenez que **30 minutes** pour faire les exercices de la section 7.

◖ Vous arrivez à la fin du test, mais il ne faut pas vous relâcher pour autant car ce n'est pas la section la plus facile ! Les textes sont plus longs. Certains sont « simples » avec deux ou trois questions par texte, et d'autres « doubles » (par exemple un e-mail avec une réponse, un tableau avec un mémo...) avec cinq questions – soit 28 questions au total. L'objectif de cette section est de tester votre compréhension de l'anglais écrit. Il faut donc pouvoir comprendre le contexte général, les détails, et même faire des déductions par rapport au texte.

## CONSEILS ET EXERCICES

### 1. Comment puis-je me préparer à cette dernière épreuve ?

Tout simplement, lisez. Commencez par des choses simples – des articles courts (n'essayez surtout pas de lire et comprendre 3 pages de finance !!). Choisissez les articles sur des sujets qui vous intéressent et prenez le temps de vous faire plaisir – ensuite, augmentez la longueur des textes et leur niveau de complexité.
Vous pouvez aussi regarder le texte avec un œil « TOEIC » : d'abord vous le lisez vite pour comprendre le contexte général, ensuite plus lentement et vous cherchez les faux-amis ou les mots que l'on confond. Vous pouvez aussi rechercher les synonymes de certains mots !

### 2. Comment puis-je gérer ces textes longs ?

Comme les textes sont plus longs (mais pas forcément plus compliqués), mieux vaut lire les questions et réponses proposées avant de commencer à lire les textes eux-mêmes. Ceci vous permet :
– d'imaginer ce que pourrait être le sujet de ce texte – de vous mettre en contexte.
– de supprimer toutes les réponses totalement farfelues.
– de même parfois décider quelle est la réponse à la question, avant de lire le texte.
– de décider à quelles questions vous allez répondre en premier.

Ensuite, lisez le texte vite pour :
– entrer dans le thème provisoirement. Chaque texte a un thème assez évident (la publicité, tableaux Excel, histoire de voyage...)
– essayer de répondre à des questions « faciles ».
– chercher des synonymes ou paraphrases.
– cherchez les pièges (faux-amis, homonymes, insinuations...).

Pour les questions qui vous posent plus de problèmes, relisez le texte. Ne perdez pas de temps. Si vous n'arrivez pas à trouver la logique et la réponse à une question, passez au texte suivant. Vous pouvez toujours y revenir s'il vous reste du temps à la fin de l'examen. Si vous suivez nos consignes de temps (15 + 15 + 30), il vous restera 15 minutes à la fin de l'examen pour revenir sur ces points-là.

Certains candidats ont une autre tactique. Ils parcourent toute la section 7 en diagonale. Chaque fois qu'ils tombent sur un sujet qu'ils connaissent bien ou qu'ils aiment bien, ils y travaillent tout de suite, laissant de côté les sujets où ils sont moins sûrs de réussir. Ensuite ils reviennent sur les textes qu'ils ont laissé de côté.

## 3. Y a-t-il des pièges dans les questions ?

Quelle question ! Malgré la quantité de textes que vous allez avoir à lire, il faut bien lire les questions car elles sont truffées de pièges.

Les questions et les réponses proposées peuvent être formulées clairement mais...
– il faut parfois comprendre les sous-entendus. Il faut donc bien analyser la phrase.
– faites attention aux questions négatives – « *What is he not doing?* » par exemple.
– les chiffres, les dates, etc. sont souvent présentés dans des textes avec des questions pièges autour de ces nombres.
– il faut bien connaître les mots de transition qui peuvent vous aider à comprendre le texte plus vite – par exemple, ne confondez pas *however* (cependant) avec *therefore* (par conséquent).

## 4. Comment faire pour me mettre vite dans le contexte ?

Tout d'abord, il faut avoir une bonne vue d'ensemble du texte.
Est-ce un e-mail, une lettre (souvent plus formelle avec un langage plus soutenu), un formulaire à remplir, une annonce publicitaire, une étiquette, un tableau, un extrait d'une brochure ou d'un catalogue...

### *Exercice 1*

**Regardez les textes ci-dessous aussi vite que vous le pouvez, et reliez-les avec un des « titres » dans la liste.**

**a)** Une publicité  **b)** Une annonce
**c)** Les informations  **d)** Un formulaire
**e)** Une étiquette  **f)** Un e-mail
**g)** Une lettre  **h)** Un bulletin
**i)** Un tableau  **j)** Une note interne

1. ........................................................................

CENTRAL BANK Ltd.
International Services – Application for Account

Personal Information

**Personal Details**

| | | | |
|---|---|---|---|
| Title: Mr. | First Name: Thibaut | Middle Name(s): Jack | Last Name: Pennysten |
| D.O.B. (dd/mm/yyyy): | 26/05/1982 | Gender: M ☒ F ☐ | Marital Status: Married |

**Identity details**

| | | | |
|---|---|---|---|
| Passport No: | 63287939 | Expiry date (dd/mm/yyyy) | 28/08/2014 |
| Country of issue: | Italy | Residential Status: Self-owned | |

**Contact details** At this address since: 20/10/20__

| | | | |
|---|---|---|---|
| Address: 24, via Spaghetti | City: Rome | Country: Italy | Zip/Postal code: 83000 |

**Contact Numbers** (including International dialing code)

| | | |
|---|---|---|
| Home telephone: 003906585838 | Mobile/cell: 003906378283 | Email Address: pest@..... |

**Employment & Income details...**

2. ..........................................................................

To: All Club Members
From: Your favourite Golf Pro
Subject: Summer training sessions

---

Now that we have the winter weather behind us, it's time to pull those clubs out of the garage and get back to scoring "a par a day to keep the doctor away". Summer training sessions are starting next Saturday 13th from 9 to 12. For those who wish, a light lunch will be on offer from 12.15 to 14.15 – then it's back on the course for those 18 holes. Prices depend on the number of people in each group. Please call to book on my cell phone.
All the best – Mathew.

3. ..........................................................................

LIGHT HEARTED LADIES WANTED
To serve drinks and food in our uptown wine bar with a cheerful smile
Good salary Good hours Good tips
Call: 0800 641 641 for more information

4. ..........................................................................

**COSY CARS – RENTAL PRICES**

| Type of car | Per week | Mileage | Insurance & Deposit | Drop-off Charge |
|---|---|---|---|---|
| COMPACT | $139.95 | Up to 100 | 3% + 10% | $3.00 per mile |
| MEDIUM | $149.00 | Up to 300 | 4% + 10% | $4.00 per mile |
| LARGE | $175.40 | Unlimited | 5% + 10% | $5.00 per mile |
| HYBRID | $189.50 | Unlimited | 10% + 10% | Free |

5. ..........................................................................

MERRY MOTHERS
12 Teenage Street
BRISTOL

Dear Mrs. Hopeful:
Thank you for your kind letter dated 12th May 20--. We should be more than pleased to welcome your son for our summer camp which starts on July 1st and lasts 2 whole months. The children learn to...
Could you please complete the enclosed form and return it to us no later than 30th May 20--. We look forward to hearing from you.

Yours faithfully...

6. ..........................................................................

**NOW YOU SEE IT NOW YOU DON'T**
Our miraculous STAIN REMOVER will get rid of red wine, red fruit, ink, - ANYTHING!
For trial offer, just nip down to your local supermarket with the attached coupon.

7. ..........................................................................

There are going to be drastic changes to public utility services within the next 6 months. EfE (Electricity for Everyone) has just made an offer to buy out EfN (Electricity for No-one). Their intention would appear to be to take control over all the electrical supply to our small country, and although they promise there will be no shortages, their record up to now has not been exemplary. Our neighbors in nearby Outland had a 6-week power cut this winter. It is not a sunny outlook for those us who are so dependent on imported electricity.

8. ..........................................................................

JOLLY JOBS
INTEROFFICE MEMO

To: All Works Council Members
From: The boss
Subject: Christmas boxes
Date: 5th January 20—

It has been brought to my attention that the contents of the Christmas boxes this year was seriously miserly compared with other years. Many members of staff have come to complain about not only the quantity but the quality of the produce and non-perishables. Could you please call my secretary to make an appointment so we can talk this through and avoid the same dissatisfaction next year?

9. ..........................................................................

STOP PRESS: News has just come in that the hostage who had been held capture for the past 8 months in the middle of the Amazonian Rainforest has managed to get away, thanks to help from local tribesmen, and should arrive back home in Phoenix tomorrow. His family just cannot believe the news: "We never gave up hope" was all his wife could say.

10. ..........................................................................

**BUG-OFF Spray**
**FIRST AID SPRAY FOR ALL BUG BITES**
Bug-Off Spray gives rapid relief from all pain or itching and helps to protect you from any aftereffects.
DIRECTIONS FOR USE: Adults & children. Hold nozzle about 15 cm from the skin and spray for 5 seconds. Stop spraying.
Repeat after 10 minutes if necessary. Do not spray close to mouth, eyes or broken skin. Not for repeated or prolonged use.
ACTIVE INGREDIENTS: Booco 2.0%. Momo 0.6%. Also contains ethanol and glycol.
Do not store above 20°C. A cutaneous spray solution.
KEEP OUT OF REACH OF CHILDREN FOR EXTERNAL USE ONLY

CORRIGÉS p. 286

## 5. Révisons un peu les dates et les chiffres

QUELQUES PETITS RAPPELS :

• **Le « 0 »** seul se dit « *oh* », « *nought* » ou « *zero* ».
Avant le « *decimal point* », nous disons « *zero* » ou « *nought* ».
Après le « *decimal point* », nous disons « *oh* ».
Après le « *decimal point* », les chiffres se disent un par un.
Notez que nous mettons un « point » et non pas une virgule.
Donc, 0.0345 = *Nought point oh three four five.*

• **La virgule** s'utilise pour les chiffres au-dessus de 999.
Ex. : 6,543 = *six thousand five hundred (and) forty-three*
17,091 = *seventeen thousand (and) ninety-one*
Le « and » est utilisé en anglais britannique, mais pas en anglais américain.

• **Les numéros de téléphone, de plaques minéralogiques, de compte en banque...** se disent un par un:
Ex. : 01 45 71 36 66: *oh one four five seven one three six double six*

• **Les centaines, milliers, millions...** ne prennent pas de « s » pour les numéros précis ou après « *several* » ou « *a few* ».
Ex. : 100 = *a/one hundred* 200 = *2 hundred*
3,000 = *3 thousand* 4,000,000 = *4 million*
Mais pour parler « des centaines » en général, nous mettons un « s ».
Ex. : *There were hundreds of people at the conference. He earns millions every year!*

**Les fractions.** C'est simple, le chiffre du bas est un ordinal, et le chiffre du dessus est un cardinal.
Ex. : 1/4 = *A fourth (a quarter UK)* 1/2 = *A half* 3/4 = *Three fourths (3 quarters UK)*
2/3 = *Two thirds* 6/8 = *six eighths* 2/5 = *two fifths...*

• **Les ordinaux** sont utilisés pour dire la date :
Ex. : *15th May 2010 = the fifteenth of May two thousand and ten*
(Nous écrivons que *15th May 2010* – « *the* » et « *of* » est ajouté à l'oral).
Pour les dates, le « st », « nd » et « th » n'est pas toujours écrit après le chiffre.
Par exemple : 22 January / 22nd January.
Les Européens marquent la date DD/MM/YY ($6^{th}$ (6) August).
Les Américains marquent la date MM/DD/YY (August $6^{th}$ (6)).

• **Les années** avant 2000 se coupent tout simplement en deux, après 2000, nous changeons:
Ex. : 1997 = *Nineteen ninety-seven.* 2001 = *Two thousand and one*

• **Les mathématiques** ont besoin de certaines expressions :

| | | |
|---|---|---|
| 8 + 9 = 17 | *Eight plus/and nine equals/makes/is seventeen* | = *TO ADD* |
| 7 – 2 = 5 | *Seven minus/take away two equals/makes/is five* | = *TO MULTIPLY* |
| 3 x 4 = 12 | *Three times/multiplied by four equals/makes/is twelve* | = *TO SUBTRACT* |
| 18/3 = 6 | *Eighteen divided by three equals/makes/is six* | = *TO DIVIDE* |

$20m^2$ = *Twenty meters square/squared*
$40m^3$ = *Forty cubic meters*

# *Reading* TEST

**Directions**
In this part you will read a selection of texts, such as magazine and newspaper articles, letters and advertisements. Each text is followed by several questions. Select the best answer for each question and mark the letter (A), (B), (C) or (D) on your answer sheet.

## Part 7 Answer sheet pp. 294-303

Ne prenez que 30 minutes pour faire cette partie.

**Questions 153-156 refer to the following text.**

Sometimes going on a business trip can be more of a headache than anything that even remotely resembles pleasure. The first phase of this nightmare begins when you've finally hailed a cab after having waited on a sidewalk for 15 minutes with your arm in the air hoping to catch a driver's attention. The next thing you know you're stuck in bumper to bumper traffic. When you've finally made it to the airport and you've paid a hefty fare, you then have to face standing in line to check in for your flight. If that weren't enough to ruin your day, the woman behind the counter coldly announces that your flight has been overbooked and that there are no seats left. Then after having waited 2 hours for the next available flight you have to go through the grueling experience of passing through security checks, taking off your belt and shoes, emptying your pockets and walking through the metal detector. Then you have to get in line once again to get on the plane. By the time you get to your destination you are exhausted and completely disheveled and you still have to get to the office to either meet with clients or give a presentation. Let's face it, being a businessman is not as glamorous as some advertisements would lead us to believe.

**153. What is the purpose of this text?**
(A) to indicate the joys of travelling
(B) to advise on the best way to get to an airport
(C) to reveal the reality of being a businessman
(D) to show how to hail a cab

**154. What is the first difficulty that a businessman faces?**
(A) finding a taxi
(B) raising his arm
(C) waiting in line
(D) standing on line

**155. What does he have to do after having waited for a couple of hours?**
(A) reveal his pockets
(B) tie his shoes
(C) tighten his belt
(D) go through security

**156. What does a businessman look like upon arrival?**
(A) tired and clean
(B) tired and unkempt
(C) refreshed and alert
(D) refreshed and neat

**Questions 157-160 refer to the following letters.**

John A. Complainer
5 Main St.
London England W53APU

June 30, 20__

World News
77 Fullofit Ave.
London England H45LIE

Re: Your article on opening shops on Sundays

To whom it may concern:

My wife has been nagging me for years that she is bored on Sundays because she has nothing to do. We've had numerous arguments over the issue as I am never bored. I always find something to do. Sometimes I play golf with my friends, or they come over and we watch football matches on television, and if all else fails we just sit down at the table and play some card games. After having read your article on opening shops on Sundays, my wife has found a new occupation. She is now the chairwoman of "Wives who want to shop on Sundays." She has become a staunch advocate of shopping. Thanks to your article my wife is never home. She is demonstrating in the streets, distributing pamphlets and asking passers-by for their signatures on petitions. My life has become a nightmare. I'm alone most week days and the only time that I see anyone is on Sundays when I can get together with my friends. I must admit that I miss my wife, and I was wondering if there were anything that you could print in your paper to get her to stay at home.

Sincerely,

J. Complainer

World News
77 Fullofit Ave.
London England H45LIE

July 7, 20__

John A. Complainer
5 Main St.
London England W53APU

Re: Response to your letter

Dear Mr. Complainer,

Our editing staff has looked over your letter, and unfortunately there is nothing that we can do about the issues that you are having with your spouse. If Mrs. Complainer has decided to become a Sunday shopping advocate, it is of her own free will. The only thing that we could suggest is the old adage, "if you can't beat them, join them." In other words, if you would like to spend more time with your wife, why not try becoming an advocate too. Make up your own sign and head out into the streets with her.

Sincerely,

The editors

**157. What doesn't Mr. Complainer do on Sundays?**
(A) play golf
(B) deal cards
(C) watch television
(D) entertain his wife

**158. What is the purpose of the man's letter?**
(A) to get shops opened on Sundays
(B) to spend more time with his friends
(C) to get the editors to write an article that would make his wife stay home
(D) to advocate women's rights

**159. What is the tone of the man's letter?**
(A) desperate
(B) engaging
(C) cold
(D) cheerful

**160. What do the editors advise him to do?**
(A) become a lawyer
(B) join her cause
(C) get a divorce
(D) find another hobby

**Questions 161-164 refer to the following text.**

Are you looking for ample space for condominiums, parking lots or offices? We have just the deal for you. Recently, our firm, Jacobson's & Sons, Inc., has foreclosed on a 25,000 square foot factory which can be converted into luxury lofts, multiple offices or garages. Were you to purchase the building, 10% of the space is underground and thus could be turned into parking spaces and rented out for added income. The structure was a former shoe factory that declared bankruptcy seven months ago. We acquired the property in June, and have had it listed barely a month. Consequently, this is a once in a lifetime opportunity to get your hands on abundant room, which is so rare to come by nowadays. We are sure that this property will not be on the market for long. The roof and the plumbing have recently been inspected and both are sound. The architectural design of the building dates back to the 1950s and is considered part of the city's cultural heritage. It is a unique structure that is both functional and aesthetic. Our professional agents are ready to give you a tour of the factory and once you've seen it you'll be convinced that this is an exceptional opportunity. Our offices are open from 9 a.m. to 6 p.m. and should you have any questions, you could always visit our site Jacobsons.com.

**161. How big is the space reserved for parking?**
(A) 2,000 square feet
(B) 2,500 square feet
(C) 3,000 square feet
(D) 3,500 square feet

**162. When was this advertisement printed?**
(A) April
(B) May
(C) June
(D) July

**163. When did the factory go out of business?**
(A) January
(B) March
(C) May
(D) June

**164. What can be said about the roof and the plumbing?**
(A) Both are faulty.
(B) Neither one is sturdy.
(C) They need fixing.
(D) They pass inspection.

**Questions 165-168 refer to the following text.**

As the saying goes, if at first you don't succeed, try, try, again. Well aren't you tired of always being the one who tries and never succeeds? We've got the solution for you. Our brokerage firm, Sheister Associates, will take your money and turn it into profit. We create custom-made portfolios and as a result we diversify your assets by investing into stocks, bonds and mutual funds. We charge an annual fee of 10% of your assets and for this amount you're not only guaranteed a personal analysis, you also get a checking account and a debit card. So for one all-encompassing price, you get not one but three services at no extra cost. In the past we've been able to generate up to 50% return in less than a year. Many of our mutual funds pay out monthly dividends and they are either reinvested or go into money management accounts. If the market continues its upward path there is no telling how far you can go. With a minimum investment of $200,000 we can turn that amount into $1,000,000 within 10 years, provided that this trend is maintained. We have 50 trained brokers on staff and they're experienced professionals who are waiting for your call. Don't wait, call us now and become one of those who really succeed. You're only a phone call away from becoming a winner.

**165. What does the brokerage firm not provide?**

(A) a checking account
(B) a debit account
(C) a personal touch
(D) a credit account

**166. How much is the brokerage fee?**

(A) 10% of investments
(B) 50% of investments
(C) 75% of investments
(D) 100% of investments

**167. How often is the fee deducted?**

(A) once a year
(B) once a season
(C) biannually
(D) monthly

**168. What is needed to make $1,000,000?**

(A) a winning ticket
(B) a continuing tendency
(C) a trained broker
(D) a successful investment

**Questions 169-172 refer to the following advertisement.**

According to a recent survey, Hybrid Cars Inc. has been rated the best car designer for the 21st century. They produce environment-friendly vehicles that reduce $CO2$ emissions and consequently pollute less. Let's face it, we have to be more responsible if we want to save our planet. Sustainable development is no longer a choice. We have to change our habits and decide what a priority is for everyone, not just for ourselves. Hybrid Cars produce 30% less polluting gases compared to other cars on the market. Their self-charging battery enables them to use more electric power than gasoline. When the battery runs low on power, the car automatically switches to the fuel tank. During this time the battery is charged by an internal generator that needs very little fuel to run. When the battery is fully charged, a car can travel at speeds of 130 kph and for a duration of 4 hours. This greatly lessens the amount of gas that is needed and thus cuts down on air pollution. Hybrid Cars designers are conscientious engineers who not only think about our future, but take into consideration the look of the car. These are all sleek vehicles with state-of-the-art technology that provides for safety and comfort. We have decided to give the company a five-star rating*, our highest reward.

*Our rating system is from 0 (the poorest) to 5 (the best) stars.

**169. What does this text highlight?**
(A) the overall quality of Hybrid Cars
(B) the practicality of driving a Hybrid Car
(C) the cost of Hybrid Cars
(D) the era that Hybrid Cars were produced

**170. What happens when a battery is out of power?**
(A) The car comes to a stop.
(B) The car temporarily runs on fuel.
(C) The car slows down.
(D) The car speeds up.

**171. What does the consumer have to do?**
(A) change his behaviour
(B) by a new car
(C) answer a survey
(D) drive for 4 hours

**172. What are the car engineers concerned with?**
(A) the brakes
(B) the tires
(C) the style
(D) the hubcaps

**Questions 173-176 refer to the following memos.**

To: All flight personnel
From: Management

Due to the recent economic crisis we have decided to alter several policies concerning all long-haul flights. Starting January 1, passengers will be required to check in at least 3 hours prior to their flights. Any passenger who has purchased a Y or K class ticket will receive 50% of the number of miles accredited to the flight. J and P classes will receive the total number of miles but prices for these classes will be increased by 10%. Passengers in economy will be allowed to check in only one suitcase per person, and not weighing more than 40 lbs. There will be a fee of $5 per pound for any excess weight. Any extra baggage will cost $50 per item. Passengers flying this class will be allowed one carry-on bag that cannot exceed 20 X 20 inches. As there will be more passengers in economy, the number of seats will be increased, resulting in less leg room and seat incline. There will be a charge of $4.50 for all alcoholic beverages including wine and beer and a rental fee of $2.50 for all headsets. Business and first class passengers will be allowed 2 suitcases weighing 40 lbs. each and two carry-on bags per person. They can check in up to one hour before their flights. Should you have any questions concerning this matter please get in touch with Lisa Minnulli in customer service.

To: Lisa Minnulli
From: Engineering staff

Hi Lisa,

We in the engineering staff are curious to know how you plan on increasing the number of the seats on the planes. As it is, we're flying at capacity, and any additions could be considered a security hazard as there will be less room. In addition, as most of us don't have the means to fly in either business or first class, we feel that the new policies are much too restrictive and discriminatory. After all, tickets in economy cost money and there is no reason why we should be penalized just because we cannot afford the more luxurious seats. We hope that management will reconsider its decision or there will be a further decrease in ticket sales, which inevitably has negative consequences for everyone who works for the airline.

**173. When will the new policies be initiated?**
(A) at the end of the year
(B) early January
(C) in the spring
(D) Independence Day

**174. What will passengers flying in Y and K classes not receive?**
(A) all miles
(B) a fee for headsets
(C) a luggage surplus
(D) soft drinks

**175. What will happen to cabin space in economy?**
(A) It will be enlarged.
(B) It will stay the same.
(C) It will be doubled.
(D) It will be reduced.

**176. Why do the engineers oppose the new company policy?**
(A) It's biased.
(B) It's provincial.
(C) It's superfluous.
(D) It's heretical.

**Questions 177-179 refer to the following grid and memo.**

| Position | Salary | Company | City |
|---|---|---|---|
| Secretary | $45,000 | Xenon Chemicals | Philadelphia, Pa. |
| School Janitor | $35,000 + lodging | Roosevelt High School | Yonkers, N.Y. |
| Hostess | $40,000 + gratuities | T.G.I.W. | Princeton, N.J. |
| Plumber | $75,000 | Pipelines Connect | Boston, Mass. |

Memo to all Temp agents:

Please be advised that the above positions are new and should be added to your current employment listings. We would also like to remind you that we are an equal opportunity agency and we do not discriminate against race, sex, religion or sexuality. Our motto is, "The best job for the best applicant." Anyone applying for the plumber's position will have to go through two interviews and all positions require three references.

**177. What comes with the janitor's position?**
(A) housing
(B) food
(C) cleaning materials
(D) overtime

**178. What will supplement the hostess's salary?**
(A) a smile
(B) promptness
(C) tips
(D) a good attitude

**179. What is needed for the plumber's position?**
(A) experience
(B) literacy
(C) at least one interview
(D) various recommendations

**Questions 180-183 refer to the following advertisement.**

Wanted: Part-time and full-time volunteers for testing

Requirements:

You must be at least 16 years old (anyone under 18 must come with a parent approval letter).
All candidates must be willing to run a gamut of physical exercises.
Candidates must pass a physical exam to determine if you are able to take the position.
Candidates must be literate and be able to do simple arithmetic.
Volunteers must sign a release letter in which they accept being filmed throughout our research, as all 21 rooms (bedrooms, bathrooms) will be equipped with cameras.
All candidates will be provided with room and board in our laboratories during the period of the experiment.
Anyone with dietary restrictions or foreign nationals may not apply.
The experiment will last 6 weeks from July 1 – August 15.
If you're interested, please send your motivation letters to:

Human Behavior Research
7 Koala Way
Sydney, Australia

Deadline: March 30, 20_ _

**180. What must a candidate be able to do?**
(A) read
(B) swim
(C) type
(D) cook

**181. Who cannot apply for the position?**
(A) a Spaniard
(B) a Dane
(C) an Englishman
(D) all of the above

**182. What is the minimum age required without parental approval?**
(A) 16
(B) 18
(C) 21
(D) There is no age limit.

**183. What will happen to candidates?**
(A) They will be asked to write.
(B) Their voices will be taped.
(C) Their actions will be recorded on film.
(D) They will be asked to return in August.

**Questions 184-187 refer to the following grid.**

| Policy | Hospitalisation | Dental | Optical | Home Care | Plastic Surgery | Pharmaceutical |
|---|---|---|---|---|---|---|
| Basic | Yes | No | No | No | No | No |
| Basic Plus | Yes | Yes Deductible: $300 | No | No | No | No |
| Quarter Coverage | Yes | Yes Deductible: $250 | Yes Deductible: $500 | No | No | No |
| Half Coverage | Yes | Yes Deductible: $200 | Yes Deductible: $200 | Yes 1 month | No | No |
| Full Coverage | Yes | Yes Deductible: $100 | Yes Deductible: $100 | Yes 3 months | Yes Deductible: $1,500 | No |
| Elite Coverage | Yes | Yes | Yes | 1 year | Yes Deductible: $1,500 | Yes Reimbursement based on receipts |

Memo: To all insurers
The above chart is a listing of the most recent policies and what they cover. Please note that for those who have half, full and elite coverage, they will have to set up their own schedules for home care and nurses' aids must be contacted 1 month in advance. Please be informed that our dental policy does not include orthodontics.

**184. Which policy requires a payment of $300 for a filling?**
(A) basic
(B) basic plus
(C) quarter
(D) half

**185. Which policy requires a payment of $200 for eyeglasses?**
(A) basic
(B) basic plus
(C) half
(D) elite

**186. How early do half, full and elite policy holders have to get in touch with nurses' aids?**
(A) 1 month
(B) 3 months
(C) as early as possible
(D) 1 year

**187. Who is covered for braces?**
(A) basic plus
(B) quarter
(C) half
(D) no one

**Questions 188-190 refer to the following report.**

This year's tax incentive plan is for those who buy a home for the first time before June 30. Many people have become frightened to invest into real estate because of the recent depressed market. The current administration is trying to do away with this reticence by offering an $8,000 tax deduction for first-time owners and a $5,000 deduction for those who are buying a vacation home. All offers must be notarized and recorded in the local tax department by no later than June 30. Closings must take place before September 30, in order to take advantage of this fiscal encouragement. Any tax payer who satisfies the above mentioned conditions must fill out tax form D3507 and send it with his annual tax declaration form by April 15. This is a prime opportunity to buy that dream house or vacation property. The government has never been so motivated to initiate real estate investments and revive a market that has been suffering for too long. Officials are betting on a new revived real estate market to jumpstart the economy. If people buy homes there will be more homes needed. Thus construction will perk up and provide jobs for the currently unemployed. If people are making money they will want to spend and consumerism will be revitalized. This is a crucial time for the government and its success lies on the results of this tax policy.

**188. Who will be able to deduct $5,000 from their taxes?**

(A) people buying a second home
(B) anyone with a small house
(C) anyone who is reticent
(D) those who are frightened of the market

**189. By when must all sales be finalized?**

(A) January 1
(B) April 15
(C) June 30
(D) September 30

**190. Why is the government so motivated?**

(A) to breathe life into the economy
(B) to help people go on vacation
(C) to make people go shopping
(D) to change local architecture

**Questions 191-193 refer to the following memo.**

As you are all aware, this is the year that we've decided to have the offices repainted. It's going to be an inconvenience for all concerned. However, there is some light at the end of the tunnel. As it is your workplace that is getting an overhaul, we would like you to choose the tint of the walls. We've had a plethora of colors to pick from, yet we've narrowed them down to the following: royal blue, peachy pink, ruby red, peacock purple, canary yellow or just basic white. We will accept your suggestions but the color with the most votes will be selected this Wednesday. During the time that the work is done we will all be required to work from home. Could all employees pass by the human resources department before this coming Friday and leave your home and cell phone numbers with Camille. Our offices will be closed for about a week to give the painters ample time to do a good job, but it might take as long as a fortnight. We hope that the results will be to everyone's liking; thanks for your cooperation and patience.

**191. How many colors can the employees choose from?**
(A) 2
(B) 3
(C) 5
(D) 6

**192. Why do employees have to see Camille?**
(A) to leave contact numbers
(B) to buy her lunch
(C) to vote for a color
(D) to tint her glasses

**193. Up to how long will the offices be closed?**
(A) 7 days
(B) 10 days
(C) 14 days
(D) 30 days

**Questions 194-197 refer to the following e-mail and grid.**

To: Flounder's Fresh Fish
Purchasing Department

From: Seafood Soles
Wholesale Department

Dear Sirs,

Attached please find a copy of our latest price list for our seafood products. As you know, all of our products are the freshest because they are fished the day of sale. Our prices may be higher than our competitors' but we feel that the price is justified by the quality we offer. As you have written to us inquiring about our seafood prices we have sent you our line of crustaceans. The listed prices below correspond to one tank containing a dozen animals. Shipping costs are not included and orders must be received by the end of each month. Once your order has been received, there is no cancellation policy because the number of fish that we catch per day is exclusively based on your order. Were you to cancel, we would be left with the fish and without a buyer. We hope that this is not an inconvenience. Please contact us at your convenience for details concerning our payment policy.

Thank you in advance,

Fred Fishman
Customer Service

To: Seafood Soles
Attn: Fred Fishman

From: Flounder's Fresh Fish

Dear Mr. Fishman,

I am hereby sending you an order form that corresponds to the list you sent me last week. We have heard of your good reputation and accept the terms of your contract sight unseen. We would also be interested in your catalogue of fish.

Thank you in advance,

Sincerely,
S.M. Elly

| Item | Amount | Date of purchase | Location |
|---|---|---|---|
| Lobsters | 5 | December 20 | Atlantic Ocean |
| Crabs | 4 | December 27 | Caribbean Sea |
| Scallops | 10 | January 1 | Indian Ocean |
| Crawfish | 15 | November 25 | Mississippi River |

**194. How many lobsters have been ordered?**
(A) 5
(B) 10
(C) 15
(D) 60

**195. Why are the prices higher than other companies?**
(A) They like cheating the customer.
(B) Their products are the freshest.
(C) It's hard to find fish.
(D) The weather conditions are poor.

**196. What product must emanate from the Mississippi River?**
(A) scallops
(B) crayfish
(C) crabs
(D) crawfish

**197. What is Flounder's Fresh Fish requesting?**
(A) tarter sauce
(B) a list of their fish products
(C) better quality
(D) lower prices

**Questions 198-200 refer to the following text.**

For a limited time only, the Chest Manhasset Bank will accept applications for home improvement loans with a never-before-seen 1% interest rate. If your home was damaged during last week's hurricane you can now think about those repairs at hardly any extra cost. You must apply by June 1 to take advantage of this opportunity. Very often when homes have been damaged by Mother Nature, the first things to be broken are shutters, roof tiles, gutters, eaves and gates. With our home improvement loan you no longer need to worry. Our low-interest loans are available for up to $100,000 for those who can prove that their house was damaged in the hurricane and $50,000 for those who just need to refresh their homes. Our offer is different from other loans because it is more than just a loan; it is also a credit line. There are no restrictions, and you can use the amount however and whenever you like during the life of the loan. Reimbursements are on the 15th of every month, however if you would like to pay back more than your monthly amortisation you may do so at any time. Bank employees are not eligible for this loan.

**198. Who can take advantage of the loan?**

(A) anyone who has a home
(B) those whose homes were damaged in the hurricane
(C) bank employees
(D) those who already have a loan

**199. What is not mentioned among those things that need repair?**

(A) roofs
(B) gates
(C) shutters
(D) sewers

**200. When is payment due?**

(A) in the middle of every month
(B) whenever the client wishes
(C) at the end of the loan
(D) June 1

CORRIGES p. 286

# *Build Up* Part 5 + Part 6 + Part 7

**Directions:** You will now have to do parts 5, 6 and 7 consecutively.

## Part 5 Answer sheet pp. 294-303

**101. You know you're playing with fire. You ______ better not anger the boss if you know what's good for you.**
(A) had
(B) have
(C) would
(D) has

**102. He had hardly arrived at the movies ______ the movie began.**
(A) that
(B) than
(C) when
(D) which

**103. This is such a big parking lot and there are so many cars, I hope that we'll find ______.**
(A) our
(B) hours
(C) ours
(D) hour

**104. It's so dark in here I think that one of the ______ must have gone out.**
(A) light bulb
(B) light bulbs
(C) lamp shades
(D) lamp switch

**105. Watching twins work is really amazing. Tony behaves just ______ his brother.**
(A) like
(B) as
(C) equal
(D) same as

**106. I've been working on this project for two weeks now, but I will never get used to ______ on computers.**
(A) work
(B) worked
(C) to work
(D) working

**107. The longer this bad weather continues the ______ customers we're going to have.**
(A) few
(B) a few
(C) fewer
(D) less

108. **The _____ of the European Union no longer have to worry about getting a visa to travel from one member country to another.**
(A) people
(B) peoples
(C) man
(D) woman

109. **You are in such good shape; how _____ do you work out at the gym?**
(A) many
(B) frequent
(C) often
(D) are

110. **Good evening ladies and gentlemen, tonight's concert is coming to you _____ from Zagreb.**
(A) in live
(B) live
(C) living
(D) life

111. **He would have won the competition had he _____ a little faster.**
(A) swim
(B) swam
(C) swum
(D) to swim

112. **I loved the exhibit in Madrid, just as I was about to leave I met a charming _____ at the museum.**
(A) Spanish
(B) Spain
(C) Spaniard
(D) Spaniel

113. **How many years ago did they move into the neighbourhood? It must be 15 years _____.**
(A) still
(B) yet
(C) between
(D) already

114. **The children have been so excited since we've announced that we _____ a swimming pool built in the garden.**
(A) have
(B) has
(C) are having
(D) having

115. **Before _____ on vacation, could you make sure that all of my figures are right?**
(A) go
(B) leave
(C) living
(D) going

116. I know it was crazy, but it was part of my initiation. I couldn't say no, they dared me ______ it.
(A) do
(B) did
(C) doing
(D) to do

117. I don't understand French very well; could you tell me what this sentence ______?
(A) mean
(B) means
(C) wants to say
(D) signify

118. I told her that it was more than high time that she ______ him a piece of her mind.
(A) gave
(B) give
(C) giving
(D) given

119. Once the weather forecaster had announced the snow storm, the people ______ in droves.
(A) leaves
(B) lived
(C) left
(D) leaving

120. The archaeologists were ______ when they discovered the tomb in the heart of the city.
(A) dumbfounded
(B) unbelievable
(C) loosened
(D) released

121. This is a very expensive coat, it probably costs ______ of dollars.
(A) a thousand
(B) thousand
(C) hundred
(D) thousands

122. The architects told me to have a look at the ______ for the new school but I didn't understand a thing.
(A) blue papers
(B) prints
(C) maps
(D) blueprints

123. ______ the trip was very long; it was worth it to see the sun rise on the beach.
(A) In spite of
(B) Despite
(C) Although
(D) For all

124. I know it's a real hassle, but she wants ______ out the garage before this afternoon.
(A) that we clean
(B) us to clean
(C) that we clutter
(D) we clean

125. I've got two weeks off. If you ______ me, where would you go on vacation?
(A) was
(B) were
(C) is
(D) am

126. However ______ you may try to meet the deadlines I'm afraid you're going to be late.
(A) hardly
(B) hard
(C) harden
(D) hark

127. Just because Leo doesn't like ______ , it doesn't mean that he can stay inside and play on the computer.
(A) ski
(B) skied
(C) skiing
(D) had skied

128. Do you think that we'll be getting a pay raise this year? I really ______.
(A) hope it
(B) hoping it
(C) hope so
(D) hope it isn't

129. Welcome to Hannah's Hotel. Do you ______ have coffee or tea for breakfast?
(A) usual
(B) unusually
(C) usually
(D) habit

130. The director ______ the good news on us yesterday, we're all getting an extra week off at the end of the year.
(A) spring
(B) sprang
(C) sprung
(D) to spring

131. I know I shouldn't eat so much, but I'm hungry all of the time. When I see food I just can't help ______ .
(A) eat
(B) eating
(C) to eat
(D) eaten

132. Should the weather take a turn for the ______ I suggest that he take Brian's umbrella.
(A) worst
(B) worse
(C) better
(D) best

**133. How ______ inches of snow are they predicting before the end of the blizzard?**
(A) much
(B) many
(C) little
(D) less

**134. I can't believe how talented he is, he really has a gift ______ the piano.**
(A) from
(B) of
(C) for
(D) in

**135. He looks really tired but she insists that he ______ to the party with her.**
(A) goes
(B) went
(C) going
(D) go

**136. Sharon, did Ben send you all of the ______ that you asked for last week?**
(A) information
(B) informations
(C) informative
(D) inspiration

**137. David is such a wonderful singer, he's never had any lessons. I think he has an ______ talent.**
(A) initiating
(B) innate
(C) unborn
(D) inventive

**138. I'm telling you right now, if you haven't done your homework, you can ______ on going out with your friends.**
(A) give in
(B) give over
(C) give up
(D) give down

**139. I'm a bit cold; could you please ______ to close the door?**
(A) ask to him
(B) ask he
(C) to ask to him
(D) ask him

**140 We've decided to use a car pool. Have you asked Scott ______ he's going to the office party with David or Steven?**
(A) weather
(B) whether
(C) while
(D) either

CORRIGES p. 287

## Part 6 Answer sheet pp. 294-303

**Questions 141-144 refer to the following letter.**

Mrs. W. Simpson
375 Avenue Foch
75000 Paris, France

January 31, 20__

Prince O' Whales
25 Buckingham Road
London, England QB7H53

My Dearest Prince,

First of all I would like to thank you for that lovely invitation to your Mardi Gras party in Monte Carlo. I am just green with envy that all of our closest friends will be there. I haven't seen Barbra or Liza since the festivities at the film festival last year. Ah, the hoi polloi of the Riviera! Unfortunately my accounts have come _______ scrutiny and I think

**141.**
(A) over
(B) up
(C) down
(D) under

I'm going to be _______ some time soon. I really haven't got the slightest idea why but it seems

**142.**
(A) overlooked
(B) audited
(C) disregarded
(D) subjected

that I've forgotten to declare certain insignificant amounts to the tax department. It truly is a ghastly _______, but there you have it, I don't think I'll be able to come to your gala.

**143.**
(A) boring
(B) boar
(C) bore
(D) bored

There doesn't seem to be any way to get _______ this grisly situation. I wish I could be there.

**144.**
(A) into
(B) onto
(C) out of
(D) back on

I'll be thinking of you, all my best.

Wilma

**Questions 145-148 refer to the following memo.**

To: All personnel
From: Jennifer Sour
Human Resources

The time has come once again when we all have to start ______ about the annual Christmas party.

**145.**
(A) think
(B) ponder
(C) consider
(D) thinking

The festivities will take place at Trudy's Treats Reception and we would like to know how ______

**146.**
(A) much
(B) many
(C) more
(D) most

of you will be coming to the event as we limited space in the dining hall. We are not, as many of you have suggested, ______ out the traditional grab-bag, nor the mistletoe kiss. We feel that the

**147.**
(A) putting
(B) looking
(C) holding
(D) phasing

holiday season would just not be the same without them. For those of you who are coming to the party, you have the choice this year of smoked salmon or oysters as a starter. The main course is ______ prime rib or filet of sole. Dessert will be a variety of tarts and pies. Soft drinks will be

**148.**
(A) neither
(B) both
(C) none
(D) either

included but if you should like to order some wine there will be an extra charge of $5.00 per person. If you do decide to come please remember that the value of the gift for the grab-bag should be a minimum of $10.00 but may not exceed $20.00.

We really hope that you can make it. It should be a lot of fun for everyone. Please remember to choose your menu by the end of next week. If this year's party turns out to be anything like the one we had last year it promises to be a memorable event. For those of you who can't make it, I would like to take this opportunity to wish you the happiest of holidays, and may the New Year be full of good things to be nostalgic about at the end of the year.
See you soon.

Jennifer

**Questions 149-153 refer to the following e-mail.**

To: Lenny Birnstein
From: The London Philharmonic Orchestra

Dearest Lenny,

We are absolutely _______ that you will be conducting our orchestra at this year's music festival

**149.**
(A) disappointed
(B) thrilled
(C) thwarted
(D) let down

in Budapest. Having you there, we know we can't go wrong. That being said, we have to discuss the pieces that we're going to play and the order in _______ we're going to play them. We have a few

**150.**
(A) that
(B) when
(C) whose
(D) which

Hungarian Rhapsodies by Liszt (that should please our hosts), a few waltzes by Strauss, a piece by Scriabin, and to finish, something by Tchaikovsky. We know that you've had _______ experience

**151.**
(A) preconceived
(B) prompt
(C) previous
(D) perplexed

leading an orchestra in the Hungarian capital, however they have built a new auditorium and no one has tested the sound as of yet. May we suggest meeting up a few days earlier to test the acoustics. I'm not really concerned, knowing the Hungarian passion for music; I don't think that the acoustics can be anything but good. Nevertheless it's better to be safe than sorry. Moreover, it would give the orchestra extra time for needed _______ . I don't know if we'll have the time but as I've never

**152.**
(A) repeating
(B) reproduction
(C) renovating
(D) rehearsing

been to this magical city I would like to do some sightseeing. Maybe my old master could show me around the town? I can hardly wait to see you again.

All my best,

Fritz

CORRIGES p. 288

## Part 7 Answer sheet pp. 294-303

**Questions 153-156 refer to the following text.**

When will the abuse end? When will management tire of exploiting us? When will we be given equal pay for equal employment? Never!! That is why we are standing here in the frigid weather with our home-made signs to show the board of directors sitting inside the factory that we are fed up. Yes ladies and gentleman, as of noon today, we are on strike for an unlimited amount of time. We are tired of being told that because of economic hardship they have to cut back our salaries, reduce our overtime and lay some of us off. What about our hardship? What about our needs? After all, it's thanks to our hard labor that the bosses can live in their luxurious homes up on the hill. We're only asking for a decent wage to be able to provide for our families and live in dignity. We are not going to leave this picket line until we've had our say. We understand that some of you are reluctant to go on strike, but this is a time for solidarity, this is a time to show the strength of our brotherhood, this is the time to show that we refuse to be door mats in the world of big business. Brothers and sisters, this is our moment to show that our union means business!

**153. Where is the situation taking place?**
(A) inside the workplace
(B) on an assembly line
(C) at an airport
(D) outside the factory

**154. When does the strike begin?**
(A) at 12 o'clock
(B) at 1 o'clock
(C) at 6 o'clock
(D) at 8 o'clock

**155. What isn't one of the workers grievances?**
(A) decreased overtime
(B) losing jobs
(C) lower salaries
(D) less insurance coverage

**156. What is the tone of the text?**
(A) elated
(B) determined
(C) flexible
(D) deflated

**Questions 157-160 refer to the following text.**

Tonight we'll be giving you the minutes of a debate that was recently held at city hall dealing with the pros and cons of buying a condominium vs. buying a cooperative apartment. Our experts for the evening's program were James Harris, C.E.O. of Real Estate Investment Corporation, and Fred Zimmerman, editor for *Real Estate Delights* magazine. It is clear that there are advantages and drawbacks to buying both kinds of apartments.

1. According to Harris, a condo is a better investment because the apartment is considered real property. The buyer attains full ownership of a unit in a building. He pays property taxes like on any house that you may buy and the upkeep of your apartment is in your own hands.

2. A condo owner is more independent than a coop owner. The only drawback is that a condo is usually more expensive.

3. According to Zimmerman, a coop is a better investment because although you never own the unit outright, you own shares of a building and therefore all of the maintenance is taken care of by the building. If you have a problem, the board is in charge of all repairs. Contrarily, in a condo they are the owner's responsibility.

4. Moreover, a coop resident pays monthly maintenance charges in which property taxes are included. So there's no nasty surprise at the end of the year.

In either case there was no clear winner. A conscientious buyer has to do the necessary research to find which of the two properties suits his needs.

**157. What is the subject of the text?**
(A) pitting one real estate expert against another
(B) the advantages of buying a condominium apartment
(C) the drawbacks of buying a cooperative apartment
(D) a comparison between buying a condominium or a cooperative apartment

**158. What is not one of Harris's reasons for buying a condominium?**
(A) buyer independence
(B) full ownership of the unit
(C) renovations are the owner's responsibility
(D) payments for the common areas of the building are more expensive

**159. Why does Zimmerman feel that buying a cooperative is a better investment?**
(A) You own the property outright.
(B) You have to do all of your own repairs.
(C) Taxes are billed at the end of the year.
(D) You own shares of a building.

**160. What conclusions are reached?**
(A) Condominiums are better.
(B) It's a draw.
(C) Cooperatives are worse.
(D) The buyer doesn't have to be careful.

**Questions 161-164 refer to the following memo.**

To: Assembly line and maintenance personnel
From: Human Resources

We have recently been informed by the head of Human Resources that they will be installing a new punch-in system. The old one has become unreliable and a few employees took advantage of the antiquated mechanics. A handful of you have come late to work but you've asked colleagues to punch in for you. This kind of unscrupulous activity has not gone unnoticed. Consequently the new system will be a state-of-the-art punching-in mechanism that will require fingerprint and/or retina recognition. We know that this may be somewhat of a drastic measure, and we apologize to those of you who come to work on time and put in an honest day's work. But unfortunately it's always the dishonest few who ruin things for the majority. Thus appointments will be set up for all employees to come in and give us your fingerprints and we will use a biological scanner to make a copy of the information found on your retinas. There will be no exceptions. We feel that this is the best means of maintaining promptness in our company, and as many of you already know, time is money. Please be aware that this is the best way for our company to be an equal opportunity employer, and mean every word we say.



**161. Why are they installing a new punch-in system?**
(A) Employees like drinking punch on a summer's day.
(B) Many employees have abused the system.
(C) A few employees were deceitful.
(D) Some of the employees are boxers.

**162. What will be required for the new system?**
(A) fingerprints
(B) retina recognition
(C) the possibility of either fingerprints or retina recognition
(D) more honesty

**163. Who are the ones that will have to suffer the brunt of such a decision?**
(A) the dishonest minority
(B) the honest majority
(C) the head of human resources
(D) the secretaries

**164. How does the company justify its decision?**
(A) It will punish the few who falsified their presence.
(B) It will increase productivity.
(C) It will be fairer for everyone.
(D) It will give everyone a raise.

**Questions 165-168 refer to the following announcement.**

We're all very pleased that you could make it to our annual convention for investors abroad. There will be several talks and seminars that you can sign up for in the reception hall as of 9 a.m. tomorrow morning. Here is the list of workshops that are scheduled for tomorrow:

9:30 a.m. – 11:30 a.m. The pros and cons of real estate investment in France since the sub-prime crisis and its consequences. Reception room #2.

11:45 a.m. – 1:45 p.m. The economic evolution of French vineyards. French wine is still considered to be the best product, yet with the rise of the Eastern European markets, how much longer will French supremacy last? Reception room #3

2:00 p.m. – 3:45 p.m. The predominance of the CAC 40 in the European Union. Will it stand up against the English FTSE 100?

4:00 p.m. – 6 p.m. The traditional café or Starstag's, the modern way to drink coffee? What is the future of coffee consumption in France?

6:30 p.m. Cocktail party

We are aware that you cannot attend all of these conferences, but for those of you who are looking to invest in France the more conferences you sit in on, the more information you can take home with you.

**165. What will be open at 9 a.m.?**
(A) where you can have some coffee
(B) where you can get some information about transport
(C) where you can register
(D) where you can work

**166. What will be taking place at 10:30 a.m.?**
(A) a seminar on French real estate investment
(B) a talk on the CAC 40
(C) advice about where to get good wine
(D) lunch

**167. What will be taking place at 5:30 p.m.?**
(A) a debate on café etiquette
(B) the consequences of drinking Columbian coffee
(C) the future of local cafés faced with coffee shop franchises
(D) caffeine addiction

**168. What is the purpose of the convention?**
(A) to provide investors with the most data possible
(B) to have a drink with colleagues
(C) to drink some free wine
(D) to draw up the assets and liabilities of French investments

**Questions 169-172 refer to the following e-mails and grid.**

To: Reliable Rentals
From: Jack O'Hearts

To whom it may concern:

I would be interested in renting a car during my business trip to Brazil. I'll need a car for about 10 days. My flight arrives at 11:30 a.m. at Rio de Janeiro airport and I'll be leaving from Sao Paolo at around 6 p.m. but I haven't purchased a return ticket yet. Could you please send me a list of your vehicles (mileage included) that are available and what your rates are in Brazil for the above mentioned conditions?

Sincerely yours,

J. O'Hearts

To: Jack O'Hearts
From: Reliable Rentals

Dear Sir:

As per your request we are sending you our list of available vehicles. (See attached document.) Please be aware that there is an added return fee of $50 as you are not returning the rental to the pick up point. You must be at least 25 years of age and have a valid international driver's license. We would also need to know how many adults will be driving the vehicle as there is a surcharge per the number of drivers. Please don't hesitate to contact us should you have any further questions.

Sincerely,

Customer Service
Reliable Rentals

| Model | 1 Day | 1 Week | 1 Month |
|---|---|---|---|
| Compact | $50.00 | $325.00 | $1,200 |
| Midsized | $75.00 | $520.00 | $2,000 |
| Sedan | $100 | $675.00 | $2,500 |
| Luxury | $175 | $700.00 | $2,800 |
| Convertible | $200 | $800.00 | $3,200 |

**169. When will the passenger arrive?**
(A) 11.30 a.m.
(B) 11.30 p.m.
(C) 6:00 p.m.
(D) At dawn

**170. When will the passenger be leaving?**
(A) 6 p.m.
(B) 10 days later
(C) it's pending.
(D) at dusk

**171. What will determine the charged rate of the vehicle?**
(A) the age of the driver
(B) the driver's experience
(C) the driver's license
(D) the number of drivers

**172. How much will it cost to rent a sedan for the 10 days?**
(A) $975.00
(B) $1,025
(C) $100.00
(D) $2,500

**Questions 173-176 refer to the following text.**

Water bottling plants in Brittany are in trouble. The level of nitrates is on the rise and estimates foreshadow that by the middle of the century collecting wells will be shut down. Researchers have determined that after periods of long drought followed by heavy rains, chemical fertilizers are drained into the underground water supply. If collecting wells are closed down the economic consequences will be devastating to water bottling plants.

Let's face the facts; if the greenhouse effect is indeed a reality, as many experts claim, then we all have to be more responsible and consume less water. If we are confronted with increasing droughts then we are all concerned. It is no longer a question of waiting for someone else to take the first step. The common consumer has to react. We have all seen those futuristic science-fiction movies that deal with tidal waves and floods where land has completely disappeared and we are forced to live on house boats. Other films have portrayed a world where water is the most expensive commodity and gang wars break out over who has control of the water supply. Up until now this has been a world of fiction for our amusement. But if what is happening in Brittany is an indication of what's to come in the near future, perhaps what was once only science-fiction is now slowly becoming our reality. Scientists believe that now is the time to react. Let's become water-conscious and preserve what we have by consuming less and by using more eco-friendly fertilizers.

**173. What is the tone of the text?**
(A) alarming
(B) relaxed
(C) suspicious
(D) undisturbed

**174. What is the consequence of nitrates in the water supply?**
(A) More water will be available.
(B) Wells will be condemned.
(C) Fertilizers will be more abundant.
(D) Water-bottlers will make more money.

**175. What does the common consumer have to do?**
(A) wash cars more often
(B) water gardens regularly
(C) drink bottled water
(D) take the first step towards water preservation

**176. What has been the purpose of science-fiction movies up until today?**
(A) preparing us for a world of tomorrow
(B) showing us how to behave
(C) bringing us to strange new worlds
(D) entertainment

**Questions 177-180 refer to the following listing and grid.**

Wanted: Dancers for vacation resort on a Caribbean Island

Time: May-September

Dances required: Tango, Salsa, Cha-cha, Waltz and Tap

You must provide us with a head-shot, proof of previous dancing experience and that you are an active member of the dancers' union.

Male dancers must be at least 5'9" and weigh less than 170 lbs.
Female dancers must be at least 5'7" and weigh less than 150 lbs.

All applicants must prove that they've had vaccines for tuberculosis, hepatitis A and B and yellow fever.

If you are 18 – 30 years old in possession of a valid passport and willing to travel this is the right job for you. If you are taken on as one of our entertainers, our offices will take care of the necessary paperwork for visa processing. Your travel expenses will be covered, and you will be given room and board in the staff quarters of the hotel. There will be two performances per evening: 7 p.m. and 10 p.m. All dancers will be required to give guests dance lessons on specific days of the week. If there are no lessons, show rehearsals will be scheduled. All dancers get Monday off.

Salary: To be announced

Amateurs need not apply.

DANCE SCHEDULES

| Dance Lessons | Rehearsals | Day |
|---|---|---|
| 0 | 0 | Monday |
| 5 p.m. – 7 p.m. Salsa | | Tuesday |
| 2 p.m. – 4 p.m. Cha-Cha | 10 a.m. – 12:30 p.m. | Wednesday |
| 1 p.m. – 3 p.m. Waltz | 5 p.m. – 6 p.m. | Thursday |
| 11 a.m. – 1 p.m. Tango | 3 p.m. – 4 p.m. | Friday |
| 11 a.m. – 1:30 p.m. Tap | 0 | Saturday |
| 3 p.m. – 5 p.m. Waltz | 11 p.m. – 1 a.m. | Sunday |

**177. What dance is not asked for?**
(A) Cha-cha
(B) Tango
(C) Salsa
(D) Rumba

**178. What must an applicant provide?**
(A) a picture of himself
(B) a pair of dancing shoes
(C) valid visas
(D) proof of natural rhythm

**179. What will take place when there are no lessons?**
(A) preparation for the shows
(B) organized lunches
(C) staff meetings
(D) beach parties

**180. What is being taught on Saturday at noon?**
(A) Cha-cha
(B) Waltz
(C) Tap
(D) Salsa

**Questions 181-184 refer to the following text.**

It's called the European Union, but is it really united? As the Asian markets have been thriving and new businesses are born daily, the labor force is inexpensive as the demand for jobs is increasing. Meanwhile, businesses among the European Union nations are not only faced with more and higher taxes and higher tariffs, but they succumb to trade union pressure; their hands are bound and they must pay higher wages for manual labor. Businesses, which are the economic heart of a nation, are outsourcing more and more. Consequently, many of these nations are losing necessary income, and are becoming frustrated as they no longer see the immediate advantages of being in the union. But why shouldn't they feel frustrated? An ever-increasing number of businesses are producing abroad because they pay less overhead and generate higher profits. If these companies continue migrating to Asia to save money, the economic unity of the European Union will be shattered, and like medieval Europe, which was born from the shattered pieces of the Roman Empire, so too will this modern union be fractured into fiefdoms once again.

**181. What have Asian markets been doing?**
(A) greatly developing
(B) losing money
(C) creating franchises
(D) building welfare centers

**182. What is not one of the reasons why businesses outsource?**
(A) higher tariffs
(B) giving into union pressure
(C) more taxes
(D) better benefits

**183. Why do the companies move abroad?**
(A) to have fewer expenses
(B) to take advantage of the climate
(C) to solidify the European Union
(D) to bring about peace negotiations

**184. What may happen to the European Union?**
(A) It may implode.
(B) It may expand.
(C) It may become bigger.
(D) It may increase membership.

**Questions 185-188 refer to the following memo.**

To: All students
From: Exam board

As you all know, next week is the first week in June and it's exam week. All exams will take place in the school auditorium. You must be prompt as no one will be admitted once the exam has been distributed. No calculators, dictionaries or cell phones will be permitted. If any of these items are found they will be immediately confiscated and you will be expelled from the exam. All students must come with a #2 black pencil, a rubber eraser and a pen that uses either black or blue ink. No other color may be used. Each student must have a picture ID such as a passport, driver's license or school card. No other documents will be admitted. No food or drinks are tolerated during the exams. For geometry you may come with a ruler and for chemistry you may come with a slide-rule; the periodic chart will be provided with the exam. Once the exam has begun, everyone must stay at least an hour before leaving the auditorium. Should you need to be excused to use the lavatories, please raise your hand and you will be accompanied by one of our monitors. Anyone who is absent must take the matter up with the Principal's office. Only those students with justified absences will be allowed to take a make-up exam in the fall. Good luck to you all and have a good summer.



**185. What can students bring to their exam?**
(A) adding machines
(B) dictionaries
(C) portable phones
(D) a straight edge

**186. What color ink may be used during exams?**
(A) green
(B) red
(C) black
(D) grey

**187. What will happen to someone who needs to leave the auditorium?**
(A) They will be escorted.
(B) They will ask for permission in writing.
(C) They will have to speak to the Principal.
(D) They will first have to finish the exam.

**188. When do the exams take place?**
(A) the summer
(B) the fall
(C) the winter
(D) the spring

**Questions 189-192 refer to the following text.**

Being in corporate finance doesn't mean that we have the right to separate ourselves from business ethics. We have a duty to be scrupulous, not only to our customers, but to our colleagues as well. Banks and brokerage houses have not earned a good reputation lately because they have forgotten the word ethics from their vocabulary. We have seen too many cases of corruption, embezzlement and corporate theft among institutions that no longer have the people's trust. Customers have become embittered, doubtful and resentful. In order to put a stop to this trend we have to change the way we do business in the world of finance. We have to cease being greedy and using the clients' investments as a means to an end. It is true that we are not altruists and our goal is to make a healthy profit, but a healthy profit does not mean swindling an investor by altering accounting figures, speculating on companies that are in need and hoping for their demise, or artificially increasing the value of a stock. We must return to the fundamental value of money making where both corporations and small investors make money simultaneously but through practices that we all must be proud of. In the end we have to be able to look at ourselves in the mirror and say "we've done our best" and our best is the most that anyone can ask for.

**189. What is the subject of the text?**
- (A) how to make the most profits
- (B) the easiest way to make money
- (C) cheating the customer
- (D) returning to honest business practices

**190. What is not being criticized?**
- (A) dishonesty
- (B) fraud
- (C) excess
- (D) stealing

**191. What is true about corporate finance?**
- (A) It is ruthless.
- (B) It isn't a charity.
- (C) It is not for profit.
- (D) It is not interested in financial proceeds.

**192. What does corporate finance need to do?**
- (A) take pride in its work
- (B) make money before the investors
- (C) embezzle as much as possible
- (D) use clients as a means to an end

**Questions 193-197 refer to the following e-mails.**

To: Office personnel
From: Management
Subject: Surprise party for Agnes Rhodes

We would like to take this opportunity to remind you that Agnes Rhodes, who has been with the company for 25 years, will be leaving the company on Friday. Yes, Aggie is going into retirement. We're planning a surprise retirement party for her and we would like to know who would be willing to give us a hand in organising the festivities. We shouldn't be sad; after all, this is a time to celebrate the good fortune that we've had for the past 25 years to have been able to work with someone as conscientious, kind and thoroughly professional as Agnes.
This is not a time for tears; it is a time for laughter and nostalgic memories of her career and with that in mind, we would need the following:

1. Someone to collect anecdotes about working with Agnes from our colleagues
2. Someone to keep her busy most of the day while we prepare the meeting room on the 5th floor.
3. Someone to pick up the cake at the bakery
4. Someone to buy the party favors and decorate the meeting room
5. Someone to order the food and drinks from the caterers and surreptitiously let them into the meeting room without Agnes being aware of their presence
6. Someone to organise the music and take up a collection for Agnes's retirement gift

The party is planned for next Friday afternoon. Our president is giving us the afternoon off in Agnes's honor.

To: Management
From: Office personnel
Subject: Surprise party organisation

This is both a happy and sad moment for everyone. We will all be coming to the party and we've set up the following grid to give you an idea of who's doing what for the party. She will be sorely missed.

**Agnes's party organisation**

| | |
|---|---|
| Collecting anecdotes | Sam in portfolio development |
| Music and collection of funds | Stan in accounting |
| Keeping her busy | Julie who shares her office with her |
| Picking up the cake | Our president |
| Decorating the meeting room | Cindy in customer service |
| Letting the caterers into the meeting room | Fred in maintenance |

**193. What is being organised?**
(A) a funeral
(B) a farewell party
(C) a business reception
(D) a cocktail party

**194. Why should this be a time to celebrate?**
(A) Agnes's colleagues are happy to be rid of her.
(B) Everyone is getting a pay raise.
(C) Everyone is getting the afternoon off.
(D) To share in the joy of having worked with Agnes.

**195. How can Agnes be described?**
(A) irresponsible
(B) apprehensive
(C) congenial
(D) unreliable

**196. Who is picking up the cake?**
(A) the janitor
(B) the C.E.O
(C) the accountant
(D) the account developer

**197. Who is letting the caterers into the meeting room?**
(A) the accountant
(B) the assistant secretary
(C) the account developer
(D) the janitor

**Questions 198-200 refer to the following text.**

We are here at the site of the earthquake and the destruction and devastation is all around us. Buildings have collapsed, schools have been turned into rubble and thousands are homeless. We are still feeling strong aftershocks since this disaster struck four days ago. People are frightened but those whom we've interviewed stoically expressed concern for their fellow citizens. In all my years as a journalist, I have never seen people so unified to help each other in their time of need. It warms my heart to be able to say that those who bore witness to the catastrophic events that rocked this region were examples of human kindness, fraternity and dignity. Some would think that times of tragedy lead to looting, selfishness and self-indulgence, well those cynics would be disappointed because as this journalist can tell you, if anyone ever lost hope in mankind, all you would have to do is look to this little island in the middle of the South Pacific to be reminded of what it means to be a human being.

**198. What are they still feeling 4 days after the earthquake?**
(A) nauseous
(B) other tremors
(C) tired
(D) rejuvenated

**199. What has not taken place on the island?**
(A) mutual help
(B) exemplary behavior
(C) kindness
(D) pillaging

**200. What is the tone of the text?**
(A) rejected
(B) reassured
(C) repulsive
(D) rescinded

CORRIGÉS p. 288

# *Listening* Test 1

CD 3 piste 1

In the listening test, you will be asked to demonstrate how well you understand spoken English. The entire Listening test will last approximately 45 minutes. There are four parts, and directions are given for each part. You must mark your answers on the separate answer sheet. Do not write your answers in the test book.

**Directions**

For each question in this part, you will hear four statements about a picture in your test book. When you hear the statements, you must select the one statement that best describes what you see in the picture. Then find the number of the question on your answer sheet and mark your answer. The statements will not be printed in your test book and will be spoken only one time.

**Example**

(A) The man is sitting at the table.
(B) The man is watching the boats.
(C) The man is praying.
(D) The man is eating.

Statement (A), "The man is sitting at the table" is the best description of the picture, so you should select answer (A) and mark it on your answer sheet.

SAMPLE ANSWER (A) (B) (C) (D)

## Part 1 Answer sheet pp. 294-303

CD 3 piste 2

1

2

3

4

5

6

TEST 1

7

8

9

10

CORRIGES p. 288

## Part 2

CD 3 piste 3

**Directions**
You will hear a question or statement and three responses spoken in English. They will not be printed in your test book and will be spoken only one time. Select the best response to the question or statement and mark the letter (A), (B), or (C) on your answer sheet.

**Example**
You will hear:
Where is the museum?
You will also hear:
(A) It's down the road to your right.
(B) It's in the kitchen with Dinah.
(C) It's my mother.

SAMPLE ANSWER (A) (B) (C)

Your best response to the question "Where is the museum?" is choice (A), "It's down the road to your right," so (A) is the correct answer. You should mark answer (A) on your answer sheet.

Answer sheet pp. 294-303

CD 3 piste 4

**11.** Mark your answer on your answer sheet.
**12.** Mark your answer on your answer sheet.
**13.** Mark your answer on your answer sheet.
**14.** Mark your answer on your answer sheet.
**15.** Mark your answer on your answer sheet.
**16.** Mark your answer on your answer sheet.
**17.** Mark your answer on your answer sheet.
**18.** Mark your answer on your answer sheet.
**19.** Mark your answer on your answer sheet.
**20.** Mark your answer on your answer sheet.
**21.** Mark your answer on your answer sheet.
**22.** Mark your answer on your answer sheet.
**23.** Mark your answer on your answer sheet.
**24.** Mark your answer on your answer sheet.
**25.** Mark your answer on your answer sheet.
**26.** Mark your answer on your answer sheet.
**27.** Mark your answer on your answer sheet.
**28.** Mark your answer on your answer sheet.
**29.** Mark your answer on your answer sheet.
**30.** Mark your answer on your answer sheet.
**31.** Mark your answer on your answer sheet.
**32.** Mark your answer on your answer sheet.
**33.** Mark your answer on your answer sheet.
**34.** Mark your answer on your answer sheet.
**35.** Mark your answer on your answer sheet.
**36.** Mark your answer on your answer sheet.
**37.** Mark your answer on your answer sheet.
**38.** Mark your answer on your answer sheet.
**39.** Mark your answer on your answer sheet.
**40.** Mark your answer on your answer sheet.

CORRIGES p. 288

## Part 3

CD 3 piste 5

**Directions**

You will hear some conversations between two people. You will be asked to answer three questions about what the speakers say in each conversation. Select the best response to each question and mark the letter (A), (B), (C) or (D) on your answer sheet. The conversations will not be printed in your test book and will be spoken only one time.

Answer sheet pp. 294-303

CD 3 piste 6

**41. Where is the conversation taking place?**

(A) They are in a train station.
(B) They are in a restaurant.
(C) They are in a travel agency.
(D) They are in a bus depot.

**42. Where does the woman want to go?**

(A) Spain
(B) Germany
(C) Malta
(D) Corsica

**43. When does the woman have to call the man by?**

(A) Monday
(B) Tuesday
(C) Wednesday
(D) Thursday

---

**44. Where have the speakers been?**

(A) They have been to the theatre.
(B) They have been to a casino.
(C) They have been to an ice skating rink.
(D) They have been to a football game.

**45. What do they praise?**

(A) the singing
(B) the acting
(C) the reading
(D) the cooking

**46. Who was able to get them the tickets?**

(A) her brother
(B) her step-brother
(C) her lawyer
(D) her brother-in-law

---

**47. Who is the man?**
(A) a priest
(B) a teacher
(C) a musician
(D) a curator

**48. Where are the speakers?**
(A) in an auditorium
(B) at a department store
(C) at a stadium
(D) in a museum

**49. What will the woman trigger if she gets too close?**
(A) drums
(B) bells
(C) cymbals
(D) an alarm

---

**50. Where is the man going?**
(A) to the hairdresser's
(B) to the dentist's
(C) to the Smiths'
(D) to the gym

**51. Where is the woman going?**
(A) to the swimming pool
(B) to the gym
(C) to the manicurist's
(D) to the dentist's

**52. What amuses Ms. Gal?**
(A) the radio commercial
(B) the ironical situation
(C) the newspaper comics
(D) Mr. Degnan's joke

---

**53. What is the man talking about?**
(A) a pig
(B) a dog
(C) a sheep
(D) a horse

**54. What is the event that they are preparing for?**
(A) a horse show
(B) a car show
(C) a horse race
(D) a dog race

55. **What trinket is the woman going to wear?**
(A) a ring
(B) a necklace
(C) a bracelet
(D) an earring

---

56. **What does the man do?**
(A) He's a butcher.
(B) He's a plastic surgeon.
(C) He's a politician.
(D) He's a magician.

57. **Where is he going to perform?**
(A) New York
(B) Paris
(C) Rome
(D) Las Vegas

58. **What is the man doing?**
(A) a feat of magic
(B) feets of yarn
(C) fleets of ships
(D) fleece of sheep

---

59. **Where does the dialogue take place?**
(A) in a coffee shop
(B) in a library
(C) in an office
(D) in a garage

60. **What will the woman receive at the end of the inspection?**
(A) a clean bill of health
(B) a new car
(C) an approximate bill
(D) a dollar bill

61. **What has happened to the woman?**
(A) She's run into a post.
(B) She's swallowed a pill.
(C) She's been to the North Pole.
(D) She's eaten with a Pole.

---

62. **What are the men doing?**
(A) They are rowing a boat.
(B) They're swimming.
(C) They're bicycling.
(D) They're running.

**63. What direction will the road be taking?**
(A) a downward slope
(B) an upward slope
(C) a straight road
(D) a dirt road

**64. What part of the man's body will ache?**
(A) his arms
(B) his upper legs
(C) his lower legs
(D) his head

---

**65. How many books can the man borrow on weekends?**
(A) 2
(B) 3
(C) 5
(D) 10

**66. Where is the conversation taking place?**
(A) in a book shop
(B) at a newspaper stand
(C) in a library
(D) at the bank

**67. What will happen to the man if he returns the books after the holiday?**
(A) He'll have to go to jail.
(B) He'll have to go to bed without his supper.
(C) He'll have to call the police.
(D) He'll have to pay a fine.

---

**68. What kind of weather can be expected for the days to come?**
(A) dry and warm
(B) brisk and dry
(C) brisk and wet
(D) warm and wet

**69. Where is the wind blowing from?**
(A) the North
(B) the East
(C) the South
(D) the West

**70. What event is taking place in the conversation?**
(A) a television news broadcast
(B) a radio news broadcast
(C) a movie screening
(D) a picnic

CORRIGES p. 288

# Part 4

CD 3 piste 7

**Directions**
You will hear some talks given by a single speaker. You will be asked to answer three questions about what the speaker says in each talk. Select the best response to each question and mark the letter (A), (B), (C) or (D) on your answer sheet. The talks will not be printed in your test book and will be spoken only one time.

Answer sheet pp. 294-303

CD 3 piste 8

**71. How much of a deposit do you need to get a loan?**
(A) 10%
(B) 15%
(C) 40%
(D) 4%

**72. How can you pay off the loan?**
(A) per month
(B) per year
(C) per week
(D) per decade

**73. How long will the payments last?**
(A) 4 years
(B) 10 years
(C) 3 decades
(D) 4 decades

---

**74. At what time is the draw?**
(A) 7:45
(B) 9:15
(C) 10:00
(D) 11:30

**75. What will happen to the winner?**
(A) His doorbell will be rung.
(B) His phone will ring.
(C) His shirt will be wrung.
(D) His song will be sung.

**76. Who is not part of the draw?**
(A) employees
(B) minors
(C) seniors
(D) bosses

---

**77. What is the high temperature?**
(A) 25°F degrees
(B) 50°F degrees
(C) 19°F degrees
(D) 45°F degrees

**78. What does the reporter suggest?**
(A) You should wrap your gifts.
(B) You should carry your bundles.
(C) You should wear lots of clothes.
(D) You should wear a bathing suit.

**79.What is the season described in the announcement?**
(A) the summer
(B) the spring
(C) the fall
(D) the winter

---

**80. Who is the speaker presenting?**
(A) a butcher
(B) a dentist
(C) a writer
(D) a veterinarian

**81. What is his specialty?**
(A) He's a proctologist.
(B) He's a cardiologist.
(C) He's a general practitioner.
(D) He's a plastic surgeon.

**82. What is the purpose of the presentation?**
(A) to inform people on surgery
(B) to sell fountains
(C) to set up appointments
(D) to sell books

---

**83. What are the listeners expecting?**
(A) doors to be opened
(B) windows to be closed
(C) summer holidays
(D) winter

**84. What is on sale for women?**
(A) mini-skirts
(B) low shoes
(C) bath robes
(D) lingerie

**85. What do men need to be to wear a bathing suit?**
(A) thin
(B) fat
(C) tall
(D) short

---

**86. Who is speaking?**
(A) an engineer
(B) a pilot
(C) a conductor
(D) an admiral

**87. Why has the flight been delayed?**
(A) too many planes
(B) too much noise
(C) too many people
(D) too many problems

**88. What is the purpose of the announcement?**
(A) to explain the weather in Miami
(B) to give a description of the service
(C) to explain the delay
(D) to describe the traffic

---

**89. What do the members produce?**
(A) wine
(B) whiskey
(C) rum
(D) vodka

**90. When will the members taste some champagne?**
(A) 5 o'clock
(B) on Friday
(C) at dawn in Paris
(D) at twilight in New York

**91. What should the vintners not do after trying the samples?**
(A) walk
(B) run
(C) drive
(D) sleep

---

**92. What does the company do?**
(A) create matchsticks
(B) make shoe soles
(C) find mates
(D) grow dates

**93. What does a client have to do?**
(A) go to a bar
(B) fill in a pot
(C) answer questions
(D) light a match

**94. What is the purpose of the announcement?**
(A) to provide a service
(B) to provide a formula
(C) to provide a phone service
(D) to sell computers

---

**95. What do students need to go on the trip?**
(A) permission from their parents
(B) lunch boxes
(C) name tags
(D) all of the above

**96. At least how many adults will be on the trip per class?**
(A) 1
(B) 2
(C) 3
(D) 4

**97. Where is the class going?**
(A) a museum
(B) a circus
(C) a theatre
(D) a zoo

---

**98. Where is the doctor?**
(A) at the race track
(B) in a casino
(C) on a golf course
(D) with a patient

**99. Where should patients go in case of an emergency?**
(A) a nearby hospital
(B) the doctor's office
(C) the golf course
(D) the insurance office

**100. When will insurance claims be dealt with?**
(A) in January
(B) in March
(C) in July
(D) in November

**This is the end of the Listening Test. Turn to Part 5 in your test book.**

CORRIGES p. 288

# *Reading* TEST

In the Reading test, you will read a variety of texts and answer several different types of reading comprehension questions. The entire Reading test will last 75 minutes. There are three parts, and directions are given for each part. You are encouraged to answer as many questions as possible within the time allowed. You must mark your answers on the separate answer sheet. Do not write your answers in the test book.

## Part 5 Answer sheet pp. 294-303

**Directions**
A word or phrase is missing in each of the sentences below. Four answer choices are given below each sentence. Select the best answer to complete the sentence. Then mark the letter (A), (B), (C) or (D) on your answer sheet.

**101. Don't be too upset about the weather. ______ the rain, we're going to go to the fair.**
(A) in spite
(B) despite
(C) although
(D) however

**102. ______ I had a pencil, I would have asked the movie star for an autograph.**
(A) Has
(B) Have
(C) Had
(D) To have

**103. The employer was in an uproar when he saw how late his secretary was in the morning. He insisted that she ______ on time.**
(A) are
(B) is
(C) were
(D) be

**104. Are you leaving for your vacation? Yes, our bags are packed and ______ for the airport tomorrow. I can hardly wait!**
(A) we shall going
(B) we leave
(C) we're leaving
(D) we will leaving

**105. The strike ______ 3 weeks now. I hope the workers and employers can come to an agreement.**
(A) had lasted
(B) lasted
(C) last
(D) has lasted

106. Yesterday was an awful day! I never could have imagined ______ so many problems.
(A) have
(B) having
(C) had
(D) have had

107. My English teacher is really great. I ______ with him for 3 years and he never gets boring.
(A) have been studying
(B) has studied
(C) had studied
(D) studied

108. She was new to the neighbourhood so the surroundings were totally unknown ______ her.
(A) by
(B) at
(C) to
(D) in

109. By the time she reaches New York, she ______ for 5 days. She is a persistent driver.
(A) will have driven
(B) will drive
(C) drove
(D) had driven

110. ______ is one of my favourite hobbies. The spicier the food, the more I like it.
(A) Cook
(B) Cooked
(C) Cooker
(D) Cooking

111. A secretary doesn't need ______ time to write a letter. She just uses a word processor.
(A) many
(B) little
(C) much
(D) both

112. The meeting will have to be ______. Due to the weather, the office will be closed.
(A) posted
(B) postponed
(C) produced
(D) promoted

113. Mrs. Goldberg, I'm going to the market. Do you need anything? Yes, could you get me some onions for my goulash? They're in the ______ section.
(A) floral
(B) meat
(C) produce
(D) fish

**114. The librarian told me that I could ______ up to 10 books from the library.**

(A) lend
(B) borrow
(C) give
(D) spend

**115. I'm sorry; I'm simply not used to ______ with chopsticks. Could I have a fork, please?**

(A) eat
(B) eaten
(C) eating
(D) have eaten

**116. ______ did he say he was going? I've been waiting for over an hour.**

(A) What
(B) Who
(C) Where
(D) Whatever

**117. It's very hard to get ______ a bus during rush hour. There are too many people.**

(A) in
(B) at
(C) on
(D) down

**118. Neither ______ was able to accompany the elderly woman to the doctor's office. She had to go by cab.**

(A) nurse
(B) nurses
(C) women
(D) women's

**119. Every employee is responsible ______ the upkeep of all offices and common areas.**

(A) by
(B) of
(C) for
(D) in

**120. John hasn't arrived yet. Have you seen him? That's surprising, he was ______ to be here by 11 o'clock.**

(A) expect
(B) expectant
(C) expected
(D) expired

**121. David and Stephen have been working very hard lately. They are so looking forward to ______ on vacation.**

(A) go
(B) going
(C) gone
(D) went

122. The president of the company is very strict. He told us that we shouldn't look ______ him for any financial aid.
(A) by
(B) through
(C) for
(D) to

123. When did the program for the new factory go into effect? I think it ______ 2 weeks ago.
(A) has been
(B) had been
(C) was
(D) were

124. Last Friday my assistant went ______ Hong Kong on business. I'm really lost without him.
(A) in
(B) at
(C) to
(D) by

125. The ______ crisis was devastating to most companies. We have to work much harder.
(A) economical
(B) economic
(C) economy
(D) economist

126. ______ the bank was closed, we were still able to withdraw money with our credit card.
(A) In spite
(B) However
(C) Although
(D) Yet

127. The firm's ______ was firm: We must not forget to punch in everyday!
(A) politics
(B) political
(C) policy
(D) police

128. I'm concerned about your health, you've been coughing. I think you should ______ to the doctor's.
(A) to go
(B) went
(C) will go
(D) go

129. While the computer ______ itself down, we decided to brew some coffee before we got back to work.
(A) was shut
(B) to be shut
(C) to be shutting
(D) was shutting

130. Diane, don't move, there's a bee on your shoulder. Let me get ______ bug spray.
(A) any
(B) these
(C) some
(D) one

131. Is the tax rate up or down this year? Well, honestly, I think it's at a ______.
(A) stand off
(B) standstill
(C) stand still
(D) standing

132. If I ______ in a better position, I'd buy a bigger house.
(A) was
(B) were
(C) are
(D) can be

133. We're never going to that theatre again. That was probably the ______ play I have ever seen.
(A) worse
(B) badly
(C) worst
(D) worsen

134. On a hot day like today we should be going to the beach ______ than working on these plans.
(A) yet
(B) moreover
(C) however
(D) rather

135. I know that the weather is improving but I'd rather he ______ at home.
(A) stay
(B) stayed
(C) will stay
(D) must stay

136. ______ my secretary call, tell her that I'm not in the office.
(A) If
(B) Should
(C) When
(D) How

137. Does anyone know who worked on the ______? We are architects, aren't we?
(A) prints
(B) blueprints
(C) lithographs
(D) paintings

TEST 1

**138. My father has ______ in New York since he first went there 10 years ago.**
(A) been lived
(B) been living
(C) been leaving
(D) left

**139. The ______ car broke down yesterday and it took the mechanic a long time to repair it.**
(A) Smith's
(B) Smiths'
(C) Smiths
(D) Smithies

**140. Whenever he goes jogging he warms up for at least half an hour. It's not easy to run and ______ at the same time.**
(A) breath
(B) breathe
(C) break
(D) breed

CORRIGES p. 288

# Part 6 Answer sheet pp. 294-303

**Directions**
Read the texts that follow. A word or phrase is missing in some of the sentences. Four answer choices are given below each of the sentences. Select the best answer to complete the text. Then mark the letter (A), (B), (C) or (D) on your answer sheet.

**Questions 141-144 refer to the following letter.**

Mr. Frank Furter
10 Strudel Strasse
Berlin, Germany

Music Delivery
10 Prospect Street
Brewster, NY 10509

February 14, 20_ _

Dear Mr. Furter:

Delivery of your order #5551212, Recording of Brahms Lullabys ______

**141.**
(A) of
(B) by
(C) through
(D) upon

Mo Zart, has been ______.

**142.**
(A) remitted
(B) debated
(C) created
(D) delayed

Our delivery service has been ______ strike for 2 weeks and we have been unable

**143.**
(A) by
(B) on
(C) in
(D) with

to live ______ our commitments. We apologize for the inconvenience.

**144.**
(A) up to
(B) into
(C) in two
(D) over

Sincerely,
Music Delivery Management

TEST 1

**Questions 145-148 refer to the following memo.**

To all gym members:

There will be an increase ______ membership fees as of the 1st of the year. All members

**145.**
(A) at
(B) through
(C) in
(D) from

will have to ______ pictures pertaining to membership cards. We will provide our own

**146.**
(A) uprise
(B) upgrade
(C) upstart
(D) upon

photographer so all you have to do is show ______ for your appointment and the new

**147.**
(A) down
(B) through
(C) by
(D) up

picture will be taken free of charge. Call our office and we will ______

**148.**
(A) settle up
(B) settle down
(C) arranging
(D) set up

an appointment as soon as possible.

**Questions 149-152 refer to the following letter.**

To: Mr. and Mrs. Vagabond
From: Anywhere You Like Travel

RE: Tour reservation

Dear Vagabonds,

Enclosed please find your ______ for your trip to Italy. Your departure is in terminal 1 at 7 o'clock.

**149.**
(A) item
(B) itinerary
(C) inertia
(D) isolation

You are allowed 2 pieces of luggage that ______ 20 lbs. each. You will receive your boarding passes

**150.**
(A) weigh
(B) weighs
(C) weight
(D) to weigh

at the airport. You arrive in Rome, where a bus will be waiting for you to take you to your hotel. As you are under the half-board plan, you will be given breakfast and ______.

**151.**
(A) diner
(B) dinner
(C) dining
(D) dine

You will spend 3 full days in Rome then you will be traveling by train to Naples, where you will spend 2 days. Visits will include Pompeii and the Bay of Naples. Lunch will be served at the Grand Hotel and you'll have the afternoon to do some shopping. When you are on the train make sure to have the ______ validate your tickets or you will be given a severe fine.

**152.**
(A) conductor
(B) baker
(C) barker
(D) banker

We hope that you have a wonderful stay in the country of Dante, Da Vinci and Fellini. And as they say locally, ciao!

The Management

CORRIGES p. 289

## Part 7 Answer sheet pp. 294-303

**Directions**
In this part you will read a selection of texts, such as magazine and newspaper articles, letters and advertisements. Each text is followed by several questions. Select the best answer for each question and mark the letter (A), (B), (C) or (D) on your answer sheet.

**Questions 153-156 refer to the following table.**

| | Departure | Arrival | Expected delay | Conditions |
|---|---|---|---|---|
| Berlin | 13:00 | 14:30 | 40 minutes | Fog |
| Munich | 14:30 | 17:25 | 20 minutes | Rain |
| Rome | 12:00 | 15:00 | On time | Clear |
| Budapest | 13:30 | 16:00 | 1 Hr. | Hail |
| Lisbon | 14:00 | 16:00 | On time | Clear |

**153. The flight for Berlin usually leaves at ______ .**
(A) 14:30
(B) 13:40
(C) 13:00
(D) 15:00

**154. The flight heading for Budapest has been delayed because of:**
(A) snow
(B) rain
(C) icy conditions
(D) wind

**155. When is the flight for Rome?**
(A) noon
(B) midnight
(C) 1 p.m.
(D) 4 p.m.

**156. How long will passengers have to wait to go to Lisbon?**
(A) 20 minutes
(B) 60 minutes
(C) 30 minutes
(D) 0 minutes

**Questions 157-159 refer to the following text.**

In 1983 Berlin was divided by a common wall. In 1989 that wall fell and gave birth to a new nation. Since its reunification, Germany has offered numerous job and investment opportunities to those who are looking to broaden their horizons. Our engineering firm, Mayer and Stern, is looking for dynamic young men and women who are willing to relocate and travel abroad. Our company has been in existence for 40 years. We were here before the wall and we are still here to celebrate a reunified nation. You can become a member of our family by working for us. We have offices in Berlin, Bonn, Leipzig and Frankfurt. We are specialized in sustainable development and we are using every means possible to protect our fragile environment. If you're interested all you have to do is send us your curriculum vitae and a cover letter to let us know something about your background. However there are certain requirements that must be satisfied in order to work for our company. You must be at least bilingual in German and English, or English and French. You must be at least 20 years old and have an engineering degree.
Come one, come all to discover the land of Goethe, Wagner and Dürer!

**157. When did the job and investment opportunities begin in Germany?**
(A) in 1983
(B) in 1989
(C) following its reunification
(D) today

**158. How many languages must be known to work for Mayer and Stern?**
(A) 1
(B) 2
(C) 3
(D) 4

**159. How old must an engineer be in order to work for the firm?**
(A) 18
(B) 20
(C) 25
(D) any age

**Questions 160-163 refer to the following text.**

We've drunk wines in Paris, we've eaten mussels in Brussels and now we're ready to try the goulash in Hungary. We're coming to you live from the heart of beautiful and romantic Budapest. This is the country that has given us the music of Liszt and Bartok. It is the land where Hussars rode their stallions on the vast plains known as "the pusztas" and where Empress Elisabeth of Austria came to reap the benefits of the soothing waters of the plethora of baths. As a language, Hungarian is challenging to say the least, but with a smile and a few rudimentary words, like "hello" or "thank you", the Hungarians are the most charming and welcoming people. They go out of their way to make anyone feel at home. The people of this great nation have helped us as much as possible to organise this exciting car race. We've been extremely lucky with the weather. It is warm and sunny and it looks to be a wonderful afternoon for this competition. The crowd is electrified. The drivers are revving their motors awaiting the chequered flag to drop. The weather conditions are ideal for the 5th national junior championship. The candidates have come from all over Europe and the competition looks to be stiff. The mechanics are ready in the pits, the audience is cheering in unison, the flag has fallen... And they're off!

**160. The announcement is:**
(A) recorded
(B) happening at the moment
(C) delayed
(D) postponed

**161. The event is taking place in:**
(A) France
(B) Belgium
(C) Holland
(D) Hungary

**162. Where have the candidates come from?**
(A) all over the world
(B) Europe
(C) Asia
(D) Hungary

**163. What event is taking place?**
(A) a horse race
(B) a sailboat race
(C) a dog race
(D) a car race

**Questions 164-167 refer to the following advertisement.**

This is an incredible opportunity for all business travellers to Japan. For a limited time only you can double your miles if you purchase a round-trip ticket to Tokyo between October 22nd and February 28th. Moreover, should you book 2 tickets in business class you will automatically be placed in our sweepstakes to win a free trip to anywhere in the world from September to March. Flying with Sushi Airlines is always a luxury experience and we guarantee our customers safety and comfort with an emphasis on taste. As an added plus, on board you can enjoy our five star-class dining services designed by the finest European chefs. You can choose from lobster, filet mignon or caviar. No one can compete with our wide selection of the finest wines. Our hostesses are multilingual and will cater to your every need. We have broadened our network of destinations and we now have two daily flights to Bangkok, Las Vegas and Rio de Janeiro. If you are a member of our frequent flier club you get preferential treatment. When you fly with us you don't have to wait an eternity to take advantage of your miles. With only two transatlantic round-trips you have enough miles to get a free ticket for a short-distance flight. Call us today, or send us an e-mail to confirm your reservation while the offer is valid.

**164. This advertisement is intended for:**
(A) corporate employees
(B) Japanese businessmen
(C) Japanese cooks
(D) Japanese pilots

**165. What happens when you purchase a round-trip ticket?**
(A) You are placed in 1st class.
(B) You double your frequent flier points.
(C) You triple your miles.
(D) You land in Osaka.

**166. What may happen if you purchase 2 tickets?**
(A) You may go to any destination.
(B) You may win a lottery.
(C) You may sweep the streets.
(D) You may travel in May.

**167. What is an added bonus when you travel with Sushi Airlines?**
(A) safety
(B) comfort
(C) sushi
(D) fine dining

**Questions 168-171 refer to the following memo.**

Memorandum

To: All real estate agents

From: Management

Date: December 27

Subject: Business expense receipts

Recently many of you have taken abusive advantage of our lenient policy concerning business expense reimbursement. We have discovered that some of your so-called expenses were for personal use. A few employees in the luxury property department have asked to be compensated for such things as family picnics, weekend outings or just simply going to the movies with friends. This kind of irresponsible behaviour will no longer be tolerated.

All staff members should be aware that our policy concerning business expense receipts has changed. As of January 1, prior to remittance, all business expenses must be approved by the appropriate department head. All managers will be provided with the proper stamp with their initials and agent number etched into the rubber pad. Accounting will refuse any and all receipts without the necessary stamped approval. We must all try to make an effort to reduce expenditures in this time of economic crisis. We appreciate your cooperation and we are sure that we have the best real estate team in the business.

**168. Who is the memo meant for?**
(A) property managers
(B) travel agents
(C) businessmen
(D) company CEOs

**169. Who must give their approval?**
(A) department directors
(B) real estate agents
(C) accountants
(D) staff members

**170. What will be found on the stamp?**
(A) receipts
(B) letters and numbers
(C) names
(D) glue

**171. Why is this memo being sent?**
(A) to save time
(B) to save energy
(C) to hire employees
(D) to save money

**Questions 172-175 refer to the following grid and memo.**

| Descriptions | 1 Bedroom | 2 Bedrooms | 3 Bedrooms | Duplexes |
|---|---|---|---|---|
| Sales | $400,000 | $600,000 | $300,000 | $1 million |
| Rentals | $1,000 | $2,000 | $3,000 | $6,000 |

Memorandum: To all supervisors
Re: Change in prices
Effective: January 1, 2010

Please be aware that our price lists have changed. Our accountants have drawn up assets and liabilities for the fiscal year and for the moment the company is in the red. The economic crisis and the negative climate on the market have given us no choice but to raise our prices by 10%. We understand that this is a substantial amount, but faced with the confines of recent inflation, we unfortunately no longer have any other option. All supervisors should post the information in their offices and orally communicate the information to all agents upon reception of this memo. We hope that this is just a temporary setback and that we'll be back in the black by the end of the year. We believe that if everyone makes a small effort we can manage through these difficult times. Once the market is back on track we will be able to reassess the market and decide whether this increase is permanent or not.

**172. What does the grid deal with?**
(A) air travel
(B) architecture
(C) museum pieces
(D) real estate

**173. When will the new prices be applicable?**
(A) the first day of the year
(B) the last day of the year
(C) the tenth month of the year
(D) the second month of the year

**174. What is the company currently doing?**
(A) making a profit
(B) losing money
(C) going bankrupt
(D) opening a new branch

**175. Who has determined the economic status of the company?**
(A) the supervisors
(B) the agents
(C) the customers
(D) the accountants

**Questions 176-180 refer to the following grid and memo.**

| Event | Date | Location | Dresses | Tuxedos | Reception | Pick up |
|---|---|---|---|---|---|---|
| Barb & Kevin | Jan. 28 | Utica, N.Y. | 5 | 5 | 75 | Jan 22 |
| John & Diane | Jan. 7 | N.Y., N.Y. | 2 | 1 | 25 | Dec.30 |
| Sam & Jerry | Feb. 28 | Miami, Fla. | 0 | 2 | 10 | Feb. 14 |

To: Wedding party members
From: Love Comes First caterers

For those who are in the above-mentioned wedding parties, pick-up dates of your dresses and tuxedos will depend on the wedding you are attending. If you are a bridesmaid in the Barb & Kevin event, your 4 dresses will be available on the 22nd Jan. but alterations must be requested by the 23rd. Those who are in the John & Diane event will have to pick up their dresses and tuxedos as of the 30th December as our shop will be closed for the New Year's Day. Any request for alterations for this event must be handed in no later than the morning of the 31st. S&J, your tuxedos (one white, one black) will be ready by the 14th February and as your wedding party is small any alterations will be free of charge but must be requested by the 16th. As all three wedding parties have chosen the same meal plan for their events, we are sending you the menu: Open cocktail bar accompanied by a seafood buffet (2 hours). The first course: Poached salmon stuffed with truffles and caviar. The main course: Beef Rossini with baked potatoes and green beans. 3rd course: a variety of cheeses. Dessert: The wedding cake chosen by each couple and provided by their selected bakeries. John and Diane have not yet chosen their wine list and champagne. Could they please come and see us as soon as possible?

**176. What do the two texts refer to?**
(A) ceremonies
(B) holidays
(C) work schedules
(D) dinner shifts

**177. How many women are there in Barb & Kevin's party?**
(A) 2
(B) 3
(C) 4
(D) 5

**178. Why do alteration requests need to be handed in earlier for Diane & John?**
(A) There is more work to be done.
(B) The shop will be closed.
(C) The wedding is earlier.
(D) The chapel is closed.

**179. Why are Sam and Jerry getting free alterations?**
(A) Because they only ordered tuxedos.
(B) As a consequence of the menu that they have chosen.
(C) Due to the size of their reception.
(D) Because of the flavour of their wedding cake.

**180. Who have not chosen their beverages?**
(A) Barb & Kevin
(B) Diane & John
(C) Sam & Jerry
(D) The catering company

**Questions 181-185 refer to the following bill and letter.**

Computers Can Be Fun, Inc.

Internet and e-mail account for Fred and Ethel Murray — Due Date: July 1, 20__

Statement 35 — Account # 5765

Address: 365 Year Long Avenue

| | |
|---|---|
| Summary: | |
| Free Internet connection: | 2 Hours $40.00 |
| Other internet connections: | 3 Hours at .10 cents per minute |
| Sites visited: | June's holiday recipes |
| | Your horoscope today |
| | Creating your own photo albums |
| | When to plant tulips |
| Subtotal: | $18.00 |
| Total: | $58.00 |
| E-mail account: | 20 free $10.00 |
| Other e-mails sent: | 30 at 20 cents each |
| Subtotal: | $6.00 |
| Total: | $16.00 |
| Computer rental: | $50.00 |
| Total due: | $124 |
| Late fees: | $5.00 per day x 4 = $20.00 |
| Now due: | $144.00 |

TEST 1

To: Mr. and Mrs. Murray
From: Collection department
RE: Overdue payment

July 5, 20__

Dear Mr. and Mrs. Murray,

We are writing to you to inform you that although we have received your payment for the month of July, you forgot to sign the enclosed check. As your payments have always been on time in the past, we will overlook the error this one time as a courtesy gesture. We appreciate your business and would like to express our gratitude for being one of our clients over the past years. Please remit your signed check as soon as possible.

Sincerely,

Collection department

**181. How many sites did the Murrays visit that were not part of their Internet plan?**
(A) 1
(B) 2
(C) 3
(D) 4

**182. How many e-mails did the Murrays send?**
(A) 10
(B) 20
(C) 30
(D) 50

**183. How many days late was the Murrays' payment?**
(A) 1 day
(B) 2 days
(C) 3 days
(D) 4 days

**184. Why is the Murrays' check being returned to them?**
(A) insufficient funds
(B) over payment
(C) wrong amount
(D) missing signature

**185. The tone of the letter is:**
(A) understanding
(B) critical
(C) reprimanding
(D) scolding

**Questions 186-188 refer to the following advertisement.**

Does your back hurt in the morning? Are you cranky and irritable? Are you too pooped to peep? If the answer to these questions is yes, have you thought that it may have to do with your mattress? Yes, having a good and firm mattress is essential to getting a good night's sleep. Medical studies have shown that sleeping on a good mattress improves people's disposition. They wake up in better moods and are generally happier throughout the day. A good mattress betters your posture, muscle quality and blood circulation. Sleeping well is a vital key to being healthy. Whether you're young or old, a man or a woman, having a good mattress is essential to starting your day on the right foot. If you feel that you haven't been getting enough sleep, or the right kind of sleep, it's time that you came to us, Cloud 9 mattresses. Yes, Cloud 9 mattresses not only rock you to sleep, but we change your frown in the morning into a smile that you wear the whole day. Why don't you give us a try? You'll be peeping more than a new-born chick.

**186. What does the advertisement refer to?**

(A) beds
(B) chairs
(C) sofas
(D) tables

**187. What does the advertisement intend to do?**

(A) guarantee a good flight
(B) guarantee a good meal
(C) guarantee good sleep
(D) guarantee a frown

**188. What does the advertisement compare its customers to?**

(A) a puppy
(B) a kitten
(C) a baby chicken
(D) a kid

**Questions 189-192 refer to the following passage.**

All U.S. citizens travelling to or from the Far East will be questioned about their visits to the countryside and whether they came into contact with farm animals during their stay (zoos are not included). The National Board of Health is trying to reduce the number of cases of Bird Flu virus contamination, and the best way to do so is simply by questioning international travellers about their travelling habits. This is not meant to accuse anyone or be an inquisition, we are just trying to take statistics in order to curb the spread of the disease and limit the number of infections. Unfortunately we are faced with new diseases every year. We know that viruses can readily mutate. We are simply trying to get the upper hand on controlling potential contamination. We can no longer be like ostriches and put our heads in the sand. We must all be responsible when faced with a health crisis. If we know where you have been and what you have done, it will just make our job easier to keep everyone as healthy as possible. Consulate hours are: Monday to Thursday 9 a.m. to 1 p.m.

**189. What is the purpose of this passage?**
(A) to cull information
(B) to spread a disease
(C) to urge travelling
(D) to curb travelling

**190. Who is this passage meant for?**
(A) international travellers
(B) American travellers
(C) Chinese citizens
(D) anyone who has been to Vietnam

**191. What is probably the source of the passage?**
(A) a consulate
(B) a farm
(C) a healthy educator
(D) a wealthy doctor

**192. What day of the week is the service closed?**
(A) Monday
(B) Tuesday
(C) Thursday
(D) Friday

**Questions 193-197 refer to the following table and memo.**

| Stock | Buying price per share | Price today | Change | Comments |
|---|---|---|---|---|
| Doberman's dog food | $10 | $20 | +$10 | Hold |
| Pete's pears, inc | $30 | $60 | +$30 | Sell |
| Sid and Sis long underwear | $35 | $20 | -$15 | Buy |
| Fred's farm equipment | $70 | $110 | +$40 | Hold |

To: Shareholder
From: Market Consulting
Date: Year-end stock report

Dear Shareholder:

Our accounting firm, Goldfarb and Sons, has sent us its assessment of your portfolio and we are quite pleased with its development. In spite of the current bear market your stocks have been doing well with only one company that has shown negative results. We feel that this is promising news and we hope that the beginning of the new year will place all of your assets in the black. We feel that "Sid and Sis long underwear" is going to turn around once their new management is in place and therefore our suggestion is to buy more shares. Our analysts have assured us that the market is going to improve over the next 6 months once employment statistics have been released. We would like to take this opportunity to thank you for the trust that you have shown us and we will do everything in our power to keep you a satisfied customer.

Sincerely,
Market Consulting President
Mark Markenson

**193. Who has assessed the portfolio?**
(A) Market Consulting
(B) accountants
(C) Mark Markenson
(D) company analysts

**194. What has the financial climate been?**
(A) aggressive
(B) reluctant
(C) rapid
(D) recurring

**195. Which company is in the red?**
(A) Doberman's dog food
(B) Pete's pears
(C) Sid and Sis long underwear
(D) Fred's farm equipment

**196. Why do the analysts suggest buying more of Sis and Sis long underwear?**
(A) better costs
(B) better expenses
(C) better projects
(D) better management

**197. By when do the analysts foresee an improvement in the market?**
(A) October
(B) August
(C) September
(D) June

**Questions 198-200 refer to the following memo.**

The board of directors has confirmed that our annual corporate meeting will be held in London rather than in Paris this year. All department heads will be asked to bring their spreadsheets of branch assets and liabilities. The following files must be brought to the meeting:

1. Interest rates charged for loans up to $5,000,000
2. Amortisation schedules for all loans
3. The number of foreclosures and defaulted loans

Moreover, Mr. Abernathy, our new C.E.O., has decided to restructure the accounting department. Therefore, all branch accountants must provide receipts for any and all office expenses. Stamp machine figures must be sent to home office every other month and long distance and registered letters must be given department head approval before mailing. The length of all telephone conversations must be reduced to a strict minimum, and under no circumstances can company telephones be used for personal purposes. Our goal is to avoid the tragic conditions that brought about the failure of so many banks a few months ago, that took place due to poor accounting practices. We thank everyone for their cooperation and understanding.

**198. Where will the corporate meeting be held?**
(A) New York
(B) London
(C) Paris
(D) Rome

**199. Which profession is highlighted in the memo?**
(A) accounting
(B) investment
(C) real estate
(D) banking

**200. What is the C.E.O. trying to avoid?**
(A) the same fate as other companies
(B) lower prices
(C) increasing rates
(D) amortising

CORRIGES p. 289

**Stop! This is the end of the test.**
**If you finish before time is called, you may go back to Parts 5, 6 and 7 to check your work.**

# *Listening* Test 2

CD 3 piste 9

In the listening test, you will be asked to demonstrate how well you understand spoken English. The entire listening test will last approximately 45 minutes. There are four parts, and directions are given for each part. You must mark your answers on the separate answer sheet. Do not write your answers in the test book.

Directions: For each question in this part, you will hear four statements about a picture in your test book. When you hear the statements, you must select the one statement that best describes what you see in the picture. Then find the number of the question on your answer sheet and mark your answer. The statements will not be printed in your test book and will be spoken only one time.

**Example**

(A) The man is sitting at the table.
(B) The man is watching the boats.
(C) The man is praying.
(D) The man is eating.

Statement (A), "The man is sitting at the table" is the best description of the picture, so you should select answer (A) and mark it on your answer sheet.

SAMPLE ANSWER (A) (B) (C) (D)

## Part 1 Answer sheet pp. 294-303

CD 3 piste 10

1

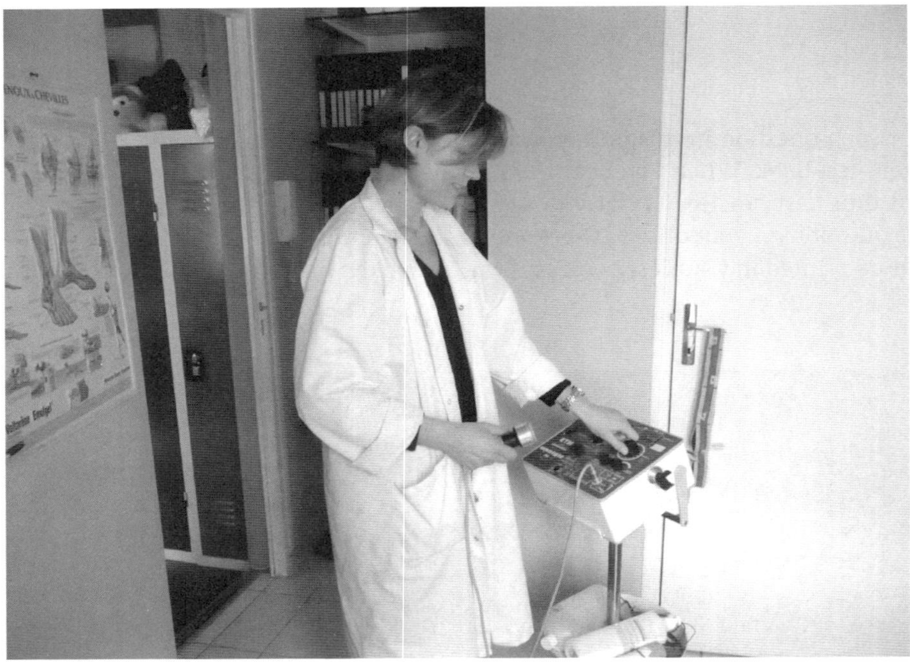

2

3

4

5

6

7

HSBC
HSBC
HSBC

8

Enregistrement 1 à 8
Check-in 1 to 8
Portes D53 à D63
Gates D53 to D63
Arrivées Terminal 2D
Arrivals
Gare SNCF
Railway Station
RER B
Paris par train
Paris by train
Terminal 2G
Terminal 2E 2F
Terminal 1 3
CDGVAL
Airport Shuttle
Parking
Car Park
Parking
Car Park
Taxis
Sortie
7

TEST 2

9

10

CORRIGES p. 289

## Part 2 CD 3 piste 11

**Directions**
You will hear a question or statement and three responses spoken in English. They will not be printed in your test book and will be spoken only one time. Select the best response to the question or statement and mark the letter (A), (B), or (C) on your answer sheet.

**Example**
You will hear:
Where is the museum?
You will also hear:
(A) It's down the road to your right.
(B) It's in the kitchen with Dinah.
(C) It's my mother.

SAMPLE ANSWER (A) (B) (C)

Your best response to the question "Where is the museum?" is choice (A), "It's down the road to your right," so (A) is the correct answer. You should mark answer (A) on your answer sheet.

### Answer sheet pp. 294-303 CD 3 piste 12

11. Mark your answer on your answer sheet.
12. Mark your answer on your answer sheet.
13. Mark your answer on your answer sheet.
14. Mark your answer on your answer sheet.
15. Mark your answer on your answer sheet.
16. Mark your answer on your answer sheet.
17. Mark your answer on your answer sheet.
18. Mark your answer on your answer sheet.
19. Mark your answer on your answer sheet.
20. Mark your answer on your answer sheet.
21. Mark your answer on your answer sheet.
22. Mark your answer on your answer sheet.
23. Mark your answer on your answer sheet.
24. Mark your answer on your answer sheet.
25. Mark your answer on your answer sheet.
26. Mark your answer on your answer sheet.
27. Mark your answer on your answer sheet.
28. Mark your answer on your answer sheet.
29. Mark your answer on your answer sheet.
30. Mark your answer on your answer sheet.
31. Mark your answer on your answer sheet.
32. Mark your answer on your answer sheet.
33. Mark your answer on your answer sheet.
34. Mark your answer on your answer sheet.
35. Mark your answer on your answer sheet.
36. Mark your answer on your answer sheet.
37. Mark your answer on your answer sheet.
38. Mark your answer on your answer sheet.
39. Mark your answer on your answer sheet.
40. Mark your answer on your answer sheet.

CORRIGES p. 290

## Part 3

CD 3 piste 13

**Directions**

You will hear some conversations between two people. You will be asked to answer three questions about what the speakers say in each conversation. Select the best response to each question and mark the letter (A), (B), (C) or (D) on your answer sheet. The conversations will not be printed in your test book and will be spoken only one time.

Answer sheet pp. 294-303 CD 3 piste 14

**41. Where is the conversation taking place?**
(A) They are in a train station.
(B) They are in a restaurant.
(C) They are in a travel agency.
(D) They are in a bus depot.

**42. Why is the woman complaining?**
(A) The service is slow.
(B) The food is bad.
(C) The man is rude.
(D) The airport is not too far.

**43. Where is the woman heading?**
(A) the restaurant
(B) the doctor's office
(C) the airport
(D) the office

---

**44. What have the speakers been doing?**
(A) They have been eating.
(B) They have been running.
(C) They have been making a reservation.
(D) They have been driving.

**45. What is their concern?**
(A) They have little gas left.
(B) They have a mechanical problem.
(C) The tank is broken.
(D) The timing.

**46. Why does the woman want to stop?**
(A) She needs an aspirin.
(B) She wants to drink some tea.
(C) She wants to rest.
(D) She wants to sleep.

---

47. **Who is the man?**
(A) a client
(B) a doctor
(C) a trainer
(D) a student

48. **Where are the speakers?**
(A) in a gym
(B) in a department store
(C) in a doctor's office
(D) at the post office

49. **What does the woman do when she works out?**
(A) She walks.
(B) She rows.
(C) She lifts packages.
(D) She jogs.

---

50. **Where are the speakers?**
(A) at the dentist's
(B) at a party
(C) in a restaurant
(D) at a dry cleaner's

51. **What is on the woman's coat?**
(A) a loose button
(B) a belt
(C) a stain
(D) an orchid

52. **What will the man try to use?**
(A) alcohol
(B) special cleaning products
(C) an eraser
(D) a pencil

---

53. **What is the man talking about?**
(A) the stock market
(B) the fish market
(C) the meat market
(D) the supermarket

54. **What has the man done?**
(A) He's sold a lot of shares.
(B) He's bought a lot of shares.
(C) He's decided to share his profits.
(D) He's declared bankruptcy.

55. **What does the woman suggest doing?**
   (A) buying
   (B) selling
   (C) waiting
   (D) stealing

---

56. **What does the man do?**
   (A) He's a conductor.
   (B) He's a pilot.
   (C) He's a policeman.
   (D) He's an airline employee.

57. **Where is the woman's companion sitting?**
   (A) in first class
   (B) in the waiting office
   (C) on a sofa
   (D) on a throne

58. **Where is the dialogue taking place?**
   (A) at the theatre
   (B) at the library
   (C) at the airport
   (D) at the port

---

59. **Where does the dialogue take place?**
   (A) near a dress shop
   (B) near a train station
   (C) near a church
   (D) near a car dealership

60. **What makes the woman emotional?**
   (A) a new car
   (B) a black tuxedo
   (C) a happy celebration
   (D) a church bell ringing

61. **Why is the man complaining?**
   (A) because he doesn't want to get married
   (B) because he doesn't want to wear a tuxedo
   (C) because he doesn't like the woman he's with
   (D) because he's stuck in traffic

---

62. **What are the men doing?**
   (A) They are ice skating.
   (B) They're making snowmen.
   (C) They're skiing.
   (D) They're running.

**63. Why is the first man concerned?**
(A) The angle of the slope.
(B) The bumps on the slope.
(C) The slop on the slope.
(D) The pop of a gun.

**64. What is the first man criticized for?**
(A) his positive attitude
(B) his negative attitude
(C) his nonchalant attitude
(D) his aggressive attitude

---

**65. What is the man doing?**
(A) painting
(B) drinking
(C) cooking
(D) taking pictures

**66. Why is the woman tired?**
(A) She hasn't moved.
(B) She's in a bikini.
(C) She's afraid of the dark.
(D) She's been taking too many pictures.

**67. What time of day is it?**
(A) It's the morning.
(B) It's noon.
(C) It's dawn.
(D) It's the early evening.

---

**68. Why is the woman bothered?**
(A) She has to go somewhere she doesn't want to go.
(B) She doesn't like the desert.
(C) She doesn't like the dessert.
(D) She doesn't like her colleague.

**69. What doesn't the woman do?**
(A) She doesn't play in casinos.
(B) She doesn't get cold in air-conditioning.
(C) She doesn't like shows.
(D) She doesn't swim.

**70. What does the man suggest?**
(A) That she quit her job.
(B) That she speak to the manager.
(C) That she buy a fan.
(D) That he take her place.

CORRIGES p. 290

## Part 4

CD 4 piste 1

**Directions**
You will hear some talks given by a single speaker. You will be asked to answer three questions about what the speaker says in each talk. Select the best response to each question and mark the letter (A), (B), (C) or (D) on your answer sheet. The talks will not be printed in your test book and will be spoken only one time.

Answer sheet pp. 294-303

CD 4 piste 2

**71. What is Pinsky's?**
(A) a finger
(B) a bank code
(C) an eatery
(D) a bakery

**72. What is the atmosphere?**
(A) urban
(B) rural
(C) depressing
(D) deprived

**73. Where will they deliver?**
(A) a house 30 miles away
(B) an office 15 miles away
(C) anywhere
(D) a Bar Mitzvah

---

**74. What month are they in?**
(A) June
(B) December
(C) July
(D) September

**75. Who is this announcement intended for?**
(A) manual labor
(B) management
(C) the cleaning crew
(D) car drivers

**76. Why will volunteers be considered at the end of the year?**
(A) The work is too easy.
(B) The work is not paid for.
(C) The work is gluing.
(D) The work is very hard.

---

77. **Where is the scene taking place?**
(A) on an airplane
(B) on a sheep
(C) on a ship
(D) on a battleship

78. **What do the passengers have to go through?**
(A) the door
(B) the window
(C) safety exercises
(D) aerobic exercises

79. **Where are they leaving from?**
(A) Tampa
(B) San Juan
(C) Sydney
(D) Sarasota

---

80. **Who is the speaker?**
(A) a cook
(B) a farmer
(C) a travel agent
(D) a dietician

81. **What is today's theme?**
(A) Western Spanish cooking
(B) Northern Italian pasta dishes
(C) Eastern German sauerkraut
(D) Southern French cooking

82. **What does the announcer suggest trying?**
(A) lavender ice-cream
(B) olives
(C) olive oil
(D) rose flavored pastries

---

83. **What do Brodsky and Associates provide?**
(A) interior design advice
(B) portfolio decorations
(C) financial consultation
(D) medical assistance

84. **How do they provide their services?**
(A) in groups
(B) in pairs
(C) individually
(D) on the phone

**85. How much does the first consultation cost?**
(A) a low fee
(B) too much
(C) It's free.
(D) not enough

---

**86. Where is the scene taking place?**
(A) in a pet shop
(B) in a department store
(C) at a fashion show
(D) in a clothing shop

**87. What does the speaker mean when referring to "elegant and understated"?**
(A) chic and inconspicuous
(B) chic and loud
(C) long and thin
(D) long and ugly

**88. When can the black garment be worn?**
(A) in the winter
(B) in the summer
(C) in the fall
(D) all year long

---

**89. What is the aim of the visit?**
(A) tourism
(B) research
(C) business
(D) savings

**90. Why should the passengers wear suntan lotion?**
(A) the blazing sun
(B) the setting sun
(C) the rising sun
(D) the prodigal son

**91. Why should passengers keep their hands inside the boat?**
(A) to be polite
(B) It's cold outside.
(C) for safety purposes
(D) to row the boat

---

**92. What is the Silver Bullet?**
(A) a bus
(B) a plane
(C) a car
(D) a train

**93. Where will the train not be stopping?**
(A) Tuckahoe
(B) Brewster
(C) North White Plains
(D) Somers

**94. What do the passengers have to do to their tickets?**
(A) buy them
(B) sell them
(C) rip them up
(D) validate them

---

**95. Where is the event taking place?**
(A) in Austria
(B) in a lot
(C) at an auction
(D) at a train station

**96. What is to be bid on?**
(A) a horse
(B) a cow
(C) a car
(D) a piece of jewelry

**97. What is not found on the pin?**
(A) silver
(B) gold
(C) emeralds
(D) diamonds

---

**98. What is the theme for the day?**
(A) eating properly
(B) fear of bats
(C) fear
(D) listening to a doctor

**99. What will happen to callers if their question is not prepared?**
(A) They will be embarrassed.
(B) They will eat eggs.
(C) They will get slapped.
(D) They will be hung up on.

**100. Where is the program taking place?**
(A) on the Internet
(B) on television
(C) on a smart phone
(D) on the radio

**This is the end of the Listening Test. Turn to Part 5 in your test book.** CORRIGÉS p. 290

# *Reading* TEST

In the reading test, you will read a variety of texts and answer several different types of reading comprehension questions. The entire reading test will last 75 minutes. There are three parts, and directions are given for each part. You are encouraged to answer as many questions as possible within the time allowed. You must mark your answers on the separate answer sheet. Do not write your answers in the test book.

## Part 5 Answer sheet pp. 294-303

**Directions**
A word or phrase is missing in each of the sentences below. Four answer choices are given below each sentence. Select the best answer to complete the sentence. Then mark the letter (A), (B), (C or (D) on your answer sheet.

**101. It's 8 a.m. The sun ______ and the weather promises to be clear and warm for this time of year.**
(A) rose
(B) raised
(C) has risen
(D) has raised

**102. This is our 20th anniversary and it's as if it were yesterday that I married ______ my darling Christine.**
(A) to
(B) with
(C) —
(D) at

**103. The party promises ______ the best event of the year! Hundreds of people have been invited and all have confirmed.**
(A) bean
(B) to be
(C) be
(D) been

**104. The teacher scolded Owen. Mrs. Okros demanded that he ______ his homework more regularly.**
(A) finishes
(B) to finish
(C) finish
(D) finishing

**105. The jukebox was ______. We had to listen to the radio but there were too many commercials.**
(A) in order
(B) on order
(C) ordering
(D) out of order

**106. Tom's mother bought him a pair of trousers that was too long. He had to ______ up the hem.**

(A) sow
(B) sew
(C) sue
(D) saw

**107. They went to the ______ for a hamburger, French fries and a chocolate shake. They never ate so well.**

(A) dinner
(B) diner
(C) dining
(D) dined

**108. The flight that took off from Paris is bound ______ Mauritius and will take about 11 hours.**

(A) to
(B) for
(C) at
(D) in

**109. Although many people had hoped to make a lot of money, since the tech stock bubble ______, the economic atmosphere has been bleak.**

(A) burst
(B) broke
(C) break
(D) busted

**110. ______ is a very exciting hobby but it can be very dangerous at lower levels. You must always be aware of your depth and the amount of air left in your tanks.**

(A) Scuba diving
(B) Scuba dived
(C) Scuba dive
(D) Scuba divers

**111. When Richard and Elizabeth met it was love at first ______. They've been together ever since.**

(A) see
(B) saw
(C) seen
(D) sight

**112. Steven is a really good skier, but he skies ______ when the snow is packed.**

(A) good
(B) best
(C) the best
(D) worst

**113. He was sick and tired of being unemployed. He decided to ______ another profession.**

(A) look after
(B) look through
(C) look into
(D) look at

**114. The bus broke down at the intersection; ______ all of the passengers had to walk to their destinations.**

(A) however
(B) but
(C) although
(D) therefore

**115. I'm sorry; the vending machine does not take bills. You have to have the exact ______ .**

(A) money
(B) currency
(C) charge
(D) change

**116. During the championship races Peter realized that the other teams were ______ challengers.**

(A) promised
(B) suggestive
(C) formidable
(D) assumed

**117. No one seems to know where John is. He left the office two hours ago, he ______ be stuck in traffic.**

(A) should
(B) would
(C) may
(D) shall

**118. When is Leo's godfather ______ ? The ceremony is about to begin but we can't start without him.**

(A) arrived
(B) to arrive
(C) will arrive
(D) arriving

**119. ______ he known the answer he would have won the jackpot. It's really a shame that he hadn't studied the subject a bit harder.**

(A) If
(B) Would
(C) Has
(D) Had

**120. Should you need to ______ your belt, all you have to do is pull on the strap and your seat will be more comfortable.**

(A) lose
(B) loosen
(C) lost
(D) loosened

**121. Yesterday Alex passed his motorcycle exams. His success ______ in the fact that he was very studious.**

(A) lain
(B) lay
(C) lie
(D) laid

**122. The cruise ship carries 3,000 passengers; it has 1,500 cabins and ______ for the Bahamas on Fridays.**

(A) leaves
(B) leaving
(C) is leaving
(D) left

**123. Although she did it every day, Barbara was never used to ______ in the snow.**

(A) drive
(B) driven
(C) drives
(D) driving

**124. The factory manager is much better but he was very ill last week. He ______ put on sick leave for 3 days.**

(A) has been
(B) is
(C) were
(D) was

**125. If I ______ a doctor I'd try to save as many lives as possible. However I'd first have to go through medical school.**

(A) was
(B) were
(C) is
(D) am

**126. She would like to start a new hobby and was thinking of taking ______ golf.**

(A) in
(B) by
(C) at
(D) up

**127. Just as Paul arrived at the party the snow ______ to fall. No one had listened to the weather forecast and everyone ended up being snowbound.**

(A) begins
(B) had begun
(C) began
(D) beginning

**128. I'm supposed to go to the wedding but my car is filthy. I think it needs ______ .**

(A) wash
(B) to wash
(C) washing
(D) washed

**129. The best way to organize a wedding reception is by going ______ a caterer.**

(A) by
(B) through
(C) over
(D) under

130. The managers ______ the good news that everyone in the company would be getting a pay raise.
(A) spread
(B) spent
(C) spared
(D) spiced

131. After the bank robbery the thieves got away and the money was ______ to be found.
(A) somewhere
(B) anywhere
(C) nothing
(D) nowhere

132. How much time did they ______ doing the crossword puzzle?
(A) pass
(B) spend
(C) extend
(D) expel

133. We're sorry we have to go but our bus is leaving very soon. It's a shame that we have so ______ time left.
(A) few
(B) a few
(C) little
(D) less

134. They have ______ a house that we get lost among the various rooms. There are at least 10 bedrooms!
(A) so big
(B) such big
(C) also
(D) so

135. It was very awkward when we crossed the border. The customs agent went ______ my bags very meticulously.
(A) over
(B) under
(C) in
(D) through

136. We went to the department store two days ago and all of the furniture ______ 50% off.
(A) were
(B) was
(C) is
(D) are

137. Oscar broke his leg during his skiing trip and since that time he's been walking on ______.
(A) sticks
(B) canes
(C) stilts
(D) crutches

**138. You look a bit pale. I think you ______ to go outside and get some sun more often.**

(A) should
(B) must
(C) may
(D) ought

**139. I used a lot of meat in the stew. ______ potatoes do you want me to peel?**

(A) How much
(B) However
(C) How come
(D) How many

**140. Your mother has phoned 5 times already to find ______ why you are so late. I think you should call her back.**

(A) at
(B) in
(C) out
(D) by

CORRIGES p. 290

## Part 6 Answer sheet pp. 294-303

**Directions**
Read the texts that follow. A word or phrase is missing in some of the sentences. Four answer choices are given below each of the sentences. Select the best answer to complete the text. Then mark the letter (A), (B), (C) or (D) on your answer sheet.

**Questions 141-144 refer to the following letter.**

Mrs. Justine Pigeon
25 Victims Avenue
Toronto, Canada

F.U. Shark, esq.
1 Swindle Rd
Los Angeles, CA 12345

April 10, 20_ _

Dear Mrs. Pigeon:

After having looked ______ your deceased husband's assets, we have determined

**141.**
(A) over
(B) in
(C) by
(D) to

that his last will and testament will indeed have to go through probate. This would mean that any expected claims will have to wait until the courts have gone ______ the

**142.**
(A) in
(B) by
(C) through
(D) upon

necessary steps and procedures according to California law. Your ______

**143.**
(A) early
(B) late
(C) premature
(D) tardy

huband has left you the house in Toronto and the apartment in Los Angeles, the amounts in both bank accounts and the yacht in Santa Monica. Your children will receive full tuition for their college education. As executor of your husband's will it is up to us to distribute what is left to his ______.

**144.**
(A) hairs
(B) airs
(C) heirs
(D) hares

Sincerely,
F.U. Shark, esq.

**Questions 145-148 refer to the following article.**

THE SUNDAY HERALD

Today's self-help column will deal ______ how to lose weight and eat properly at the same time.

145.
(A) by
(B) with
(C) of
(D) through

The first step to ______ slim is to exercise regularly. Each day becomes a new challenge

146.
(A) being
(B) been
(C) to be
(D) have been

with new goals to achieve. You have to burn off that excess fat and that requires cardio-vascular movement that can only be done through a vigorous work out. Walking or running is ideal to help you stay fit. Although exercising is ______ the effort made will bring results.

147.
(A) tired
(B) tire
(C) tiring
(D) tying

Each and every calorie counts so you have to be careful with what you eat. Never mix proteins and starches. Always eat meat and fish dishes with vegetables. Pasta and rice dishes should be eaten independently of any proteins or sauces. You must always eat three meals per day. Skipping a meal is ______ than not exercising every day.

148.
(A) work
(B) worth
(C) worse
(D) worthy

Losing weight is not difficult. You need to have three essential elements: discipline, discipline, discipline. You can do it, all you have to do is try. Working out and watching what you eat is the best way to be able to lose those extra pounds and be able to wear that new bikini that you couldn't fit
into last summer. You'll be able to look in the mirror with pride and be the envy of all of your friends and neighbours. Married women will be able to rekindle their relationships, and for all you single girls out there, a new you could bring a new prince charming into your lives. What have you got to lose?
Give it a try.

**Questions 149-152 refer to the following memo.**

To: All tenants
From: Building management

RE: Electricity

Dear Tenants:

Please be aware that there will be ______ heat nor hot water all day tomorrow due to repairs

**149.**
(A) neither
(B) either
(C) both
(D) none

to the boiler system in our building. We hope that this won't be too much of an ______.

**150.**
(A) discomfort
(B) deception
(C) inoculation
(D) inconvenience

Our maintenance staff will do its utmost to make sure that repairs are carried ______ in the

**151.**
(A) in
(B) by
(C) through
(D) out

swiftest manner possible. However we do need time to improve services and we thank you for your patience and understanding. We are all responsible ______ the upkeep of our building.

**152.**
(A) of
(B) to
(C) by
(D) for

After all, a man's home is indeed his castle. We will inform you once all repairs have been completed.

The Management

CORRIGÉS p. 291

# Part 7 Answer sheet pp. 294-303

**Directions**
In this part you will read a selection of texts, such as magazine and newspaper articles, letters and advertisements. Each text is followed by several questions. Select the best answer for each question and mark the letter (A), (B), (C) or (D) on your answer sheet.

**Questions 153-156 refer to the following text.**

Anyone planning on visiting the United States should first know that it is a very big country. It is so big that there are various trip packages that cater to personal interests and tastes. If you're interested in big cities, for example, you can visit New York, Chicago or San Francisco. Each one of these urban hubs is the epitome of the American hustle and bustle way of life. If you're interested in nature you can visit states like California, Nevada or Arizona, home to the Grand Canyon, and where you'll feel as if you were in a real western with cowboys and Indians. The deserts and the cacti go on as far as the eye can see. For those who are interested in sports, you can go skiing in Colorado or Utah, or go snorkelling or sailing in Florida. Finally for those history buffs out there, although the U.S. is a young country, you'll find that places like Washington, D.C., Boston and Philadelphia are chock full of interesting bits of historical trivia. Wherever you may decide to go, a visit to the United States will be an unforgettable experience for all travelers.

**153. What is the purpose of this text?**
(A) making travel plans to New York
(B) advice on travelling to California
(C) advising a destination in the United States
(D) how to get to the United States

**154. What can be found in the major American cities?**
(A) peace and tranquility
(B) subways and buses
(C) a hectic lifestyle
(D) historical monuments

**155. Which state is not intended for nature buffs?**
(A) Colorado
(B) Nevada
(C) Arizona
(D) California

**156. Who should go to Philadelphia?**
(A) skiers
(B) divers
(C) history aficionados
(D) cowboys

**Questions 157-160 refer to the following letter.**

Paradise Travel
7 Utopia Rd.
Miami, FL 33153

January 28, 20_ _

Mr. & Mrs. V. Winkle
55 Sleepy Hollow Way
Chappaqua, NY 212444

Re: Your itinerary on the Orient Express

Dear Mr. & Mrs. Winkle,

June and I are pleased to inform you that your travel plans have been organised and all arrangements have been confirmed. Enclosed please find your itinerary and vouchers for all hotels and restaurants. Your deposit of $500 has been deposited into our account and the balance is now due. Please send the check as soon as possible. Should you have any questions please contact us at the usual number or e-mail address.

| | Departure | Arrival | Hotel | Restaurant |
|---|---|---|---|---|
| Monday | Paris | Vienna | Könnig Hotel | Schnitzel and Schnitzel |
| Tuesday | Vienna | Budapest | The Gellért | Goulash |
| Wednesday | Budapest | Venice | The Cipriani | La Trattoria |
| Thursday | Venise | Sophia | The Majestic | The Continental |
| Friday | Sophia | Istanbul | The Blue Hotel | The Topkapi Restaurant |

**157. When are the passengers eating at Goulash?**
(A) Monday
(B) Tuesday
(C) Wednesday
(D) Thursday

**158. Where is the passengers' final destination?**
(A) Paris
(B) Sophia
(C) Istanbul
(D) Venice

**159. How much have the passengers already paid?**
(A) nothing
(B) everything
(C) on instalment
(D) $500

**160. What has the agency forgotten to enclose?**
(A) itinerary
(B) vouchers
(C) train tickets
(D) a check

**Questions 161-164 refer to the following text.**

Unfortunately many tourists were disappointed today as national museums were closed due to a nationwide strike of museum guards and guides. In an abrupt gesture, the guards' union called for a "wild cat" strike, informing all union members to cease working. They raised their slogans and banners in unison and marched down the streets of the city chanting "cheap bosses bring job losses." In essence the unions want higher wages for their guards and more flexible hours for their guides. The guides would like to have more time off for research in their respective fields. Many of these erudite men and women are working on various theses to complete degrees in fine arts or in history. They claim that they just don't have enough time to make a decent living and simultaneously continue with their scholastic work. We don't know how long the strike is going to last, but the union seems to be very firm in its resistance. Museum directors have said that they will try and negotiate with union heads but the latter have shown little willingness to give any leverage for discussion. Sadly, tourists will just have to look at the museums from the outside and buy posters of the works of art that they so longed to see.

**161. Why were tourists disappointed?**

(A) The guides were on strike.
(B) The museums were closed.
(C) It was a national holiday.
(D) Unions were outraged.

**162. What did the unions call for?**

(A) a spontaneous strike
(B) a delayed strike
(C) a long strike
(D) a short strike

**163. What do the guides request?**

(A) time off
(B) time on
(C) the time
(D) a timed visit

**164. How would you describe the unionists' position?**

(A) weak
(B) strong
(C) stubborn
(D) flexible

**Questions 165-168 refer to the following text.**

It has been impossible to get a flight to or from this quaint seaside resort. All hotels are completely booked up and for the next ten days what is usually a small fisherman's village will become a town of enchantment, merriment and wonder. It's the red letter day to walk down the red carpet at this year's Cannot film festival where the stars and starlettes gather to witness who will be considered the best this year in motion pictures. The competition is stiff and the champagne is flowing. Winning one of these prestigious awards can make or break a film. It can hurl a total unknown into stardom overnight, so the stakes are very high indeed. There will be lots of tears and cheers this evening but as Stanislavsky once said, "there are no small parts, only small actors." The "paparazzi" have come out in droves and the cameras are flashing left and right. It's a madhouse as the nominees arrive in their stretch limousines. The crowds are dense on both sides of the carpet and fans are reaching out with their autograph books in their hands hoping to get their favourite actor's signature. All I can say is good luck to all, and may the best actor win.

**165. What event is taking place in the text?**
(A) recording session
(B) an award ceremony
(C) a parade
(D) a star sighting

**166. What is the competition like?**
(A) hard
(B) limp
(C) loose
(D) lax

**167. What can winning do for an actor?**
(A) sink his career
(B) make his career soar
(C) make him cry
(D) make him cheer

**168. The atmosphere could be best described as?**
(A) calm
(B) pleasant
(C) serene
(D) frantic

**Questions 169-172 refer to the following advertisement.**

If you're looking to invest in a city that is on the rise, there is no better place in the world than Nassau in the Bahamas. Since the recent economic crisis Nassau has become a prime real estate location. Up to now it has been difficult for foreign investors to buy land in this area of the Atlantic Ocean. The government has loosened its conservative policy and now welcomes those who are looking to purchase property. Nassau is a prime location. It's a short trip by hydroplane to Miami in the United States, and you can commute to any of the other islands via convenient ferry shuttles. Other islands such as Eleuthra or Harbor Island are easily accessible. Let's face it, with houses selling at rock-bottom prices, an investor has nothing to lose. It is an ideal place where there is ample sunshine almost all year long. The fishing is outstanding, restaurants are fantastic and Main Street is a shopper's haven with a plethora of shops. Real estate taxes and interest rates are low. There are still some great deals to be made, so with very little down payment, you could buy yourself a little piece of paradise on earth. What are you waiting for?

**169. This advertisement is intended for:**
(A) corporate employees
(B) vacation planning
(C) home buyers
(D) shoppers

**170. What could be said about the real estate market in Nassau?**
(A) It's a buyers' market.
(B) It's a sellers' market.
(C) It's a bear market.
(D) It's a bull market.

**171. What cannot be said about Nassau?**
(A) The deep-sea fishing is great.
(B) There are few shops.
(C) The restaurants are terrific.
(D) The sun shines most of the year.

**172. What do you need to be able to buy a house?**
(A) to leave a key
(B) to borrow money
(C) to pay your taxes
(D) to make a deposit

**Questions 173-176 refer to the following letters.**

Donald D. Uck
5 Pond lane
Orlando, FL 33312

August 13, 20_ _

Intercontinental Airlines
Houston, TX 75666

Re: Service on last flight

To whom it may concern:

I am writing to you to let you know that the service on flight #565 from Newark, NJ, to Las Vegas, NV on April 19th was absolutely appalling! The hostesses were rude. The food was disgusting and there was a fee for everything. I was charged for my meal, my drinks and my bags. Why, I wouldn't be surprised if on the next flight you'd charge to use the restrooms. Well let me tell you, Intercontinental Airlines, there won't be a next time. In fact, I'd rather flap my arms than fly with you again. I was going to Las Vegas to have some fun during the Easter holiday but the horrible service ruined my vacation. It was a nightmare, and I would like to know how you plan on making up for this inconvenience.

Sincerely,
Donald D. Uck

Customer Service
Intercontinental Airlines
Houston, TX 75666

September 1, 20_ _

Mr. Donald D. Uck
5 Pond lane
Orlando, FL 33312

Re: Response to your complaint

Dear Mr. Uck:

First of all, we would like to express how sorry we are about your poor experience on one of our flights. Our crew is of the utmost professionalism and our goal is to ensure our customers' safety and comfort at all times. Unfortunately, due to the recent recession, we've had no other recourse but to charge extra for various services. This does not increase our profit margin, it is only meant to pay for the means to guarantee our customers' satisfaction. To show our good faith, please accept the enclosed voucher (good for one year) for a round-trip ticket to anywhere in the United States. We hope that you will remain one of our faithful customers and we will do everything possible to make your next flight with us an even better one.

Sincerely,
Customer Service

**173. What is the tone of the first letter?**
(A) furious
(B) friendly
(C) gracious
(D) forthcoming

**174. What did the passenger not have to pay for?**
(A) food
(B) alcohol
(C) luggage
(D) lavatories

**175. Why did the airline raise its prices?**
(A) greed
(B) economic hardship
(C) sustainability
(D) low overhead

**176. When will the passenger fly with the airline in the future?**
(A) tomorrow
(B) next Christmas
(C) possibly within the year
(D) last Easter

**Questions 177-179 refer to the following grid and memo.**

| Item | Cost per item | Increase | Supplied by |
|---|---|---|---|
| Staples | $5.00 | $2.00 | I Love My Office |
| Stationery | $50.00 | $5.00 | Paper Heaven |
| Thumbtacks | $3.00 | $2.00 | Stick It To Me |
| Toner | $20.00 | $15.00 | Photocopying Delight |

Memo to all employees:

Please be advised that the price of office supplies will increase as of next month. Orders should be sent to Mrs. Taylor no later than the end of each month. Please indicate in bold letters the number of boxes per item that your department needs. As we purchase our products at wholesale prices, boxes of staples, stationery and thumbtacks contain 100 items each. There are 20 cartridges of ink per box of toner. Should you be ordering stationery, please indicate the color, the measurements that you require and what information, if any, you would like printed on the letterhead. Deliveries come on Mondays and Fridays every other week. All of the above-listed firms have exclusive contracts with our company and guarantee the lowest prices on the market. If anyone should find office supplies at lower prices please contact Mrs. Taylor as soon as possible so that she may cancel orders in time.

**177. How much will paper cost in June?**
(A) $50.00
(B) $5.00
(C) $35.00
(D) $55.00

**178. Where can the employees go to buy ink?**
(A) I Love My Office
(B) Photocopying Delight
(C) Paper Heaven
(D) Stick It To Me

**179. What item is needed to post messages on a bulletin board?**
(A) pencils
(B) thumbtacks
(C) toner
(D) stationery

**Questions 180-183 refer to the following advertisement.**

Wanted: Part-time and full-time camp counsellors

Requirements:

You must be at least 18 years old.
All candidates must have a first-aid certificate.
Candidates must pass a physical exam to determine if you are able to take the position.
Candidates must manifest an ability to swim, ride a bicycle, row a boat and hike for long distances.
Full-time counsellors will be housed on the grounds.
The positions cover the summer session from June 30 – August 31.
Please send your CVs and cover letters to:

Camp Lots of Fun
Lake Ontario
Buffalo, NY

Deadline: April 30, 20_ _

**180. What kind of experience must a candidate have?**
(A) business
(B) coaching
(C) mouth-to-mouth resuscitation
(D) cooking

**181. What is not required of candidates?**
(A) knowledge of archery
(B) experience in swimming
(C) balance to ride a bicycle
(D) long walks

**182. Where will part-time employees be lodged?**
(A) on the grounds
(B) in camp dormitories
(C) in a hotel
(D) away from the camp

**183. Applications are due by:**
(A) the end of April
(B) the end of June
(C) the beginning of July
(D) the end of August

**Questions 184-187 refer to the following grid.**

| Apartment | Status | Rent | Size | Lease | Maintenance | Pets |
|---|---|---|---|---|---|---|
| 3J | Rented | $300 | Studio | 1 year | $30 | yes |
| 4C | Rented | $500 | 1 Bedroom | 2 years | $50 | no |
| 6F | Rented | $650 | 2 Bedroom | 2 years renewable | $65 | yes |
| 7D | Pending | $700 | 2 Bedroom | 1 year | $70 | no |
| 14K | Available | $1,000 | 1 Bedroom | 2 year re-newable | $100 | no |
| 25D | Available | $1,500 | 3 Bedroom | 1 year | $150 | yes |
| 30 L | Available | $3,000 | Penthouse | 1 year with a possibility to renew | $300 | yes |

Memo: To all building employees

The above chart is a listing of the recent activity in our building. Please note that 7D is negotiating the possibility of accepting a small dog. We will have further information after the board meeting by the end of the week.

**184. Which apartment has one bedroom and is available?**
(A) 3J
(B) 4C
(C) 7D
(D) 14K

**185. Which apartment is occupied with two bedrooms and a renewable lease?**
(A) 3J
(B) 6F
(C) 25D
(D) 30L

**186. The maintenance represents what percent of the rent?**
(A) 1%
(B) 5%
(C) 10%
(D) 50%

**187. Why is unit 7D not rented yet?**
(A) issue over domestic animals
(B) the floor is too high
(C) the number of bedrooms
(D) the lack of a balcony

TEST 2

**Questions 188-190 refer to the following report.**

The fire-damp explosion that took place in the tire factory last week has left the owners with no other option but to declare bankruptcy. It turns out that management didn't have the necessary insurance to cover such an event. Employees have been left in the lurch and are dumbfounded and sad. One employee expressed her frustration after having worked for the company for over 20 years, "I thought that we were like a family and that the bosses would take care of their workers, like parents who take care of their children Now we're all orphans." 300 employees will be laid off and in these difficult times, that is not good news. The local press has been covering this story hoping to draw the people's attention to firms that are irresponsible. The company's managers are trying to downplay their role in this disaster by saying that smoke alarms had just been installed on every floor. They feel that this lightens their share of guilt and exonerates them of any wrong doing. It remains to be seen as to whether the employees are going to receive any compensation from the company directors or the local government.

**188. What did the owners have to do after the fire-damp explosion?**
(A) go out of business
(B) buy insurance
(C) go to the bank
(D) buy more tires

**189. What was the employees' reaction?**
(A) They were stunned.
(B) They were happy.
(C) They were optimistic.
(D) They were positive.

**190. To what did the employee compare her situation?**
(A) being childless
(B) being parentless
(C) being brainless
(D) being heartless

**Questions 191-193 refer to the following text.**

In a recent survey 200 people were asked what their favourite soft drink was and a whopping 50% declared that they'd rather drink Spicy Cola than any other beverage. This new cola has taken the nation by storm. It contains just what the name implies: spices! When you drink a can of Spicy Cola you will enjoy the flavour of thyme, curry, sage with a hint of mint. It is said to refresh, invigorate and quench your thirst at the same time. The average age of those who liked the drink was the 10 – 18 age group. Older testers preferred alcoholic beverages like wine or beer and a minority expressed a preference for spirits. It is obvious that teenagers represent a major part of the soft drink market. Contrary to older generations, who have traditional tastes, youths long for new and innovative drinks that are pretty and trendy. Drinking a fluorescent pink or blue soda draws attention to the consumer. The teens want drinks that give them a jolt of energy, enabling them to dance the night away on dance floors in nightclubs or at parties. Our studies have shown that if the drink is new and original, the potential short-term profits are higher.

**191. What spice is not included in the drink?**
(A) rosemary
(B) thyme
(C) curry
(D) sage

**192. What does it claim to do?**
(A) make you sleepy
(B) give you energy
(C) make you hungry
(D) make you thirsty

**193. How old were those who liked the drink?**
(A) retirees
(B) cooks
(C) teenagers
(D) adults

**Questions 194-197 refer to the following e-mail and grid.**

To: Mrs. Worth
Worth.yoho.com

From: Altman Insurance
Alt.ins.com
Customer Service

Dear Mrs. Worth,

Your insurance claim for the items that were stolen from your home on July 4 is currently being processed by our agents. Unfortunately, you have purchased the least expensive policy. Consequently, you are covered only for the theft of your jewellery, and your deductible is $1,500. If the value of your missing jewellery is below that figure, I'm afraid that you will not be reimbursed. Could you please send us the original purchase price of the items in question and a detailed description of each item taken.

Thank you in advance,

Edwina Larsen
Customer Service

---

To: Altman Insurance
Alt.ins.com.
Attn: Edwina Larsen

From: Worth. Yoho. Com

Dear Ms. Larsen:

I am hereby sending you a detailed list of the items stolen from my home on July 4 and their original cost.

| Item | Cost | Date of purchase | Description | Location |
|---|---|---|---|---|
| 1 diamond ring | $1,000 | April 5, 1999 | One-karat blue diamond | jewellery box |
| 1 computer | $2,000 | July 11, 2009 | A black 10-inch computer | living room |
| 1 digital camera | $1,500 | August 18, 2008 | An underwater camera | hall closet |
| 1 ruby and emerald bracelet | $5,000 | August 25, 2005 | A gold bracelet with 5 rubies and 5 emeralds | jewellery box |

194. **What item will be reimbursed?**
(A) a ring
(B) a computer
(C) a bracelet
(D) a camera

195. **When were the claimable objects purchased?**
(A) June
(B) July
(C) August
(D) April

196. **How much will Mrs. Worth be reimbursed?**
(A) $3,500
(B) $5,000
(C) $1,000
(D) $2,000

197. **When was her home burgled?**
(A) April 5
(B) July 4
(C) July 11
(D) August 18

**Questions 198-200 refer to the following text.**

There has been a downturn in the evolution of the commodities market. Gold and silver have drastically plummeted, causing havoc on the stock exchanges of the world. The sugar industry is desperately trying to resist the trend and is holding its own, but fighting against the tide is a real struggle for most companies. Some experts have gone as far as suggesting that this is the worst bear market in the past decade. The major indices have also taken a turn for the worse. The only area that is on the rebound is currencies. Currently the Dollar and the Yen are on the rise against the Euro, and although the European currency has fallen a bit, it is still widely ahead of where it was 6 months ago. Therefore, most analysts feel that there is little or no reason to panic. Nevertheless there are certain financial pundits who claim that a weaker Dollar is only a ruse to increase foreign investment in the United States to bolster their ailing economy. The verdict is still pending and we will know for certain within the next 6 to 8 months. But as far as these predictions for the commodities market were concerned, the analysts all had one thing to say: "No comment!"

**198. How is the commodities market performing?**
(A) well
(B) poorly
(C) evenly
(D) substantially

**199. What is the sugar industry doing?**
(A) resisting
(B) wavering
(C) defaulting
(D) dwindling

**200. What is the analysts' position on the currency market?**
(A) positive
(B) negative
(C) indifferent
(D) mute

CORRIGES p. 291

**Stop! This is the end of the test.**
**If you finish before time is called, you may go back to Parts 5, 6 and 7 to check your work.**

# *Listening* Test 3

CD 4 piste 3

In the listening test, you will be asked to demonstrate how well you understand spoken English. The entire Listening test will last approximately 45 minutes. There are four parts, and directions are given for each part. You must mark your answers on the separate answer sheet. Do not write your answers in the test book.

Directions: For each question in this part, you will hear four statements about a picture in your test book. When you hear the statements, you must select the one statement that best describes what you see in the picture. Then find the number of the question on your answer sheet and mark your answer. The statements will not be printed in your test book and will be spoken only one time.

**Example**

(A) The man is sitting at the table.
(B) The man is watching the boats.
(C) The man is praying.
(D) The man is eating.

Statement (A), "The man is sitting at the table" is the best description of the picture, so you should select answer (A) and mark it on your answer sheet.

SAMPLE ANSWER (A) (B) (C) (D)

TEST 3

**Part 1** Answer sheet pp. 294-303 CD 4 piste 4

1

2

3

4

5

6

7

8

TEST 3

**9**

**10**

CORRIGÉS p. 191

## Part 2

CD 4 piste 5

**Directions**
You will hear a question or statement and three responses spoken in English. They will not be printed in your test book and will be spoken only one time. Select the best response to the question or statement and mark the letter (A), (B), or (C) on your answer sheet.

**Example**
You will hear:
Where is the museum?
You will also hear:
(A) It's down the road to your right.
(B) It's in the kitchen with Dinah.
(C) It's my mother.

SAMPLE ANSWER (A) (B) (C)

Your best response to the question "Where is the museum?" is choice (A), "It's down the road to your right," so (A) is the correct answer. You should mark answer (A) on your answer sheet.

Answer sheet pp. 294-303 CD 4 piste 6

**11.** Mark your answer on your answer sheet.
**12.** Mark your answer on your answer sheet.
**13.** Mark your answer on your answer sheet.
**14.** Mark your answer on your answer sheet.
**15.** Mark your answer on your answer sheet.
**16.** Mark your answer on your answer sheet.
**17.** Mark your answer on your answer sheet.
**18.** Mark your answer on your answer sheet.
**19.** Mark your answer on your answer sheet.
**20.** Mark your answer on your answer sheet.
**21.** Mark your answer on your answer sheet.
**22.** Mark your answer on your answer sheet.
**23.** Mark your answer on your answer sheet.
**24.** Mark your answer on your answer sheet.
**25.** Mark your answer on your answer sheet.
**26.** Mark your answer on your answer sheet.
**27.** Mark your answer on your answer sheet.
**28.** Mark your answer on your answer sheet.
**29.** Mark your answer on your answer sheet.
**30.** Mark your answer on your answer sheet.
**31.** Mark your answer on your answer sheet.
**32.** Mark your answer on your answer sheet.
**33.** Mark your answer on your answer sheet.
**34.** Mark your answer on your answer sheet.
**35.** Mark your answer on your answer sheet.
**36.** Mark your answer on your answer sheet.
**37.** Mark your answer on your answer sheet.
**38.** Mark your answer on your answer sheet.
**39.** Mark your answer on your answer sheet.
**40.** Mark your answer on your answer sheet.

CORRIGES p. 291

## Part 3

CD 4 piste 7

**Directions**
You will hear some conversations between two people. You will be asked to answer three questions about what the speakers say in each conversation. Select the best response to each question and mark the letter (A), (B), (C) or (D) on your answer sheet. The conversations will not be printed in your test book and will be spoken only one time.

Answer sheet pp. 294-303

CD 4 piste 8

**41. Why is the woman upset?**
(A) She is unable to type.
(B) She's incapable of recording something.
(C) She has a slipped disk.
(D) She wants to take a computer course.

**42. What does she not know how to use?**
(A) computers
(B) microphones
(C) recording equipment
(D) tapes

**43. What does the man not mention?**
(A) blank CD discs
(B) microphones
(C) computers
(D) blank tapes

---

**44. What has the man been waiting for?**
(A) the bus
(B) the train
(C) a job interview
(D) his lunch

**45. Where did Susan go?**
(A) on her lunch break
(B) home
(C) to the swimming pool
(D) to the movies

**46. What will the woman try to do?**
(A) read his documents
(B) serve some coffee
(C) explain the delay
(D) speed things up

---

47. **Who is the man?**
(A) a client
(B) a doctor
(C) a vet
(D) a student

48. **Where are the speakers?**
(A) in a hospital
(B) in an animal adoption agency
(C) in a doctor's office
(D) in a pet store

49. **Why does the woman want an older dog?**
(A) She doesn't want to walk it.
(B) She doesn't want to play with it.
(C) She doesn't want to feed it.
(D) She wants it to be housebroken and well-behaved.

---

50. **What has the woman misplaced?**
(A) her cell phone
(B) her ticket
(C) her place in line
(D) her order

51. **What is on special?**
(A) lean roast beef
(B) cigarettes
(C) smoked turkey
(D) a smart key

52. **How does the woman like her roast beef?**
(A) fatless
(B) thin
(C) thick
(D) well-done

---

53. **What is the man talking about?**
(A) the secrets of cooking
(B) the trials and tribulations of being a father
(C) his daughter's schedule
(D) the way Arnaud makes models

54. **What does the woman say about 14-year-old boys?**
(A) They mature later in life.
(B) They have the same problems as girls.
(C) They drive cars earlier than girls.
(D) Their voices change.

**55. What does the woman suggest?**
(A) not discussing anything with his daughter
(B) sending his daughter to her room
(C) buying his daughter a gift
(D) bringing his daughter together with someone of the same age

---

**56. Why can't the woman satisfy the man's request?**
(A) Her machine is out of order.
(B) Her assistant is on a break.
(C) Her shop is closed.
(D) Her copier is out of ink.

**57. What does the machine do?**
(A) put the documents in order
(B) sift through the documents
(C) print the documents backwards
(D) print the pictures in blue

**58. When will the man get his copies?**
(A) at noon
(B) at midnight
(C) at closing
(D) at 1:15

---

**59. What kind of problem does the woman have?**
(A) telephone
(B) computer
(C) restaurant service
(D) flying

**60. What does the man usually do in a similar situation?**
(A) unplug the device
(B) turn off the device
(C) retry at a later time
(D) write a letter by hand

**61. Why does the woman need to contact Mrs. Johnson?**
(A) to give her some flight information
(B) to send her a copy of her ticket
(C) to serve her lunch
(D) to convince her of her professionalism

---

**62. What has happened to Johan's shoulders?**
(A) They are narrower.
(B) They are wider.
(C) They are broken.
(D) They are the same size.

**63. Why has Johan been going to the gym?**
(A) to get a job
(B) to bounce a ball
(C) to look more dashing
(D) to meet more people

**64. Why doesn't the speaker think that Johan will get the job?**
(A) He's too kind.
(B) He's too distant.
(C) He's too weak.
(D) He's too mean.

---

**65. What does the man do?**
(A) He's a doctor.
(B) He's a nurse.
(C) He's a pharmacist.
(D) He's a masseur.

**66. What has happened to the woman?**
(A) Her arms are frost-burned.
(B) She has tendonitis.
(C) She is sunburned.
(D) She has insomnia.

**67. What does the woman need to get stronger medication?**
(A) a note from her doctor
(B) a prescription
(C) another pharmacy
(D) another day in the sun

---

**68. Why doesn't the man like the clowns?**
(A) They aren't funny.
(B) They are too silly-looking.
(C) They wear too much make-up.
(D) They are too rigid.

**69. Why does the man like the acrobats?**
(A) Their deftness and synchronisation
(B) Their sloth and disorganisation
(C) Their stiffness and chaotic demeanour
(D) Their boldness and independence

**70. What is the man's tone concerning lions?**
(A) dejected
(B) flimsy
(C) disappointed
(D) sarcastic

CORRIGES p. 291

## Part 4

CD 4 piste 9

**Directions**
You will hear some talks given by a single speaker. You will be asked to answer three questions about what the speaker says in each talk. Select the best response to each question and mark the letter (A), (B), (C), or (D) on your answer sheet. The talks will not be printed in your test book and will be spoken only one time.

Answer sheet pp. 294-303 CD 4 piste 10

**71. Why was the city centre closed for 6 months?**
(A) a plumbing problem
(B) an electrical problem
(C) for an overhaul
(D) The employees were on strike.

**72. What will be entertaining for children?**
(A) a kiddie pool
(B) a playpen
(C) a toboggan
(D) a diving board

**73. What stroke is not mentioned?**
(A) the butterfly
(B) the backstroke
(C) the breaststroke
(D) the sidestroke

---

**74. Who is this announcement for?**
(A) college seniors
(B) high school juniors
(C) college freshmen
(D) graduating students

**75. Why is the event a privilege?**
(A) The students will meet other students.
(B) The students will get a day off from school.
(C) The students will get to look through the telescope.
(D) The students will meet well-known scientists.

**76. What will the students not see through the telescope?**
(A) Mars
(B) Venus
(C) the Moon
(D) Mercury

---

77. **Where is the scene taking place?**
(A) at a school
(B) at a library
(C) at a courthouse
(D) on a plane

78. **What do the members of the jury have to consider?**
(A) the prosecutor
(B) the defense lawyer
(C) the accuser's testimonial
(D) the proof

79. **Who will the members be able to contact?**
(A) those involved in the trial
(B) their families
(C) their colleagues
(D) their closest friends

---

80. **Who is the speaker?**
(A) a florist
(B) a mortician
(C) a cook
(D) a wedding planner

81. **What do some designers have us think about floral design?**
(A) It's fun.
(B) It's intimidating.
(C) It's convoluted.
(D) It's simplistic.

82. **What does anyone need to be a floral designer?**
(A) good reasoning and creativity
(B) a degree in botany
(C) a green thumb
(D) a flower garden

---

83. **Who is this announcement meant for?**
(A) people looking for new furniture
(B) restaurant waiters
(C) anyone looking for innovative recipes
(D) those who suffer from heartburn

84. **What does each meal come with?**
(A) a two-for-one coupon
(B) a free cooking lesson
(C) a subscription to the magazine
(D) a shiny photo of expected results

**85. How much will the magazine cost?**
(A) It's free.
(B) too much
(C) $5.99
(D) not enough

**86. What has the man just seen?**
(A) a musical
(B) a drama
(C) a comedy
(D) a melodrama

**87. What does the speaker suggest doing?**
(A) not seeing the production
(B) getting tickets as soon as possible
(C) seeing the movie
(D) leaving during intermission

**88. What does the speaker predict for the baritone singer?**
(A) great success
(B) further flops
(C) a lengthy career
(D) imminent unemployment

**89. Who is this announcement meant for?**
(A) those who yearn to earn more money
(B) those who want to win more money
(C) those who hope to change jobs
(D) those who long to have longer vacations

**90. What is said about the experience of asking for a raise?**
(A) It's entertaining.
(B) It's boring.
(C) It leaves you confused.
(D) It makes you feel ill at ease.

**91. What should anyone do to be more courageous?**
(A) contact a website
(B) call "Rhonda's Raise Rhetoric"
(C) give the boss an ultimatum
(D) hand in their resignation

**92. How many tickets will each student receive?**
(A) one
(B) two
(C) three
(D) as many as he or she needs

93. **What apparel will not be tolerated?**
(A) tuxedos
(B) three-piece suits
(C) dresses
(D) jeans

94. **What will be served after 10 o'clock?**
(A) wine
(B) champagne
(C) orange juice
(D) beer

---

95. **Where is the event taking place?**
(A) in a hotel
(B) at a sky-diving school
(C) at a train station
(D) at an office

96. **What is the depth of the first dive?**
(A) 5 meters
(B) 10 metres
(C) 15 metres
(D) 20 metres

97. **Who should not dive?**
(A) anyone who doesn't like water
(B) anyone who can't swim
(C) anyone who doesn't like closed-in spaces
(D) anyone who snores

---

98. **What is not among the things that a lumberjack should know how to do?**
(A) removing its bark
(B) sending a tree upstream
(C) using a chainsaw
(D) chopping down a tree

99. **What kinds of trees should a lumberjack chop down?**
(A) The ones that are old.
(B) The ones that are too numerous.
(C) The ones that cast too much of a shadow.
(D) The ones that enable us to survive.

100. **What should a responsible lumberjack do?**
(A) leave the trees in bloom
(B) let the trees reproduce
(C) change chainsaws regularly
(D) collect the sawdust from the sawmill

**This is the end of the Listening Test. Turn to Part 5 in your test book.**

CORRIGES p. 291

TEST 3

# Reading TEST

In the reading test, you will read a variety of texts and answer several different types of reading comprehension questions. The entire reading test will last 75 minutes. There are three parts, and directions are given for each part. You are encouraged to answer as many questions as possible within the time allowed. You must mark your answers on the separate answer sheet. Do not write your answers in the test book.

## Part 5 Answer sheet pp. 294-303

**Directions**
A word or phrase is missing in each of the sentences below. Four answer choices are given below each sentence. Select the best answer to complete the sentence. Then mark the letter (A), (B), (C), or (D) on your answer sheet.

**101. I never watch the news anymore. ______ all doom and gloom and I get depressed.**
(A) They're
(B) Their
(C) It's
(D) Its

**102. Our taxi service aims to please our customers. Just give us your ______ and we'll pick you up.**
(A) wherefore
(B) wherewithal
(C) wherever
(D) whereabouts

**103. Where have you been? I ______ trying to reach you for two hours. The party started two hours ago.**
(A) have been
(B) had
(C) have
(D) am

**104. What color tie do you think would ______ this blue shirt?**
(A) matches
(B) match
(C) goes
(D) to go

**105. Have you seen the pencil sharpener? The tip of my pencil is so ______.**
(A) boring
(B) bored
(C) blunt
(D) pointless

106. As we're celebrating Gilles and Brigitte's anniversary, why don't we set the table with the nice silk ______ with the floral design?
(A) grater
(B) tablecloth
(C) silverware
(D) cutlery

107. I don't think I ______ enough money doing this job. I hope that I'll get some overtime this month.
(A) win
(B) do
(C) earn
(D) steal

108. Could you go to the supermarket for me? I've ______ of butter.
(A) run cold
(B) run in
(C) ran out
(D) run out

109. Before you can rent this apartment you have to leave a one month deposit and sign the ______.
(A) leave
(B) let up
(C) ledger
(D) lease

110. I don't know why we came to this spot for our picnic; the food is covered with ______.
(A) aunts
(B) vats
(C) mats
(D) ants

111. If you don't work harder it's just going to ______ your chances at getting a diploma.
(A) worse
(B) the worst
(C) worsen
(D) wordly

112. How do you like your steak cooked, ______ or well-done?
(A) at most
(B) on much
(C) often
(D) rare

113. We've been debating the issue for over an hour, could we please ______ to a decision.
(A) belong
(B) go
(C) come
(D) drive

**114. The C.E.O. is really busy this afternoon, but I'll see if he can ______ some time for you.**
(A) spear
(B) spare
(C) spend
(D) spar

**115. I can't believe that he was just ______ his time waiting for his promotion to be official. No wonder he never did much work.**
(A) bidding
(B) bowling
(C) basking
(D) biding

**116. This is a most unusual three-piece suit, what kind of ______ is it made of?**
(A) tissues
(B) fabric
(C) designer
(D) parts

**117. I think she should be stricter with her children, she's always bending over ______ to please them and they just take her for granted.**
(A) forwards
(B) backwards
(C) sideways
(D) through

**118. Ma'am, I've already asked you three times not ______ the tomatoes.**
(A) pinching
(B) to produce
(C) to squeeze
(D) pulverize

**119. ______ you know the answer to the question I suggest that you keep quiet.**
(A) How
(B) Besides
(C) Without
(D) Unless

**120. The traffic seems to be backed up for miles; do you know if there is a ______ route to get to the airport?**
(A) best
(B) better
(C) harder
(D) loosened

**121. It's amazing, but Kai, Adam and David ______ on February 28. Is that destiny or just a coincidence?**
(A) are born
(B) were borne
(C) are borne
(D) were born

122. ______ information is always important before starting a dissertation.
(A) Gathering
(B) Reaping
(C) Looking
(D) Borrowing

123. The doctor, ______ office was broken into, will be working from home over the next two weeks.
(A) that
(B) which
(C) who
(D) whose

124. ______ your package, deliveries are on Mondays, Wednesdays and Fridays.
(A) Regarding
(B) Regards to
(C) Regard
(D) As regard in

125. I don't think that this is the right season to pick cherries, they're not ______ enough.
(A) raw
(B) rind
(C) ripe
(D) ripped

126. I would be more than happy to help you find a pair of jeans, sir, but I need to know the size of your ______.
(A) waste
(B) waits
(C) warts
(D) waist

127. I had invited the two students to the meeting but ______ one showed up.
(A) either
(B) both
(C) neither
(D) all

128. I don't know why you're complaining, Brigitte ______ you all of the files pertaining to the claim last Friday.
(A) bring
(B) brought
(C) brang
(D) will bring

129. I know that this is going to sound like a silly question, but does the sun ______ in the East or the West?
(A) rose
(B) raise
(C) raised
(D) rise

130. The ______ offices are being repainted so they will have to work in the library.
(A) managerial
(B) manage
(C) managed
(D) majored

131. I know that you're ______ to drive the car, but you haven't got a licence.
(A) anticipate
(B) meagre
(C) eager
(D) looked

132. He hasn't paid his rent for 3 months, I think we'll have ______ him for the amount.
(A) to sew
(B) to sow
(C) to sue
(D) to spew

133. I know you've already ______ your name but could you do it again, it's got so many letters.
(A) spilled
(B) spell
(C) spoiled
(D) spelled

134. You ______ see a doctor, your cut looks like it's getting infected.
(A) should have
(B) ought to
(C) would
(D) could have

135. Please don't put your glass on the table, let me give you a ______ to put underneath it.
(A) a mat
(B) a coast
(C) a set
(D) a coaster

136. We suggest that they ______ here on time, the curtain rises promptly at 8 o'clock.
(A) get
(B) gotten
(C) have got
(D) will have gotten

137. ______ lumps of sugar would you like in your coffee?
(A) How much
(B) How many
(C) How long
(D) How is it

138. I don't think you should eat that bread, there's some ______ on it.
(A) model
(B) mould
(C) molded
(D) ointment

**139. Did you know that in the 18th century people slept on mattresses stuffed with ______ ?**

(A) hey
(B) chestnuts
(C) hay
(D) liver

**140 Serena and David are really ______ forward to helping their students with these exams.**

(A) look
(B) looked
(C) looking
(D) looks

CORRIGES p. 292

## Part 6 Answer sheet pp. 294-303

**Directions**
Read the texts that follow. A word or phrase is missing in some of the sentences. Four answer choices are given below each of the sentences. Select the best answer to complete the text. Then mark the letter (A), (B), (C) or (D) on your answer sheet.

**Questions 141-144 refer to the following e-mail.**

February 28, 20_ _

Mr. Rocky Barcelona
3475 Greystone Ave.
Bronx, NY 10710

Dear Rocky,
We want to be the first ones to congratulate you on your wonderful performance in the ring Saturday evening. ______ the crowd's early lacklustre reactions, you were able to rouse the audience

**141.**
(A) In spite
(B) Despite
(C) Although
(D) Just

to a frenzied wave of support. By the end of the bout the people were chanting your name: Rocky, Rocky, Rocky! Thanks to your talent and showmanship you were able to live ______ your reputation of being the best boxer in the world.

**142.**
(A) down to
(B) as to
(C) before
(D) up to

Your agile footwork was more like a tango, and you did indeed dance rings around your ______.

**143.**
(A) opposing
(B) opposite
(C) opponent
(D) operative

You delighted the audience with your boxing dignity and style. To put it mildly you clobbered the poor fellow. We all ______ to see you in your next fight.

**144.**
(A) short
(B) tall
(C) far
(D) long

All our best,
The boys from Chicago

**Questions 145-148 refer to the following memo.**

To: Teachers
From: The dean's office

Our school is undergoing an inspection by the board of education next week and we would like to take this _______ to ask teachers and school personnel to keep all rooms as clean as possible until that time.

**145.**
(A) opportunity
(B) hour
(C) second
(D) hazard

Therefore blackboards must be _______ at the end of every class.

**146.**
(A) washing
(B) erased
(C) scraped
(D) dusted

Moreover, books out on loan should be returned to the library by Friday. Some board members may drop in on classes and ask teachers some questions. We would ask our educators to prepare _______ exercises to keep students occupied while they're being interrogated.

**147.**
(A) feud
(B) little
(C) a few
(D) few

The cafeteria will be closed to students an hour earlier to give members of the board a little peace and quiet while they eat their lunch. We are all fond of our pupils but we know that they can get a little _______ when we have guests in the school.

**148.**
(A) ramshackle
(B) replete
(C) robust
(D) rambunctious

All classes will be maintained and should you encounter any disciplinary problems with students, please do not hesitate to send them to the dean's office. We understand that visiting dignitaries may disturb your classes but the inconvenience is worth it. If our school passes the inspection with flying colors, we will be listed as the best school in the county. We appreciate everyone's cooperation in this matter.

**Questions 149-152 refer to the following memo.**

To: The poetry department
From: Editorial management

RE: Next week's symposium

We're ______ of the fact that many of you will be absent from work next week to attend the poetry

**149.**
(A) care
(B) aware
(C) scare
(D) dare

symposium in Riverdale. ______ the work must be made up by the end of the fiscal year.

**150.**
(A) Then
(B) Nevertheless
(C) Because
(D) Just

As a ______, our fiscal year ends in April at the same time as tax returns are filed with the income tax

**151.**
(A) remember
(B) reminder
(C) recall
(D) souvenir

services. Although this may be short notice, you may contact Shelley in the poetry department to look at work ______ and determine when you'll be able to make up the lost time. We're counting on everyone

**152.**
(A) schedules
(B) charters
(C) planned
(D) stands

to make an effort to lighten the work load from our colleagues' shoulders. As you know, poetry is not as popular as it used to be, so we would ask all of you to take copious notes at the symposium. All of the information will be typed up and compiled into a brochure to give us tips on how to improve our services and better our turnover in this division. Whether we like it or not, we're going to have to make substantial changes if we want to remain competitive and keep poetry alive.
Hopefully the symposium will be a key to opening the door to a brighter future.

CORRIGÉS p. 292

# Part 7 Answer sheet pp. 294-303

**Directions**
In this part you will read a selection of texts, such as magazine and newspaper articles, letters, and advertisements. Each text is followed by several questions. Select the best answer for each question and mark the letter (A), (B), (C) or (D) on your answer sheet.

**Questions 153-156 refer to the following letter.**

Mr. M. Bezzler
Star Agency
75 Wilshire Blvd.
Los Angeles, CA 91250

November 25, 20_ _

Ms. Sharon Rock
235 Park Avenue
N.Y.C., NY 10790

Re: Commission

Dear Ms. Rock,

As your agent it is my responsibility to inform you that you have not rendered my commission to date. You earned $10 million for your work in the film *The Summer's Now in Session* and $5 million for a cameo role in *Yearning for Yonkers*. My commission is a customary 10% of all of your revenues. I would like to remind you of the long-standing relationship that our agency has maintained with you over the past years. We would loathe having to take this awkward situation to court. We realize that you owe back taxes to the federal government, and your accountant has informed us that presently your accounts are in the red. Unfortunately your lack of financial organisation is not our problem. If we are not rendered our 10% agents' fees by the end of December, we will have no other option but to sue you for every penny. Let's endeavor to meet to try and find a solution so this will not have to come to pass.

Sincerely,
M. Bezzler

**153. How much should M. Bezzler be getting in fees?**
(A) $150,000
(B) $300,000
(C) $500,000
(D) None of the above

**154. Why does Ms. Rock claim that she can't pay?**
(A) Her tax payments are in arrears.
(B) She doesn't want to.
(C) She's bought too many shoes.
(D) She is stingy.

**155. How long does she have to pay the due amount?**
(A) a year
(B) a month
(C) a week
(D) a fortnight

**156. What will the agent do if she doesn't pay?**
(A) play tennis on a clay court
(B) court her in the evening
(C) take her to court
(D) give her another chance

TEST 3

**Questions 157-160 refer to the following text and chart.**

Sally's Stylish Salon is about to lauch a new division just for men. Men have been neglecting themselves for far too long. While women have had to primp and preen, men, in the name of being rugged, have let themselves go. Very often they look unkempt, which doesn't please the new generation of women. Thanks to the women's movement, men are now discovering that they too can express a softer side of themselves and yet still remain very masculine. The beginning of the 21st century brought in the image of the metrosexual, a man who is not ashamed of pampering himself to be as handsome as a prince, and we at Sally's feel that this is a good market to tap. Customers are on waiting lists to use our new services, which is why we have come to your bank to request a loan. The chart below is just one element to substantiate our potential turnover.

| Customer | Service | Appointment | Stylist | Payment |
|---|---|---|---|---|
| Alan | Shave | 10:00 – 10:30 | Scott | Cash |
| Arthur | Haircut | 1:00 – 2:00 | Pierre | Cash |
| Fred | Perm | 3:00 – 5:00 | Robby | Credit Card |
| Chris | Hair color | 2:00 – 4:00 | Bruce | Check |
| Joe | Facial | 12:00 – 1:00 | Sally | Salon Coupons |

**157. Who is the text intended for?**
(A) male clients
(B) female customers
(C) metrosexuals
(D) bankers

**158. What have women been traditionally known for?**
(A) taking care of their looks
(B) being nags
(C) being stubborn
(D) self serving

**159. Who is getting his hair dyed and paying by check?**
(A) Arthur
(B) Alan
(C) Chris
(D) Joe

**160 Who uses chemicals to make hair curly?**
(A) Scott
(B) Pierre
(C) Robby
(D) Bruce

**Questions 161-164 refer to the following text.**

As it is the spring once again, it is time for all of us to prepare our fields for crops. Our soil has to be ploughed and then fertilized, but this year we're all going organic. We can no longer put our heads in the sand and claim that chemicals are harmless if you use the right doses. All chemicals are harmful, no matter what color or shape, and so we have come up with a natural solution. The outhouse with toilet facilities is probably the best eco-friendly means of fertilizing our lands. We've met with a number of architects who have shown us a few models and the outhouses are very modern in their design and function. Instead of the old-fashioned and useless way of flushing into the sewer system, the state-of-the-art flushing system immediately propels all organic waste into the soil. Essentially, we become our own fertilizing system. Our goal is to work with nature, not against her. Our animals are our assistants, not our enemies. The Garden of Eden does not have to remain a thing of legends. With a little effort, we could have a paradise on earth. It is all of our duty to provide for future generations but in order to do that, we first have to learn how to provide for ourselves, both safely and responsibly. Let's all be the farmers of tomorrow, today!

**161. What is the narrator about to do?**
(A) turn over the soil in the fields
(B) plant seeds
(C) harvest crops
(D) use sand fertilizers

**162. What has the narrator looked at?**
(A) blue oxen
(B) replicas
(C) azure orbs
(D) toilet bowls

**163. Where is the waste channelled to with the new flushing system?**
(A) the sewers
(B) the soil
(C) the main house
(D) nowhere

**164. What is the role of livestock?**
(A) They are for eating.
(B) The are our helpers.
(C) They lie low in the clover.
(D) They keep farmers company in the winter.

TEST 3

**Questions 165-168 refer to the following text.**

This year the members of our club will be ringing in the New Year in Hong Kong. Our fellow cooks in China have invited us to celebrate our New Year with an Oriental touch. Our chairman has found flights at very reasonable prices and we believe that this will be a once in a lifetime event. For those of you who have never been to Hong Kong, it is a city where East meets West. On any given street you can see businessmen rushing to appointments in big metallic skyscrapers, and local fishmongers selling their freshly caught goods in unstable lean-tos. We are very lucky that our fellow cooks will be inviting us to taste the local culinary specialties such as smoked eel, stewed urchins and stuffed toad. (Unfortunately scallops are out of season.) In exchange we are going to introduce them to snails, frogs' legs and tripe. We've learned that one of the differences between our eating habits and theirs is that while here in France we are served courses one after the other, in Hong Kong, everything is served at the same time. This means that we'll have to eat very quickly, but given the fact that none of us are very adroit with chopsticks, I'm sure we're going to have a chuckle or two before the end of every outing in restaurants. After a sumptuous dinner to close out the year, we will be entertained by a great display of fireworks.

**165. When will the celebration take place in Hong Kong?**
(A) Christmas Eve
(B) Halloween
(C) the last night of the year
(D) Easter

**166. Who can be seen on Hong Kong streets?**
(A) entrepreneurs and vendors
(B) students and priests
(C) doctors and nurses
(D) cooks and assistants

**167. What will not be served in Hong Kong?**
(A) eel
(B) urchin
(C) toad
(D) oysters

**168. What will take place at the end of the festivities?**
(A) pyrotechnics
(B) a boat race
(C) a chopping competition
(D) a treatment for indigestion

**Questions 169-172 refer to the following advertisement.**

Ladies and gentlemen, welcome to Gary's Gambling Games, where every one of our players is a winner (even if it's not at the tables). We take pride in being the only casino in Las Vegas where adults and children can have a good time. For those special clients of ours who are under 21, we have a theme park and all of the attractions are casino-related. We have a giant roulette wheel and each slot is a seat. Like a ball, you go round and round enjoying each and every thrill of this dizzying ride. Another crowd-pleaser is the House of Cards maze, where you try to find your way out a kingdom dominated by the kings and queens of clubs and hearts. Once you've found the ace of spades you climb into a black hole which becomes a long thrilling slide that twists and turns down to the bottom of the ride, which is at the bottom of the deck of cards. For our big kids (21 or older), we have daily poker and blackjack tournaments and entry fees are $50-$500 depending on the stakes of the table. Our slot machines have amazing payouts and our jackpot this week is up to $100,000 on our 25-cent machines. Our bedrooms are spacious enough for families of up to 4 people with unbeatable rates. Come and try Gary's Gambling Games, you'll be a winner every time.

**169. What is this advertisement for?**

(A) a hotel
(B) a hostel
(C) a hospice
(D) a hotel-casino

**170. What can minors enjoy?**

(A) being alone
(B) watching their parents play
(C) slot machines
(D) an amusement park

**171. What kind of machine pays out $100,000?**

(A) penny
(B) nickel
(C) dime
(D) quarter

**172. What is the maximum number of guests per room?**

(A) one
(B) two
(C) three
(D) four

**Questions 173- 176 refer to the following memo and chart.**

Memorandum

To: Dry cleaning personnel
From: Management
Date: March 27
Subject: New rates

All staff members should be aware that our rates will change as of July 1 in anticipation of the summer rush. As you all know, the summer is our busiest season as many people take their holidays during this time of year. With temperatures of 95°F, people perspire more than usual and stain their clothes more often. The summer is also the time when we eat lots of ice cream, and yes, ice cream melts – it melts onto silk blouses, satin sashes and polyester ties. We have to increase our prices as our landlord has doubled our rent this year. Our store is in a prime location next to the zoo and we have no intention of giving up the lease. We will also be issuing frequent-user cards in June. As a reward for customer loyalty, the 21st dry cleaning job is 10% off.

| Item | Fabric | Current Cost | New Cost |
|---|---|---|---|
| Pants | Linen | $5.00 | $7.50 |
| Blouses | Silk | $5.50 | $6.75 |
| Suits | Satin | $10.00 | $12.50 |
| Shirts | Polyester | $3.00 | $4.00 |
| Alterations | | $13.50 | $15.00 |

**173. Why are prices being increased?**
(A) the cost of overhead
(B) the summer sales
(C) the fondness for ice cream
(D) the proximity to the zoo

**174. When will customers be able to get 10% off?**
(A) at the end of summer
(B) once the prices have increased
(C) as from the last month of spring
(D) on every other Saturday

**175. How much will the increase be for silk blouses?**
(A) $1.25
(B) $2.00
(C) $3.00
(D) $4.00

**176. How much will it cost to have a hem sewn up?**
(A) $12.50
(B) $7.50
(C) $4.00
(D) $15.00

**Questions 177-180 refer to the following announcement**

We are pleased to announce that our city hall has finally agreed to give us a volunteer fire department. We have looked over your applications and many of you passed the physical endurance exams with flying colors. For those who did not get in, please don't be disappointed as we need as many volunteers for administrative duties. Fighting fire is a very serious issue and we had to be very strict about who had the qualities to carry out the needed tasks. The first, all-important needed quality was strength. Sometimes in dire situations, a fireman has to carry a human body that could weigh up to 200 lbs. As the saying goes, "you need to have the muscle, if you want to be able to hustle!" Another needed element was speed. A candidate had to be able to get out of a building in a very short amount of time. Fires can spread very quickly and smoke inhalation can be lethal. Thirdly, you needed to have a certain level of common sense. A fireman doesn't always have the time to develop a complicated strategy to exit from a fire. Our new fire brigade will start training as of next Thursday in the school gymnasium. Anyone interested in helping us with office duties and paperwork, please see Mrs. O'Leary at the end of this meeting. Thanks for your attention, and we hope that we will be the best fire brigade in the county.

**177. Who did not get into the fire brigade?**
(A) anyone without a high school diploma
(B) anyone who has a barbeque
(C) anyone who is too old
(D) anyone who is weak

**178. How do the firemen get paid?**
(A) by check
(B) by bank deposit
(C) They don't get paid.
(D) in cash

**179. Why does a fireman need to be quick on his feet?**
(A) to rescue lives
(B) to get to the bank in time
(C) to slide down the fire pole
(D) to beat his competitors

**180. Who should contact Mrs. O'Leary?**
(A) those with fire-fighting experience
(B) those who prefer to work in an office
(C) those who have already been to a firehouse
(D) those who know how to light fireworks

**Questions 181-185 refer to the following chart and memo.**

June 1, 20_ _

We would ask all library members to please pay attention to the due dates of their books. Many of you have asked us whether a copy of a certain book was available or not. Formerly the only person who had that information was the librarian and very often she would be busy checking out books. Long lines would form to ask her for the availability of a book. The following chart is an example of the new system that we're installing to ease the librarian's workload and to make the information more readily attainable for users. The results of our new system will be found on-line and a printed form will be posted on the bulletin board in the lobby of the library.

| Row | Color | Category | Title | Availability |
|---|---|---|---|---|
| 100-200 | Blue | Home repairs | *Careful Carpentry* | Yes |
| 200-300 | Red | Mysteries | *Murder in Monaco* | No (due June 15) |
| 300 – 400 | Yellow | Biographies | *My life With a Mime: Silence is Golden* | Yes |
| 400 – 500 | Green | Self-help | *Is My Dolly Off Her Trolly?* | No (due June 15) |
| 500 – 1000 | Black | History | *Gosh I Never Thought I'd Make It: Washington Crossing the Delaware* | Yes |

**181. Why is the new system being installed?**
(A) to help lend money
(B) to inform users
(C) to sort books more easily
(D) to punish latecomers

**182. Where will the data be available?**
(A) on the wall
(B) on the Internet
(C) on television
(D) on the Internet and on paper

**183. What kind of book would be found under number 450?**
(A) a book with a psychological theme
(B) a cookbook
(C) a book on botany
(D) a book on George Washington

**184. What is the color of book 355?**
(A) green
(B) blue
(C) yellow
(D) red

**185. When will *Murder in Monaco* be returned to the shelves?**
(A) in two weeks
(B) in a month
(C) in five hours
(D) any day now

**Questions 186-190 refer to the following bill and letter.**

Cell phones free you from your cell, Inc.

Cell phone account for Luce and Rick Micardo — Due date: August 1, 20_ _

Statement 1 — Account # 5275

Address: 3 Ringading Avenue

| | |
|---|---|
| Summary: | |
| Cell phone subscription: | 2 Hours $40.00 |
| Internet connections: | 3 Hours at .10 cents per extra minute |
| Extra time: 2 hours | $2.00 |
| Downloaded songs | Just me and my love $1.00<br>I've got my baby's number $1.00<br>My honey just spreads the jam $1.00 |
| Downloaded applications | Karaoke on your phone $5.00 |
| Subtotal: | $50.00 |
| SMS and MMS messages: | 10 X .20 cents = $2.00 |
| Subtotal: | $2.00 |
| Bluetooth device: | $50.00 |
| Total Due: | $102.00 |

To: Mr. and Mrs. Micardo — July 5, 20_ _
From: Customer service
RE: First statement

Dear Mr. and Mrs. Micardo:

We are pleased that you have chosen "Cell phones free you from your cell" as your cell phone provider. We are here to help you in any way possible. Our hotline is available 24 hours a day and 7 days a week. All you have to do is dial *35 from your new cell phone and one of our professional technicians will do his best to answer your questions. As a token of our gratitude we are giving you a one-time discount of 10% on your current bill as a welcoming gesture and to thank you for your business.

Sincerely,

Customer service

TEST 3

**186. How many songs are now on the Micardo's phone?**
(A) 1
(B) 2
(C) 3
(D) 4

**187. How many SMS did the Micardos send?**
(A) 10
(B) 20
(C) 30
(D) 50

**188. What will the Micardos be able to do with their application?**
(A) play the piano
(B) sing songs accompanied by music
(C) send pictures
(D) bid at auctions

**189. How much is the total of their first bill?**
(A) $102.00
(B) $92.00
(C) $50.00
(D) $40.00

**190. The tone of the letter is:**
(A) regretful
(B) cordial
(C) reprehensive
(D) ironic

**Questions 191-193 refer to the following announcement.**

Sadly, another one of the great stars of the past generation has left us. Judy Lei was a name that everyone recognized. She has moved on to that great stage in the sky. Judy started her career as an apprentice to the Russian choreographer Dimitri Ivanov. She was given her big break at 17, when the star of the show became ill and Judy stepped in to take her role. Her performance brought down the house. From that day on her career skyrocketed. Everyone wanted her to be in their new production. Slowly but surely she made her way out to Hollywood where directors discovered that not only could she dance, but she had the voice of a nightingale. She made 30 films during her very successful career. She won many awards for best actress in a musical film and best singing artist. Although she was never married, it is rumoured that she never left Ivanov's side both on-stage and in her private life. She has left her vast fortune to various charities and a few close friends. She will be sorely missed, but our one consolation is that now there will be another bright star in the heavens.

**191. What is the announcement about?**
(A) a performer's debut
(B) a musical trilogy
(C) a shooting star
(D) a woman's career

**192. How did Judy get her start in show business?**
(A) She was a dancer.
(B) She was a singer.
(C) She helped a director.
(D) She played an instrument.

**193. Who was she married to?**
(A) Ivanov
(B) her career
(C) her public
(D) no one

TEST 3

**Questions 194-197 refer to the following passage.**

The job market in the U.S. is at an all-time high. Unemployment is practically nonexistent and only those who don't want to work are unemployed. But according to statistics this is soon to change. There was a baby boom in the 1980s and many of those children are about to enter the job market. Analysts are predicting that this will have a serious effect on the job market, and many older employees close to retirement are worried about their jobs. In today's world, the elderly are considered a burden. Recruiters are looking for young and dynamic people who can be manipulated into doing what the company wants. Although older people may have the necessary experience to do the job, very often they are considered "know-it-alls" and represent a threat to young executives. With this baby boom coming of age, we will be faced with a generation of smiling robot-like waifs that react to a problem relying on computers, rather than a wise sage who is able to take on responsibility and make sensible decisions based on what they know. Many analysts are predicting that this will be the beginning of the end of the age of communication and from now on computers will take the helm rather than human beings.

**194. What is the purpose of this passage?**
(A) to express concern over the job market
(B) to publish job applications
(C) to cater to the elderly
(D) to indicate the number of births in the 1980s

**195. Who are recruiters looking for?**
(A) old and unreliable workers
(B) youthful and energetic employees
(C) computer repairmen
(D) reactionary youths

**196. What is probably the source of the passage?**
(A) a sports journal
(B) a neighbourhood newspaper
(C) an economic magazine
(D) a farmer's almanac

**197. What is the tone of the passage?**
(A) optimistic
(B) cheerful
(C) exuberant
(D) pessimistic

**Questions 198-200 refer to the following table and memo.**

| Size | Paper | Number of copies | Price | Delivery |
|---|---|---|---|---|
| 4x5 | Regular | 1 | $10.00 | January 15 |
| 8x10 | Glossy | 2 | $50.00 | February 28 |
| Slides | | 50 | $100.00 | August 13 |
| Digital albums | | 5 | $250.00 | Pending |

To: Mr. Beeton, photographer
From: Supplies manager

Your order

Dear Sir:

The enclosed chart is a list of the photographs that you asked us to develop. Currently one of our machines is out of order, so our delivery will be delayed. Therefore we estimate that you will receive your digital albums one month after reception of your slides. We are truly sorry for the inconvenience and to show our good faith we will include two rolls of film in your next delivery. Many of your photographs are considered works of art and your talent is indisputable. Your images are honest and full of emotion. We would also like to take this opportunity to ask you if you wouldn't mind participating in a photography competition that we are sponsoring for high school students. Approximately 50 students will be showing their work during the last week in May and we would be honoured if you could be a member of the jury. Obviously we would pay for all of your expenses and make sure that all of your needs are satisfied. We hope that you will continue using our services for any future projects that you have in mind.

Sincerely,

Supplies manager

**198. Why is the delivery delayed?**
(A) A machine has broken down.
(B) The ink level is low.
(C) They've lost the order.
(D) The bill has not been paid.

**199. What is the supplies manager asking the customer to do?**
(A) to wait for the next session
(B) to be on a panel
(C) to take more pictures
(D) to reduce the number of pictures he orders

**200. When will the digital albums be delivered?**
(A) August
(B) January
(C) February
(D) September

CORRIGES p. 292

**Stop! This is the end of the test.**
**If you finish before time is called, you may go back to Parts 5, 6 and 7 to check your work.**

TEST 3

# Scripts des Parts et Build up

## ■ PART 1 CD 1 piste 1

**1. Look at the picture marked number 1 in your test book.**
(A) They met on the span.
(B) They're in front of the fan.
(C) The meat is in the pan.
(D) The meeting was banned.

**2. Look at the picture marked number 2 in your test book.**
(A) The dark wire is on the left.
(B) The light wire is on the right.
(C) The wires are intertwined.
(D) There are wires missing.

**3. Look at the picture marked number 3 in your test book.**
(A) The tongs are near the woman.
(B) The woman is wearing thongs.
(C) The flowers are varied.
(D) The prices are indicated.

**4. Look at the picture marked number 4 in your test book.**
(A) The women are being accompanied.
(B) The traffic is heavy.
(C) There is one vehicle in the square.
(D) The birds are migrating.

**5. Look at the picture marked number 5 in your test book.**
(A) The clouds are reflected in the pond.
(B) The lake is dry.
(C) The trees are covered with leaves.
(D) The property is for sale.

**6. Look at the picture marked number 6 in your test book.**
(A) The weather is stormy.
(B) The beach is crowded.
(C) The buildings are on the horizon.
(D) The snow needs shovelling.

**7. Look at the picture marked number 7 in your test book.**
(A) The violinists are making music.
(B) The instruments are finely tuned.
(C) The strings are tight.
(D) The violins are part of the decoration.

**8. Look at the picture marked number 8 in your test book.**
(A) The man is greeting the crowd.
(B) There is a detour at the end of the road.
(C) The cars are heading in the same direction.
(D) The traffic light is in the middle of the intersection.

**9. Look at the picture marked number 9 in your test book.**
(A) The man is holding the woman's hand.
(B) The woman is wearing glasses.
(C) The luggage is on their laps.
(D) The man and the woman are looking at a map.

**10. Look at the picture marked number 10 in your test book.**
(A) The cruise ship is docking.
(B) The row boat is sinking.
(C) The boat is going under the arch.
(D) The ducks are on the shore.

## ■ PART 2 CD 1 piste 2

**11. Has anyone turned on the heat? It's freezing in here.**
(A) I'm hungry.
(B) It's in the freezer.
(C) You can put on a sweater until the room warms up.

**12. You answered Mrs. Denegan's e-mail, didn't you?**
(A) It's in the mail.
(B) No, I haven't gotten to it yet.
(C) She's in the waiting room.

**13. Should my husband call, please tell him that I'll be late for dinner.**
(A) When do you expect to be there?
(B) Why should you call him?
(C) Where is the dining-room?

**14. Oh no, I left the tickets for the show in the car!**
(A) The train leaves from platform 5.
(B) I showed it to him yesterday.
(C) Unfortunately we'll miss the first act.

**15. Charlie, do you have any idea who has the keys to the storage room?**
(A) We're packing gifts.
(B) I think they were sold.
(C) I think Oliver has them.

**16. Is the train late again?**
(A) The stewardess said she would be late.
(B) That's what they said at the counter.
(C) They bought dates at the supermarket.

**17. Have the drummers recorded their demo?**
(A) I think they postponed the date.
(B) The ashes are in the can.
(C) The features are apparent.

**18. Where is the cleaning lady? I've been waiting for an hour already.**
(A) The wash is on the clothesline.
(B) The dishes are piled up in the sink.
(C) I forgot to tell you, she phoned to say she was going to be late.

**19. My keyboard isn't working; do you think that my computer is down again?**
(A) I'll go see.
(B) The key fits the lock.
(C) It's down in the office.

**20. I can't see the sign, my vision is really blurred.**
(A) You should sign your name on the bottom.
(B) The flurries are quite pretty.
(C) Maybe you should get some glasses.

**21. Don't you find this lemonade a bit too tart?**
(A) I think he's very smart.
(B) I really like tarts.
(C) It's alright just the way it is.

**22. When is Mrs. Brolin leaving for her vacation?**
(A) Steak is better when it's broiled.
(B) She had to vacate her apartment last week.
(C) I think she's already left.

**23. Do you think that my husband needs a haircut?**
(A) Well, he could do with a trim.
(B) His heirs are well-to-do.
(C) They were short on air.

**24. Where is that awful sound coming from?**
(A) The sound is a great place to fish.
(B) I think that the piano needs tuning.
(C) I think I ate too much, I'm full.

**25. I've heard that buses are free for retirees, is that true?**
(A) No Ma'am, but you get a discount if you have a picture ID.
(B) The troops are finally retreating.
(C) Yes, if you tell me the truth.

**26. Does the bakery sell bread by the slice or just loaves?**
(A) The barber just loafs around.
(B) Both, I think.
(C) The bread is in the box.

**27. Bernard, did you pick up the travel brochure on your way home from work?**
(A) I'll pick you up later on.
(B) She was picked on in school.
(C) The agency was closed.

**28. Why does it always rain when we plan a picnic?**
(A) I guess we're just unlucky.
(B) The picnic is at noon.
(C) The forecast predicted rain.

**29. I don't understand the codes for this software, can you help me?**
(A) The code will open the door.
(B) It's a bit complicated, but I'll try.
(C) The code is on the envelope.

**30. Can you taste the milk? I think it's gone bad.**
(A) I think it's bad for your skin.
(B) I have a sour taste in my mouth.
(C) I drank some a few minutes ago, it was fine.

**31. Mario, have you cleaned the forks and knives?**
(A) The knives are sharp.
(B) The forks are in the kitchen.
(C) Of course I have.

**32. Do you think that the bank managers will approve our loan application?**
(A) The loan is due next week.
(B) The banks were flooded.
(C) They should.

**33. Mr. Sharif, have you arranged a meeting with the corporate heads?**
(A) The heads need to be washed.
(B) The party arrangements are awkward.
(C) We're seeing them this morning.

**34. Did Lucy file a report on the accident?**
(A) She used a file on her nails.
(B) I hope so.
(C) The files were in the cabinet.

**35. The traffic is just horrendous; do you think that we'll ever get there?**
(A) We should have taken the train.
(B) I'm afraid of horror movies.
(C) If the flight leaves on time.

**36. How fast does the new secretary type?**
(A) She's not the type.
(B) The tape is in the supply room.
(C) Oh, about 50 words a minute.

**37. When will the accountants finish with their estimations?**
(A) When all of the figures have been handed in.
(B) When the game was won.
(C) When the dealers started counting.

**38. Alex, when are we leaving for the ballgame?**
(A) The ball is in her court.
(B) I'm ready whenever you are.
(C) Leaving for the airport is always a trauma.

**39. Nigel, does this engine sound like it's working properly?**
(A) The sound was on too loud.
(B) It sounds odd, doesn't it?
(C) The engine is in the trunk on this model.

**40. Simon, do you know why David works so much overtime?**
(A) I think he works on the evening shift.
(B) I think he wants to get ahead in the company.
(C) I think he walks for long periods of time.

## BUILD UP 1 + 2

### ■ PART 1 CD 1 piste 3

1. (A) The man is carrying a heavy suitcase.
(B) The suit is on sale.
(C) The sign prohibits smoking.
(D) The sign is an omen.

2. (A) The vending machine is not working.
(B) The soft drinks are on sale.
(C) The candy bars are sugar-free.
(D) The machine does not give change.

3. (A) The trio is playing music.
(B) The instruments are in their cases.
(C) The men are bald.
(D) The fountain is dry.

4. (A) The man is searching for gold.
(B) The man is parking the car in the garage.
(C) The mouse is on the chair.
(D) The man is wearing a mask.

5. (A) The girl is playing the piano.
(B) The device is swivelling.
(C) The computer is turned on.
(D) The bill is on the table.

6. (A) The tray is on his lap.
(B) The man's bowtie is crooked.
(C) Both seats are occupied.
(D) The man is writing a business report.

7. (A) The tree is decorated.
(B) The gifts are under the tree.
(C) The man is sawing the branches.
(D) The leaves are falling.

8. (A) The platform is empty.
(B) The passengers are getting off the train.
(C) The windows are boarded up.
(D) The train is stationary.

9. (A) The food is in serving dishes.
(B) The plates are filthy.
(C) The glasses are being filled.
(D) The tablecloth is stained.

10. (A) The forklift is next to the hole.
(B) The men are dumping the soil.
(C) The flowers are being planted.
(D) The tractor is ploughing the fields.

### ■ PART 2 CD 1 piste 4

**11. Where can I plug in this appliance?**
(A) The socket is over there on the wall.
(B) The socks are warm.
(C) The appliance is on.

**12. What is the best route to take to get to Mandalay?**
(A) I would take the highway.
(B) I like playing the mandolin.
(C) It's arriving on Monday.

**13. Are the buses running during the strike?**
(A) They run to the bus everyday.
(B) The batter was struck out.
(C) They are, but sporadically.

**14. Couldn't you give me a better price on this car?**
(A) I'm giving you a bargain already.
(B) The car breaks down all the time.
(C) Next Tuesday would be fine.

**15. You wear contact lenses, don't you?**
(A) My contacts are in the file.
(B) I usually do, but my eyes are tired.
(C) The lens on this camera is dirty.

**16. I love these all-you-can-eat buffets, don't you?**
(A) The insulation buffers the sound.
(B) I want to heat up the roast.
(C) I do, but I always end up eating too much.

**17. Does the shoe factory have a good reputation?**
(A) I hear it does.
(B) If the shoe fits.
(C) His reputation is respectable.

**18. Where is the nearest taxi stand?**
(A) I don't know but it's very taxing.
(B) Whether near or far he'll always be there.
(C) It's down the block to your right.

**19. What did you think of that seminar?**
(A) The seminary was beautiful.
(B) The opening speech was a bit long.
(C) It's stunning in here.

**20. How many people went to the concert last night?**
(A) We've been three.
(B) They are going to be seven of them.
(C) It was just the five of us.

21. The stars are really beautiful tonight, aren't they?
(A) Yes, the stars are up for the award.
(B) Yes, tonight it's going to rain.
(C) Yes, the sky is so clear.

22. What do you call this fruit?
(A) I call it on the phone.
(B) It's not very ripe.
(C) I think it's called a mango.

23. Do you think it'll be alright to drink the water here?
(A) She has the right to do so.
(B) It should be fine.
(C) The water is cold for this time of the season.

24. You have paid the phone bill, haven't you?
(A) The check went out last night.
(B) They asked the waiter for the bill.
(C) Could you bill me?

25. How old do you think this tree is?
(A) He started when he was three.
(B) The golfer put the ball on the tee.
(C) I really have no idea.

26. Do you think we'll miss the beginning of the play?
(A) I think we'll make it in the nick of time.
(B) He likes playing on weekends.
(C) The play was funny.

27. How long is that lecture going to be?
(A) It shouldn't be longer than an hour.
(B) Reading is beneficial.
(C) The line is too long.

28. Is your mom any good at sewing?
(A) She was sued by the company.
(B) She sowed the seeds in the garden.
(C) She makes her own dresses.

29. I'm so exhausted; do you think I could have a break?
(A) You may break your leg if you're not careful.
(B) Sure, but not for too long.
(C) The brake needs some readjustment.

30. How's the weather in Tahiti this time of year?
(A) It's sweltering.
(B) He's getting better.
(C) We're going on a cruise.

31. The office manager is really grumpy today, isn't he?
(A) I think he's on vacation.
(B) Not just today, he's been like that all week.
(C) I think he'll manage.

32. Has Steven taken the day off?
(A) Haven't you heard? He's been laid off.
(B) He's taking off his shirt.
(C) It's taking off in an hour.

33. Do you think that my account is overdrawn?
(A) You just have to count them.
(B) I think so; the bank returned your check.
(C) I like drawing pictures.

34. Where do you think we should have dinner tonight?
(A) The dining car is closed.
(B) The dimes are in the till.
(C) It's up to you.

35. Should I bring anything to the office party?
(A) No, we're using a catering service.
(B) Nothing is better than a good party.
(C) Nobody came to the party.

36. What time is the flight leaving for Hong Kong?
(A) It's scheduled for midnight.
(B) The time is fine.
(C) I think that Hong Kong is too far away.

37. Can you believe some of the things he said to her?
(A) Yes I believe it's the right time.
(B) Yes, and he was so rude.
(C) Yes, and it's all over.

38. Do you think that you could pick up the managers at the airport?
(A) I hardly have the time.
(B) It's hard to pick up the frequency.
(C) I'll manage to pay the fare.

39. Do you think we could rest a little bit? it's so hot out here.
(A) I'll have a bit.
(B) Let's sit in the shade for a while and cool off.
(C) There's too much of a shadow on her face

40. How do you get this device to work?
(A) The currency has been devalued.
(B) The students were devious.
(C) You just have to push the power button.

■ PART 3 CD 1 piste 5

1. **Woman.** Do you remember how we used to use typewriters and carbon paper to make copies? My mom even had a manual adding-machine in her office.
**Man.** I sure do, I even remember getting my first electric typewriter and pencil sharpener. I was so popular that year.
**Woman.** That's for sure. You saved a lot of students' lives by letting them use your machine.
**Man.** Boy, those were the good old days. I wish we could turn back the clock.

**41. What is the tone of the conversation?**
**42. What did they use to make copies?**
**43. What does the man long to do?**

**2. Man.** Do you know if the course is maintained for this afternoon?
**Woman.** I hope not, because I haven't studied and I think there is an exam today.
**Man.** Oh my Gosh! I completely forgot about the exam.
**Woman.** Where do you think we can get some information on the schedule?
**Man.** We'll just have to go to the department and ask the secretary for a confirmation on the class. Let's keep our fingers crossed that it's been cancelled.
**44. Where are the speakers?**
**45. What are they worried about?**
**46. What are they hoping for?**

**3. Man.** Have you heard that Emmanuel is getting a raise?
**Woman.** I know. I can't believe it. All he does is loaf around the office.
**Man.** You said it, and he can be so smug about it. He thinks that he's the boss's pet.
**Woman.** It's so unfair to the other employees who have been working so hard.
**Man.** Before you know it he's going to run the place. Nevertheless, Judy in accounting told me that the word is that he's the boss's nephew.
**Woman.** Oh well, I guess that would sort of explain it, but favouritism has no place in an office.
**47. Why are the speakers complaining?**
**48. What is Emmanuel's attitude?**
**49. Who is Emmanuel's boss?**

**4. Man.** Good evening, my name is Dan and I'll be your waiter tonight. Our specials for the evening are scallops in a wine sauce with spaghetti on the side, prime rib with baked potato and breaded veal cutlet with cauliflower.
**Woman.** It all sounds so delicious, but could I have the scallops with leeks instead of the spaghetti?
**Man.** I'm sorry, Ma'am, but we're all out of leeks. Could I suggest some buttered green peas?
**Woman.** Oh what a pity! I'm on a new diet and the book says that leeks will help me lose weight. Well, peas are vegetables, so I guess I could make an exception this once. So I'll have the scallops with the green peas, and a green salad with Thousand Island dressing.
**50. Where is the woman?**
**51. Why is the woman disappointed?**
**52. What will the woman order?**

**5. Man.** Is anyone bilingual on this shift?
**Woman.** Josh, Barb is, but she's on her lunch break, is there anything I can help you with?
**Man.** Well the woman behind the counter only speaks Spanish and I have to explain to her that she needs to sign the documents before we can give her a check for her unemployment benefits. She's holding up the line. Could you take up some of the load and give them their checks?
**Woman.** Sure I'll do what I can, provided that they all speak English. I'm abysmal with languages.
**53. What is the man in need of?**
**54. What is the woman behind the counter expecting to receive?**
**55. What is the man's colleague going to try to do?**

**6. Man.** When is the last train leaving for Prague?
**Woman.** I'm sorry, Sir, the last train leaves at 10 p.m. and it's already a quarter past the hour.
**Man.** Well when does the next train leave? I have to get to Prague by tomorrow morning.
**Woman.** Well the earliest train doesn't leave until 7 a.m. You'll have to find some other means of getting there if your trip is urgent. Perhaps you could try the airport.
**Man.** But even if there were a flight, by the time I get there from the station the flight will have left. I guess I'll have to call the office to postpone the meeting.
**56. How late is the man for the train to Prague?**
**57. What does the woman suggest he do?**
**58. What is the man going to do?**

**7. Woman.** I would like to speak to the manager please, and right away.
**Man.** I'm sorry, but the manager is busy on the phone with another guest. I'm his assistant, is there anything I can do for you?
**Woman.** Well I wanted the manager, but you'll have to do. I have never been to an inn like this before. The rooms were small and cold. The bathrooms didn't have enough towels or soap, and the breakfast buffet was very limited in its selection.
**Man.** Wait here a minute, let me see if the manager is available.
**59. Where does the dialogue take place?**
**60. What does the woman not complain about?**
**61. What will the man do?**

**8. Man 1.** We can't start the meeting without Leo. He's the chairman of the department.
**Man 2.** Well we're all here and we've been waiting for a long time. We have to start, what else can we do?
**Man 1.** Do you have his cell phone number? I know he doesn't like being disturbed on his personal line but we don't have much of a choice. The editors are getting fidgety and we have to go to publication by tomorrow. We have a deadline.
**Man 2.** Alright, Brian, I'll give it a try. But I hope I won't get into trouble. The last time Carol called Leo on his cell phone she was really reprimanded. I'm doing it on your authority, you're responsible.

62. What are the men doing?
63. Why is the first man reluctant to call the chairman?
64. What will the second man have to take?

9. **Man.** Is the photocopying machine out of order again?
**Woman.** I think it is. It's been in the repair shop for 2 days already. Marty assured me that it will be back in working order by Monday. So any photocopying will have to wait until then.
**Man.** Well that's just great. It's already Thursday, I have to get this book review copied by tomorrow and there are at least 50 pages. What am I going to do?
**Woman.** Well either you have to wait until next week or fax the manuscript to our downtown office where they can copy it for you.
65. Where is the photocopying machine?
66. By when does the man have to finish his work?
67. Where does the woman suggest he send the work?

10. **Man.** What floor, Ma'am?
**Woman.** Could you press 5 please, I think that's where they have the furniture department.
**Man.** I think that the furniture department is on the sixth floor, the fifth floor is women's accessories.
**Woman.** Oh thank you, I'm looking for a new couch to go with my curtains. I doubt that women's accessories would be of any help; although I could use a new carryall.
**Man.** So, do you want me to press 5 or 6?
68. Where is the dialogue taking place?
69. What is the woman looking for?
70. What does she consider buying?

## BUILD UP 1 + 2 + 3

### ■ PART 1 CD 1 piste 6

1. (A) The woman is printing a document.
(B) The woman is pressing a point.
(C) The woman is ironing.
(D) The woman is playing the piano.

2. (A) The trees are planted in pots.
(B) The divers are in the water.
(C) The tugboat is approaching the dock.
(D) The barge is sailing down the river.

3. (A) Paper materials can be found on the upper floor.
(B) DVDs are on the lower floor.
(C) The restaurant is on the third floor.
(D) The cash register is closed on the upper floor.

4. (A) The escalator is out of order.
(B) The elevator is going down.
(C) The woman is holding the hand-rail.
(D) There are men standing on the steps.

5. (A) The men are on the phone.
(B) The glasses are in his hand.
(C) The glass is dark.
(D) The receiver is disconnected.

6. (A) There is a key on the ground.
(B) The weeping willow is on the quay.
(C) The waves are high.
(D) The drawbridge is open.

7. (A) The waiter is serving the woman.
(B) The menu is on the table.
(C) The glass is full.
(D) The restaurant is crowded.

8. (A) The windows are being cleaned.
(B) The woman is standing on the balcony.
(C) The flags are flapping in the wind.
(D) The flowers are on the windowsill.

9. (A) The library is filled with magazines.
(B) The books are on the shelves.
(C) Someone is standing on the stool.
(D) All the shells are the same shape.

10. (A) The man is typing a letter.
(B) The radio is connected to headsets.
(C) The man is punching in a code.
(D) The device is on the stationary.

### ■ PART 2 CD 1 piste 7

11. Is the flight to Rome direct or is there a stopover along the way?
(A) Why don't you stop over?
(B) You have a connecting flight in Madrid.
(C) The bus stops locally.

12. Would you consider working for another company?
(A) If the salary were good enough.
(B) If the salad were fresh.
(C) If the boss were late.

13. How far is it to the next town?
(A) It's just up the road.
(B) It's by far the best.
(C) It's the farthest from the curb.

14. When can Mrs. Brady call you for the estimate?
(A) She deserves my esteem.
(B) The call comes from within.
(C) Anytime she likes.

15. Why is it always impossible to hail a cab when it rains?
(A) The cab was full.
(B) They must be busy.
(C) The weather is always pleasant.

16. Do we need any vaccines when we go on vacation?
    (A) You should ask your doctor.
    (B) The apartment was vacant.
    (C) They were spotted on the train.

17. How many scoops of ice cream would you like?
    (A) As much as you like.
    (B) He'll scoop it up.
    (C) None, thanks.

18. Did they forecast snow for tomorrow?
    (A) I think it's in the foreground.
    (B) There are about 5 inches.
    (C) I haven't seen the weather report.

19. Does this elevator go straight up to the top floor?
    (A) No, Ma'am, this is the tenth floor.
    (B) He needs to be elevated to see the game.
    (C) No, Ma'am, the express is across the hall.

20. Is the ice skating rink open today?
    (A) Don't be silly, it's July.
    (B) The ring was on her finger.
    (C) The ice was everywhere.

21. How much stew would the guests like?
    (A) The carrots were stewed.
    (B) Two helpings would be fine.
    (C) The guests are arriving.

22. Don't you just love watching a movie on a rainy day?
    (A) As long as the weather holds up.
    (B) Love was in the air when they met.
    (C) There's nothing I'd rather do.

23. Is it true that the factory is hiring for the summer?
    (A) That's what the advert said.
    (B) All of the clinic employees were fired.
    (C) He prefers working in the winter.

24. If this doesn't fit can I be reimbursed?
    (A) This is the exchange department.
    (B) If you have the receipt.
    (C) If the shoe fits.

25. When is the delivery to be expected?
    (A) They were delivered yesterday.
    (B) The delivery is longer than expected.
    (C) Around this afternoon.

26. Excuse me, Sir, has the flight been cancelled?
    (A) No, just postponed.
    (B) No, the cancellation is in the mail.
    (C) Yes, flying is practical.

27. Why are we the only ones waiting at this bus station?
    (A) The lights went out.
    (B) They were the only ones.
    (C) I think the drivers are on strike.

28. Do we have to pay a toll if we take the highway?
    (A) Yes, but it's the fastest way to get there.
    (B) The storm took its toll.
    (C) Yes, he stormed out of the room.

29. Could I borrow some money to buy a sandwich?
    (A) It depends on how many.
    (B) The borough is far.
    (C) Here's some change, that's all I have left.

30. Have you spoken to Seth lately?
    (A) Yes, he speaks to his plants.
    (B) No, I've been so busy.
    (C) No, the token is on the table.

31. What time is the reservation for?
    (A) We're expected at noon.
    (B) This table is reserved.
    (C) He had a lot of reservations.

32. Why did she call the doctor?
    (A) The restaurant was closed.
    (B) I think she has a cold.
    (C) He plays golf every week.

33. Have you ever been to a sound and light show?
    (A) No, but I hear that they're very exciting.
    (B) The light was out.
    (C) No, the sound is too low.

34. Why is it so hot in this office?
    (A) The forecast was promising.
    (B) The milk was too warm.
    (C) The air-conditioner isn't working.

35. What would you like for dessert?
    (A) I'll have some pie.
    (B) The desert is cold at night.
    (C) The beach was deserted.

36. Does this blouse go with my jacket?
    (A) The jacket is on the chair.
    (B) They seem to match.
    (C) Blue looks good on you.

37. When is the telephone bill due?
    (A) It should have already been paid.
    (B) Someone should pick it up.
    (C) You know what he must do.

38. Have you received any information about the refund?
    (A) They came in the mail.
    (B) The formation was sturdy.
    (C) They said they would send it today.

39. May I ask you a question?
    (A) May is the best month of the year.
    (B) Sure. I hope I can answer it.
    (C) I think they may be right.

40. How long will he be living with his sister?
   (A) He's leaving for her apartment.
   (B) He lives in a house.
   (C) He'll be there for a week.

## ■ PART 3 CD 2 piste 1

1. **Woman.** Do you think that Tom likes game?
**Man.** Well game isn't for everyone. Personally I like boar and pheasant, but you've got to admit that it's an acquired taste. Maybe you should play it safe and cook something else.
**Woman.** Well my husband just came back from a hunting trip and we have lots of venison.
**Man.** Why don't you try roasting a chicken, that usually pleases everyone. I know I'll like it.
**41. What is the woman worried about?**
**42. What did her husband recently do?**
**43. What does the man suggest?**

2. **Man.** When will the construction job be finished?
**Woman.** Well I've spoken to the architects and they said that they've set the deadline for next month.
**Man.** That's what they said in October and it's already December. Are you sure your architects are reliable?
**Woman.** Well they're the ones who drew up the blueprints so they must know what they're doing.
**Man.** I hope so. This is absurd. How much longer is this going to take?
**44. When will construction be finished?**
**45. What is the man worried about?**
**46. What is the tone of the man's voice?**

3. **Man.** I can't believe that my car was broken into. I'll have to file a claim with the insurance company.
**Woman.** Oh what rotten luck! Do you pay a high premium?
**Man.** No, but my deductible is rather high. I have to pay up to $500 and the insurance company reimburses me for the rest.
**Woman.** Well you are a young driver and you haven't had much experience as a driver so the high deductible is justifiable.
**Man.** Yes, but my car was broken into, what does that have to do with my driving experience? Besides I'm 26 years old and I've been driving since I was 16!
**47. Why is the man complaining?**
**48. Why does the woman consider his deductible justifiable?**
**49. How long has the man been driving?**

4. **Man.** Good Morning, architecture is our business, this is Mike. Can I help you?
**Woman.** Yes, I'm looking to have a house built and I was calling to get some information on your prices.
**Man.** Well we couldn't provide you with that information over the phone. You would have to set up an appointment with one of our architects and then he would go over the blueprints for our various model homes. But you'll first have to provide him with some information as to the number of rooms you would like, whether you would like a pool, and what kind of garden you would like.
**Woman.** Well could I speak to one of your architects now?
**Man.** I'm sorry, Ma'am, they're all busy with other clients, but if you leave your name and number someone will get back to you as soon as one is available.
**50. What does the woman want to have done?**
**51. What will the architect show the woman?**
**52. When will she speak to an architect?**

5. **Man.** I don't know why you always insist that we come to this pub. It's noisy, it's crowded and the service is slow.
**Woman.** I know it's not always pleasant, but the food is just great. Have you tried their fish and chips? It's my favourite and it's the best in town, not to mention their leg of lamb with mint sauce. It's really worth the wait.
**Man.** Fish and chips? Lamb with mint sauce? First of all, they always serve the lamb well-done and besides which, fried food is bad for your health. I prefer lasagne or raviolis. Next time we're going to my favourite Italian restaurant.
**Woman.** Lasagne? Raviolis? No thanks, I'd rather have my good old traditional English food any time.
**53. What does the man not say about the pub?**
**54. What is the woman's favourite dish?**
**55. Why doesn't the man like the lamb?**

6. **Man.** Are the Okroses coming to the barbeque? The tables have been set up by the lake.
**Woman.** Yes, I believe they are. Actually, they're coming with the Kallays.
**Man.** Well there are three in the Okros party. If Violet, Monika and Tibor are coming; there will be three of them, and among the Kallys there will be Judy, Barbara and André, that's another three adults. How are all of them going to fit into the same car?
**Woman.** I hear that Judy has bought a five-speed van. The two families are trying to cut down on expenses so they usually car-pool to work. They must be using her vehicle.
**Man.** As soon as they get here the better, I'm hungry!
**56. How many people will be travelling in the same car?**
**57. Where is the event taking place?**
**58. Why are both families travelling together?**

7. **Woman.** What's wrong with the art director? He looks like he's fit to be tied.

SCRIPTS • CORRIGÉS

**Man.** He's furious about how his designs were laid-out in the magazine. I've never seen him this angry.
**Woman.** Well he is one of the top art designers in advertising and this is the second time that the new secretaries have mixed up the order of his pictures for the ad campaign. The skirts are upside down and the shoes are mismatched.
**Man.** Boy, I'd be pretty upset too, if I were him. If they hadn't caught the error in time he would have been the laughingstock of the industry.
**59. Where does the dialogue take place?**
**60. What is the art director upset about?**
**61. What would have happened to the director had the error remained unnoticed?**

8. **Man.** Can you tell me what the advantages are to buying a car in your dealership?
**Man.** Sir, we provide you with the best service. All of our vehicles are less than five years old. Their mileage is very low, and every car is inspected by analysts. We have both automatic and manual cars.
**Man.** If I were to buy a car, how much of a deposit would I have to leave, and how high is your interest rate on loans?
**Man.** We require a standard 10% deposit and our interest rate is 5.7%. We have brochures on any make or model that you prefer. Should you make up your mind you will find me at my desk in the corner.
**62. What are the men doing?**
**63. What doesn't describe the cars?**
**64. Approximately how much interest rate do they charge?**

9. **Man.** Excuse me, but can you tell me where my wife is? I'm here to pick her up.
**Woman.** Sir, we're a very big salon and we have many hairdressers. If you don't know the hairdresser's name, I really don't know if I can help you.
**Man.** I think she had an appointment today with someone named Bruce, or was it Scott. I can't remember.
**Woman.** Well we have more than one Bruce or Scott. Is your wife getting her hair cut, a manicure and a pedicure, or is she having her hair dyed? Look, I don't have all day, we have other clients waiting and this is a luxury salon, so if you don't mind....
**Man.** Gosh, all they ask me when I go to the barber's is "how short do you want it?" I think I'll wait in the reception area.
**65. Where is the man's wife?**
**66. What service does the salon not provide?**
**67. What is the woman's attitude?**

10. **Man.** Ladies and gentlemen thank you for your attention, now if you have any questions?
**Woman.** Yes Mr. President, I would like to know how much longer you are going to ignore the difficult working conditions we are all faced with in this company?
**Man.** Well, Mrs. Rae, as president and C.E.O. of "Cutler's Cutting Cutlery" I would like to assure you that we are doing everything in our power to improve our working environment. We are changing the air-conditioning system, putting in a beverage dispenser and creating a child day-care center for those who have to work on weekends and can't afford babysitters.
**Woman.** Well that is a step in the right direction. At least we'll be more comfortable doing our jobs. I hope the changes are implemented soon.
**68. What does "Cutler's Cutting Cutlery" produce?**
**69. What is the woman's question referring to?**
**70. Who will be able to bring their children to the center?**

## ■ PART 4 CD 2 piste 2

1. If you're looking for a computer that you can take with you anywhere you go, we've got the item for you. Our 700X model is a state-of-the-art laptop computer equipped with a web cam, a powerful battery that gives you up to 6 hours of electricity independence and ultra-fast Wi-Fi connection. It comes in various colors and is extremely lightweight. It's small enough to fit into any average-sized purse or bag. With our rapid Internet connection your life is made easier. You can be in touch with friends and family anywhere in the world, download pictures or just browse the net and get information in the blink of an eye. The 700X provides you with independence and saves time. In this interdependent world, what more can you ask for?
**71. What is the advertisement for?**
**72. What doesn't describe the 700X?**
**73. How will the 700X facilitate the user's life?**

2. Ladies and gentlemen, I've requested you to be present at today's board meeting because the information that we're about to give concerns all of you. Our profits have greatly decreased, and the price per share of company stock has dipped below the $2.00 mark. As a result, we have had to take some drastic measures that will have an affect on everyone. As of the first of the month, 50 employees will be laid off with a month's severance pay. This will be executed based on seniority. Sadly, no exceptions will be made. We know that you are all dedicated and talented men and women, and by no means do we question your abilities. The truth is that we had to draw the line somewhere and the most equitable decision was to keep those who have been with the company the longest.
**74. What will happen to 50 employees?**
**75. Why has the company come to this decision?**
**76. Who will receive severance pay?**

3. Welcome to "Haley's Happy Hotel", your home away from home. Registration should take only a few minutes. Please hand over your picture IDs to one of our hostesses and we'll get you set-up as quickly as possible. Breakfast is from 9 a.m. to 11:30 a.m. For those of you who are on a full-board plan, lunch is served from 12:30 p.m. to 3 p.m. and dinner is from 7:30 p.m. to 10:30 p.m. Beach towels, which you must sign for, are provided at the sports shack by the pool. You must return the towels by sundown or you may be charged extra. You may also find snorkeling equipment, tennis rackets and kaycks at no extra charge. However, anyone interested in scuba diving will have to prove previous diving experience, and diving rates can be found in David's deep-sea diving brochure. I hope that you have a pleasant stay with us and remember that a happy guest means a returning guest.

**77. What do guests have to provide?**
**78. Who can have dinner?**
**79. What activity will cost extra?**

4. Our human resources department has sent a memo to all personnel concerning our new medical insurance coverage. Many of you have not responded to the letter and we are now requiring that all store employees stay after closing hours. For those salesmen who have filled out the necessary forms your names will be checked on our payroll and you may leave as soon as your status has been confirmed. For those of you who have not as of yet filled out the forms, you must provide us with your name, social security number and date of birth. You must also supply us with your cashier identification number and the sales department that you work in. This announcement does not concern those who work on a commission basis, as your insurance is provided by the company you work for.

**80. Where is the announcement taking place?**
**81. Who will be allowed to go home?**
**82. Why are those who work on commission not concerned?**

5. Ladies and gentlemen, this is your captain speaking from the flight deck. Those of you sitting on the left can see the beautiful city of Rome. Our present cruising altitude is approximately 12,000 feet and we are travelling at 600 miles per hour. Weather conditions are clear for now but we expect some turbulence over Cairo. Our flying time to Johannesburg is 13 hours, which is a little longer than usual but we're faced with some pretty strong head winds. I hope that you've had a pleasant flight so far. I'd like to take this opportunity to make a special announcement. Michele and Victor in seats 25 J and K are celebrating their 50th wedding anniversary and I would like everyone to wish them a happy anniversary. 50 years, wow, we should all be that lucky. And Michele and Victor, as captain of this flight I am pleased to inform you that you have been upgraded to first class to celebrate this special event. Now let's hear it for them, and have a nice flight.

**83. Where is the flight bound for?**
**84. What are Michele and Victor celebrating?**
**85. What is the captain doing for the celebrating couple?**

6. Are you tired of being bombarded by those never-ending useless e-mails known as spam? Well our "Scram the Spam" software program is for you. "Scram the Spam" filters your e-mail messages and recognizes those unwanted advertisements. We know that there are many of you e-mail users out there who are doubtful, but if you try our software program for two weeks and don't like it we will fully refund your money, no questions asked. Our company has built its reputation on quality service and responsibility. Our statistics have shown that we have one of the most efficient software programs on the market. It is user-friendly and can be downloaded from our website in less than 3 minutes. Why not give us a try and be rid of all of that annoying spam once and for all?

**86. Who is this advertisement meant for?**
**87. What will "Scram the Spam" do if the client is not satisfied with their product?**
**88. How can the client access the software program?**

7. What will it be this year, minimalist or baroque? Do you ever find that you're overwhelmed when it comes to redecorating your home? We can help you. When you go through "Brigitte's Beautiful Baubles, Inc." you are sure that your home could be in any interior decorating magazine. Our multilingual staff of interior designers will make sure that your home will be the epitome of good taste. We'll show you our array of fabrics, our furniture designs and thanks to our unique software, you'll be able to see a before and after layout of your rooms. We can provide you with custom-made furniture such as sofas and lounge chairs. Why suffer the headache of redecorating. Look up our website at www.Brigittesbeautifulbaubles.com and you'll discover that redecorating is as simple as a click of the mouse.

**89. Who would be interested in this advertisement?**
**90. What talent do the designers have?**
**91. What does their software provide?**

8. Our turnover this year has been outstanding so far. The company's goal is to achieve the same figures or better for the end of the following fiscal year. Management knows that this is not going to be easy, but we have faith in our employees that you will do your utmost to keep those numbers as high as possible. We have reduced our overheads to a bare minimum

and provided our employees with a stock-option plan. Essentially, the work that you do for us is work that you do for yourselves. The better the company's profits are, the better our stocks do. If you're looking to pay for your children's school tuition, take that long overdue trip or save up for your retirement, the higher the stock price is the more money you will have once you cash in your options. The key is maintaining our turnover and increasing our profits so that you can have a more comfortable life in the near future.

**92. What is the tone of this announcement?**
**93. What has management reduced to a minimum?**
**94. What is the result of higher stock prices?**

9. We're here in Innsbruck, Austria, for the 23rd Winter Games. Our competitors come from all corners of the planet and each one of them is looking to take home the elusive gold medal. Some of the highlighted events will be downhill skiing, figure skating, curling and our newest event of the year, snowboarding. These sportsmen are all daredevils ready to push their bodies to the maximum of their potential. Whether it's the death-defying speeds of downhill slaloming or the graceful expressions of gyrating bodies on a bed of ice, our Winter Games will be nothing short of pure adventure and entertainment. Contrary to other television channels, none of the events will be interrupted by commercial breaks. So our spectators will live each exciting moment, live, as they happen. We are all very anxious to start, so off we go to the first event.

**95. Where is the event being broadcast?**
**96. What are the athletes after?**
**97. What will not take place during the broadcast?**

10. As our company has endorsed the new policy of "casual Friday", there are certain specifications that are entailed. 1. Jeans may be worn but must be without holes or stains. 2. Both men and women must wear sleeved shirts even in the summer. 3. Under no conditions will shorts be allowed. 4. Shoes may include sneakers, loafers or foot-covering sandals. Any other kinds of shoes are not acceptable. Please remember that we have chosen to accept your request for "casual Friday" on the condition that the rules be followed to the letter. Any divergence from policy rules will force us to go back to the old ways. Allowing "casual Friday" to exist is a company choice, not an obligation. For the well-being of one and all we hope that these rules will be heeded. Should you have any questions, please contact Dan in the Human Resources department at extension #32.

**98. What is the subject of the announcement?**
**99. What kind of shoes will not be accepted?**
**100. What does management suggest that its employees do?**

## BUILD UP 1 + 2 + 3 + 4

### ■ PART 1 CD 2 piste 3

1. (A) He's sweeping the street.
(B) The bus is leaking oil.
(C) The paving stones are being washed.
(D) The water is icy.

2. (A) The woman is working on the computer.
(B) The women are watching television.
(C) The woman is wrapping a gift.
(D) The woman is reading a newspaper.

3. (A) The roots have been upturned.
(B) The roots need dying.
(C) The root of the problem has been found.
(D) The roof has caved in.

4. (A) They are all wearing helmets.
(B) The women are of all ages.
(C) A woman is riding a bicycle.
(D) The bicycle tire is flat.

5. (A) The doors are all locked.
(B) The locks are on the clocks.
(C) The drawer is full of socks.
(D) The padlocks are different sizes.

6. (A) The vehicles are snarled up in traffic.
(B) The cars are stalling.
(C) The drivers are shouting.
(D) The road is slippery.

7. (A) The woman is chewing some gum.
(B) The woman has a growth on her chin.
(C) The woman is blowing up a balloon.
(D) The woman is taking a breath test.

8. (A) The chairs are facing in the same direction.
(B) The women are brunettes.
(C) The women are wearing short-sleeved shirts.
(D) The women are sitting in the sunshine.

9. (A) The parking lot is full.
(B) The motor bicycles are parked haphazardly.
(C) The helmets are on the seats.
(D) The kickstands are faulty.

10. (A) The car doors are open.
(B) The hubcaps are missing.
(C) The car is legally parked.
(D) The van may be towed away.

### ■ PART 2 CD 2 piste 4

**11. What is the meaning of this insolence?**
(A) It means to have a good day.
(B) We're sorry, ma'am, we didn't mean to hurt your feelings.
(C) We didn't have the means.

12. Why does our team always lose?
(A) The belts are too loose.
(B) The game is too strong.
(C) The other players are better trained.

13. Is there a pharmacy around here?
(A) Yes, it's with the golf clubs.
(B) Yes, it's on the farm.
(C) No, but the hospital is around the corner.

14. Could I borrow that book when you're finished with it?
(A) Sure, it's so suspenseful.
(B) I've got a loan from the bank.
(C) Burrowing is a thing of the past.

15. When is the next board meeting?
(A) The board was sawn in half.
(B) They must meet my wife.
(C) A week from Friday.

16. Do you like anchovies on your pizza?
(A) Artichokes are delicious.
(B) I'm not fond of fish.
(C) The plaza was decorated.

17. How many miles will you have driven by next week?
(A) About 350.
(B) He will drive me home.
(C) None of them, thanks.

18. Are we going to see the play tomorrow?
(A) Well, dad did get us tickets.
(B) They are going to play in the garden.
(C) Tomorrow is another day.

19. Isn't this the funniest comedy you've ever seen?
(A) It gives me a funny feeling.
(B) It's hilarious.
(C) It's a tragic story.

20. Who left their keys on top of the water cooler?
(A) The water was rather cool.
(B) I think it was in the wrong key.
(C) I think they're Tom's.

21. How long has it been since we last saw each other?
(A) The saw was in the workshop.
(B) It must be at least two years.
(C) He was the last one to play the game.

22. Is there any coffee in the cupboard?
(A) I saw some there a few minutes ago.
(B) The cups are in the sink.
(C) There's nothing better.

23. Steve, did you break the frame?
(A) No, it was framed.
(B) No, it just fell to the floor.
(C) No, the brake was too hard.

24. Does Franz like playing cards?
(A) You shouldn't have. This card is so touching.
(B) You must call me. Here's my card.
(C) He must, he was the rummy champion.

25. Why is the nurse coming by?
(A) To deliver the mail.
(B) To nurse his wound.
(C) To buy some time.

26. Do you think you could mail this letter for me?
(A) No, I don't know much about computers.
(B) No, the mail hasn't arrived yet.
(C) Yes, the post office is on my way.

27. If we buy two sweaters, will we get a discount?
(A) I think she sweats too much.
(B) It's sweeter with sugar.
(C) The prices are non-negotiable.

28. Do you know where I can find a pair of slippers?
(A) Yes, but you have to be a good skier.
(B) The slip was left in the office.
(C) Yes, in the shoe department.

29. Mr. Greenjeans, do you think you could work a little faster?
(A) It depends on how many it is.
(B) The sooner the better.
(C) I'm doing the best I can.

30. Have they been to the mall recently?
(A) Yes, they were mauled by the cat.
(B) No, I like malt.
(C) No, they've been too busy.

31. Will the amusement park be open this summer?
(A) Yes, and they've got a great new roller-coaster.
(B) Yes, it is amusing.
(C) Yes, we'll be off all summer long.

32. How thick was the fog when you landed at the airport?
(A) The plane arrived on time.
(B) The airport was very big.
(C) I couldn't see my hand in front of my face.

33. Have you shown your scab to the doctor?
(A) No, but I hear the cabs are on strike.
(B) The light was out.
(C) Yes, and he said that everything was healing fine.

34. Which is the best means of transport going to Paris?
(A) They really didn't mean that.
(B) They meant to be on time.
(C) I'd take the train.

35. **Do you ever wonder why Sue is always late?**
(A) I guess it's just wonderful.
(B) It's none of my business.
(C) He's going to sue the company.

36. **Does this suit come with a vest?**
(A) Yes, they've invested in it.
(B) Yes, the suit looks good.
(C) No, it's a two-piece suit.

37. **When does our option to buy run out?**
(A) We have to purchase the apartment by next week.
(B) The option is yours.
(C) Oh no, I've run out of milk.

38. **Do you prefer shrimps or scallops with your noodles?**
(A) He doesn't care for meat.
(B) Either is fine.
(C) None of them.

39. **Wouldn't it be better if we took turns working on the switchboard?**
(A) Alright, but I'll turn at the next corner.
(B) Sure, besides I'm getting rather tired.
(C) I'm sure the switch is turned on.

40. **How long is this recording going to last?**
(A) As long as the records are stored in a warm place.
(B) As long as there is enough tape.
(C) As long as the type is big enough.

## ■ PART 3 CD 2 piste 5

1. **Woman.** Oh my goodness, I can't believe how much snow there is out there!
**Man.** I know, and guess who is going to have all the fun of shovelling it away?
**Woman.** Well there's one good thing that's come of it, we don't have to go to work. We can just stay here and relax.
**Man.** Maybe you can relax, but my not going to work means that I'll have to stay late at the office for two days in a row.
**Woman.** You can't stay at the office tomorrow; we have tickets to go to the theatre.
**Man.** We'll just have to cancel? Now are you so happy about the snow?
**41. What does the man loathe to do?**
**42. What will the man have to do for two consecutive days?**
**43. What is the tone of the man's voice?**

2. **Man.** I'm so excited, I can't believe we're finally going to Paris.
**Woman.** You should have seen the look on your face when you opened the envelope and saw the plane tickets. I wish someone had taken a picture of you at the party.
**Man.** This is the best surprise that anyone could have given me for my 40$^{th}$ birthday! The tickets must have cost a fortune.
**Woman.** Well 40$^{th}$ birthdays don't come around that often. Anyway, we all chipped in so it wasn't that expensive. Besides, you're worth it.
**Man.** You're the best friends that anyone could have. Now I just have to decide whom to take with me. Maybe I'll take the boss.
**Woman.** What? I thought you were going to take me!
**Man.** I am, but you should have seen the look on your face when I suggested taking someone else.
**44. Where is the man going on his trip?**
**45. Who paid for the plane tickets?**
**46. Why was the man given the trip to Paris?**

3. **Man.** Now, at the next corner, I would like you to park behind the red sports car.
**Woman.** You'll have to be patient with me because I still haven't got used to parking. It's the hardest thing to do.
**Man.** Take your time, Ma'am. Up to now you've been doing well. You were able to do a 3-point u-turn, you didn't have any trouble going in reverse and you did just fine making right and left hand turns.
**Woman.** This is the seventh time I'm taking this exam. The last time I went up on the curb and the time before that there was a snow storm the night before and the road was so slippery.
**Man.** Well they say that seven is a lucky number, let's hope that's true for you.
**47. What is taking place in the dialogue?**
**48. What has the woman not done so far?**
**49. What is the tone of the man's voice?**

4. **Man.** Have you heard about management's new policy? We have to hand in our vacation dates two months in advance.
**Woman.** You're joking? I couldn't plan that far ahead even if I wanted to. I take my vacations according to the amount of work I have.
**Man.** I know what you mean. After all, in this business you have to be available when people are ready to buy and sell their properties. Our best season is usually in the spring when people want their gardens to be in bloom so they look more attractive to get a higher price.
**Woman.** That's right, and in the summer you can show houses much longer because the sun sets so late. In the fall people move because of career changes and in the winter I'm stuck with family obligations due to the holiday season.
**Man.** So in other words, we can never get away from

our desks. I'll have to talk with the boss and see if this policy is etched into stone.

**50. What do the speakers do?**

**51. Why is the spring a bad time for them to get away?**

**52. What will the man ask the boss about the policy?**

**5. Man.** I'm sorry, but these long chairs are taken.
**Woman.** Well they don't look taken and besides, your name isn't on them.
**Man.** Oh please, I just went to have a quick swim. I clearly left my sun tanning lotion, my glasses and my book. I've sat by the same palm tree everyday since I've been here.
**Woman.** Well I can see the ocean, I can see the sand, but the closest palm tree I can see is 20 yards from here.
**Man.** Oh my gosh, I'm so sorry! I can't see a thing without my glasses. I guess you can sit down, but before you do, could you point me toward the palm tree because I have to find my glasses.

**53. Where is the dialogue taking place?**

**54. What did the man not leave on his long chair?**

**55. What does the man ask the woman to do?**

**6. Man.** The fall is my favourite season of the year. The trees are an explosion of color – green, red, yellow. It's still warm during the day, but at night you have to put on a sweater.
**Woman.** Oh, I like summer when you can enjoy long days, have barbeques on the weekend and bask in the warm weather.
**Man.** Well the summer is nice, but it's just too hot for me.
**Woman.** Well the fall is too sad for me. The trees start losing their leaves and I have to go back to school to sign up for my new classes.
**Man.** I suppose we'll just have to find a compromise and plan our wedding for the spring or the winter.

**56. Which season does the man prefer?**

**57. Why doesn't the woman like the fall?**

**58. What are the man and woman planning for?**

**7. Woman.** Hello, Pete's Pizza, can I help you?
**Man.** Yes, I'd like to order a pizza to go. I'm home alone and I can't get to the shop.
**Woman.** Before I take your order, we don't take credit cards or out-of-state checks if we deliver. We only accept cash and travellers' checks. If you're fine with that, I'll be happy to take your order.
**Man.** Well if I can prove that I'm a state resident, will you accept a local check?
**Woman.** Well if you want to pay with a local check, you'll have to provide two pieces of ID, confirming the same address.
**Man.** That will be fine; I'd like a whole pizza with mushrooms, ham, sausage and extra cheese, please.

**59. Why is the man telephoning?**

**60. What does he have to provide in order to pay with a local check?**

**61. What does he not want on his pizza?**

**8. Man 1.** Have you heard the news? Our company is being bought out by foreign investors.
**Man 2.** Oh no! Do you have any idea what nationality they are?
**Man 1.** No, I don't, but I hear that they are very stiff competitors. They run their company like a military camp – nothing but discipline.
**Man 2.** Well we could do with a bit more discipline around here. It's no wonder that our company has been doing poorly. Just look at the home office's turnover. It's a shambles. Everyone just loafs around doing nothing and all the while the company continues to pay their salaries without anyone being sanctioned. Maybe things will change for the better around here.
**Man 1.** Jane in marketing has told me that no one here will get laid off, but the axe is going to fall in the home office, and I think that they deserve it.

**62. What are the men discussing?**

**63. What can be said about the home office?**

**64. What will happen to the employees of the home office?**

**9. Man.** Do you have any idea why we haven't been paid yet?
**Woman.** I think that they have a problem with their software program in the accountant's office.
**Man.** I think that's ridiculous. What did they use before computers were invented? In the good old days they had things called paper spreadsheets.
**Woman.** It's true, but the new accountant is a twenty-something-year-old woman who has just gotten out of college and she only knows how to work on computers.
**Man.** I guess we just have to be patient and adjust to this new technology. But I hope the delay won't last too long, I've got bills that need to be paid.

**65. Why is the man complaining?**

**66. What does the man miss?**

**67. How old is the new accountant?**

**10. Man.** Can you believe it. The school has run out of paper again?
**Woman.** What? This is the second time this month. Part of Jackie's job profile is ordering paper on time. If she can't even do a simple task like that, I think she should be let go.
**Man.** You're being a bit hard on her. She just got married and her mind is surely on other things. She's been good up to now. Let's give her another chance.
**Woman.** Alright, if you say so. But how are my students going to print out their term papers without paper? I'm really flabbergasted.

**68. What is needed in the school?**
**69. What is the tone of the man's voice?**
**70. How does the woman react to the situation?**

## ■ PART 4 CD 2 piste 6

**1.** Whenever you feel sick and tired of all the nasty insects in your garden, when you no longer can stand seeing your rhododendrons being eaten up by gnats, it's time to call "Elmo's Exterminating Experts." We are the number one extermination company state-wide that deals with eliminating those pesky pests. How have we earned our great reputation? Just by doing our job. We get rid of ants, moles, gnats and fleas, and we do it without harming either your flowers or vegetables. We use flora-friendly products that simply make your plants repulsive to insects. Once they've tasted our protective coating the bugs simply stop eating the plants and move on to other terrain. There are no negative effects on the human respiratory system and vegetables remain safe for consumption. So why not give us a try by calling us at 555-6767 and find out why we have the greenest thumbs in the business.
**71. What does "Elmo's Exterminating Experts" do?**
**72. How do they protect plants?**
**73. What are the side effects on humans?**

**2.** Where's the best place in town to get a great steak dinner, wonderful service and a show that will keep you humming tunes for days? Come to "David's Delectable Dinner-Theatre." We have a fantastic menu with a wide variety of international dishes. From pot-roast to pot au feu, you can eat like a king or queen in a casual atmosphere. You'll never want for anything, as our professional staff of waiters and waitresses are at your beck and call. But the best part of coming to David's is that you get stage productions that are the next best thing to a Broadway show. People rave about our marvellous extravaganzas for miles around. For just $120.00 you get a full dinner, a beverage and a fantastic show. However, if you only want to see our show, you can buy tickets starting at $50.00. In either case, whether you come for dinner and the show or just dinner you'll have a memorable evening. We also have special group rates for parties of 10 or more. If you're planning a birthday party, an office outing or just want to come with your friends, "David's Delectable Dinner-Theatre is the place to be.
**74. What kind of food is served?**
**75. What is the mood in "David's Delectable Dinner-Theatre"?**
**76. What is provided for $60.00?**

**3.** Our speaker today is Dr. Richovsky, whose book *The Role of Love at the Court of Louis XVI* was a bestseller this year, and has won multiple literary prizes in the non-fiction category. Love is a subject that affects us all, and Richovsky's description of love and how it was expressed in the 18th century is fascinating. It is a thought provoking work filled with anecdotes of how men and women articulated their feelings for one another through poetry, music or painting. The magic of the book is that it transcends time and makes us all think about the idea of love, and what it really means to us. The events may have taken place in the past but the emotions are as real today as they were then. As Valentine's Day is just around the corner, his book would be a perfect gift for the one you love.
**77. What is the purpose of the announcement?**
**78. When do the events in the book take place?**
**79. What makes the work interesting?**

**4.** Currently the temperature is 95°F and the winds are coming from the South so it looks to be another scorcher. This is the fourteenth day in a row that the temperatures have climbed above 100°F before noon, so our meteorologists have confirmed that this is the heat wave of the decade. We expect the heat to rise sharply this afternoon and there will be no clouds in sight. Please remember that we are going through a very serious drought, so washing cars or watering gardens is strictly forbidden at this time. Make sure that children and the elderly are properly hydrated. Stay indoors as much as possible and refrain from doing any exerting physical activities. This has been the weather update brought to you by "Elmo's Eskimo Pies" the best ice-cream pies that money can buy.
**80. How long has the heat wave lasted?**
**81. Why is it forbidden to wash cars?**
**82. What should be avoided at this time?**

**5.** "Todd's Toddler Toys" are the latest products that are child-friendly and most of all safe. Their earnings have skyrocketed this year as they have taken the infant toy market by storm. What is the secret of their success? Education! "Todd's Toddler Toys" bring out the fun of learning numbers and the ABCs. By the time your toddlers go to kindergarten they can read simple words and count to ten. Finding the right way to teach 2-3 years olds is always a challenging task for parents. But with Todd's Toys, putting children on the right track has never been easier. Our magazine therefore awards them our prize for best new company of the year, and we fully endorse their products. We hope that this company will go public very soon. Their stocks promise to soar.
**83. What has happened to "Todd's Toddler Toys"?**
**84. What do the toys teach young children?**
**85. What does the magazine predict for the company?**

**6.** You have reached the offices of Goldstein, Klein and MacMurry. If you know your party's extension, please push 1 now. If you don't know your party's extension and want to set up an appointment, please push 2 now. If you're calling about a dental estimate, please push 3 now. If you're calling about any insurance claims, please push 4 now. If you're calling about a loose filling or severe tooth ache, push 5 now. All other subjects, please call back during our office hours from 9 a.m. to 6 p.m. Should you be calling about an emergency, please go to your local hospital. This recording will not take any messages so please hang up at the end. Thank you for calling and have a nice day.

**86. What service is provided by the company?**

**87. What number should you push if you're calling about insurance?**

**88. What must you do at the end of the recording?**

**7.** This is a flash announcement for you lucky shoppers who are in the store today. All items in the produce department will be 50% off if bought within the next 20 minutes. Moreover this exceptional reduction is cumulative with our buy-1-get-2 pineapples and mangos. All discounts will automatically be taken off by our cash registers when you go to pay. So hurry with your shopping, before your time is up. We would also like to take this opportunity to congratulate Maria Hernandez as being voted employee of the year. If you happen to run into Maria, give her a big smile, she deserves it. We're Publicum's, a family supermarket where super savings are in store.

**89. What items will be half the original price?**

**90. How long will the flash sale last?**

**91. Why has Maria Hernandez been named?**

**8.** Alright guys and gals, this is your last day of training before the big game. Although the competition is stiff, we can win this one. We've faced every challenge this season and now we're in second place. Our time has come to be number one in our league. We've bought new rackets to improve your backhand and forehand strokes. Our coach has worked out our playing strategy to the last detail. The weather promises to be in our favor, we've already trained on clay courts, and you're the best sportsmen we've ever had. What more can we ask for? This is our chance to win the doubles' trophy. Let's go out there and do it, and then we can jump over the net with pride.

**92. What can be said about the competition?**

**93. What kind of terrain are they going to play on?**

**94. What sport is being practiced?**

**9.** Tonight's concert is coming to you live from Munich to celebrate this year's Oktoberfest. The pieces that you'll be hearing tonight are an interesting array of eclectic music. Moreover, this evening's musicians reflect the variety of selections as they all come from a hodgepodge of nationalities. A Swede will play a lullaby by Brahms, a Spaniard will play a fugue by Bach on the organ and a Dutchman will play one of Liszt's rhapsodies. It promises to be an international harmonious evening. All other programs have been given a rain check in order to provide our listeners with this once in a lifetime concert. We hope that you enjoy this evening's performances. Our regularly scheduled program for today will be broadcast tomorrow.

**95. What describes the kind of music that will be heard?**

**96. Where does the musician playing Liszt come from?**

**97. What has happened to the regular program?**

**10.** Recent statistics have shown that one out of every 10 people has suffered from indigestion this year. Let's face it, the food that we're eating is much too rich for our own good. Dieticians and doctors have been urging us to eat more healthily at regular hours. Yet we continue munching on potato chips and sugared doughnuts at any time of the day. With the advent of the computer many of us have become couch potatoes and remain idle most of the day. In essence, we're filling up our bodies but not spending any energy. So we are faced with increasing cases of poor digestion and obesity. It is high time that we started thinking about what is good for us, even if that means sacrificing those tasty little morsels that we've become so accustomed to.

**98. Why do people suffer from indigestion?**

**99. What is the cause of people's inactiveness?**

**100. What do we have to give up on?**

# Scripts Test 1

CD 3 piste 1

Listening test

In the listening test, you will be asked to demonstrate how well you understand spoken English. The entire listening test will last approximately 45 minutes. There are four parts, and directions are given for each part. You must mark your answers on the separate answer sheet. Do not write your answers in the test book.

Part 1

**Directions:** For each question in this part, you will hear four statements about a picture in your test book. When you hear the statements, you must select the one statement that best describes what you see in the picture. Then find the number of the question on your answer sheet and mark your answer. The statements will not be printed in your test book and will be spoken only one time.

Example

(A) The man is sitting at the table.
(B) The man is watching the boats.
(C) The man is praying.
(D) The man is eating.

Statement (A), "The man is sitting at the table" is the best description of the picture, so you should select answer (A) and mark it on your answer sheet.

## ■ PART 1 CD 3 piste 2

1. **Look at the picture marked number 1 in your test book.**
   (A) The lobsters are in the container.
   (B) The prawns are in the box.
   (C) The oysters are open.
   (D) The scallops are closed.

2. **Look at the picture marked number 2 in your test book.**
   (A) The passengers are getting off the plane.
   (B) The luggage is being loaded.
   (C) The men and women are boarding the aircraft.
   (D) The pilot is ready to leave.

3. **Look at the picture marked number 3 in your test book.**
   (A) The table is not set.
   (B) The plates are empty.
   (C) The fire has been extinguished.
   (D) The three candles have been lit.

4. **Look at the picture marked number 4 in your test book.**
   (A) The tour guide is leading the group.
   (B) The man is alone in the lane.
   (C) The trees are in bloom.
   (D) The house has many windows.

5. **Look at the picture marked number 5 in your test book.**
   (A) The pastries are on the dish.
   (B) The room is crowded.
   (C) The customers are leaving.
   (D) The chandeliers are turned off.

6. **Look at the picture marked number 6 in your test book.**
   (A) The man is rowing.
   (B) The motor is in the water.
   (C) The fish are jumping into the boat.
   (D) The man is wearing a cap.

7. **Look at the picture marked number 7 in your test book.**
   (A) The beach is deserted.
   (B) They're having dessert on the beach.
   (C) The turtles are on shore.
   (D) The tide is coming in.

8. **Look at the picture marked number 8 in your test book.**
   (A) The sun is high in the sky.
   (B) The cranes are on the horizon.
   (C) The beach is full of people.
   (D) There is a man standing on the balcony.

9. **Look at the picture marked number 9 in your test book.**
   (A) The boats are sailing.
   (B) The building has few rooms.
   (C) There is a banner on the building.
   (D) The trees are bare.

10. **Look at the picture marked number 10 in your test book.**
   (A) The shelves are empty.
   (B) The shells are on the sand.
   (C) The sales are open.
   (D) The eels are small.

## ■ PART 2 CD 3 piste 3

**Directions:** You will hear a question or statement and three responses spoken in English. They will not be printed in your test book and will be spoken only one time. Select the best response to

the question or statement and mark the letter (A), (B) or (C) on your answer sheet.
Example
You will hear:
Where is the museum?
You will also hear:
(A) It's down the road to your right.
(B) It's in the kitchen with Dinah.
(C) It's my mother.
Your best response to the question "Where is the museum?" is choice (A), "It's down the road to your right," so (A) is the correct answer. You should mark answer (A) on your answer sheet.

## ■ PART 2 CD 3 piste 4

**11. Is your store open on Saturdays?**
(A) In an hour.
(B) In my eye.
(C) It usually is.

**12. How much is the train fare to go to Versailles?**
(A) The cost is covered.
(B) The cot is low.
(C) It costs 12 euros.

**13. Did my secretary leave any messages?**
(A) She left for a massage.
(B) She left them on your desk.
(C) She's left for Barcelona.

**14. Is the stock trade high or low this year?**
(A) His socks are too low.
(B) His smocks are dirty.
(C) I think they're climbing.

**15. Which way is it to the rest room?**
(A) Just follow the sign.
(B) In twenty-two miles.
(C) You should rest every two hours.

**16. Does he think that the contract is acceptable?**
(A) I hear he does.
(B) The contact is fine.
(C) The compact is in my bag.

**17. Does the rain in Spain really fall on the plain?**
(A) The plane leaves for Spain in the rain.
(B) The rain prevented me from going to Spain.
(C) Yes, it does.

**18. Did Serena take her granddaughter to work with her yesterday?**
(A) She'll leave within the hour.
(B) No, she took her to the movies.
(C) She is going to drive tomorrow.

**19. How does she account for being late?**
(A) Her car broke down on the way.
(B) Her accountant is reliable.
(C) I think she does.

**20. Is it warm at this time of year in Hungary?**
(A) Yes, it's quite pleasant.
(B) Yes, he's really hungry.
(C) No thanks, I'll serve myself.

**21. Has the meeting been postponed again?**
(A) The letter was posted on Friday.
(B) This is a post-doctorate course.
(C) I'm afraid it has.

**22. Does this elevator stop on the fifth floor?**
(A) I need to elevate the floor.
(B) The floor needs to be polished.
(C) No, Ma'am, it's an express.

**23. You told me that I could borrow the books until when?**
(A) The rows are filled with books.
(B) You can keep them until Wednesday.
(C) The library is closed.

**24. Did the accountant draw up the assets and liabilities for the company?**
(A) We really didn't like his company.
(B) Yes, they were sent to us yesterday.
(C) The account was opened.

**25. Is it true that the real estate market is in a real slump?**
(A) No, the girl was not very plump.
(B) Yes, that's what I've heard.
(C) The market is closed.

**26. Do you think we'll make the airport in time for the flight?**
(A) Well the traffic is flowing smoothly.
(B) The port is in the other direction.
(C) The airport is designed for many flights.

**27. Five hundred dollars will be enough for the rental car, won't it?**
(A) The car was sold for three hundred dollars.
(B) Yes, for one of the cheaper ones.
(C) When do you want to buy one?

**28. Do you know anything about computers?**
(A) John is using his computer.
(B) Diane uses her computer everyday.
(C) I'm not an expert but I can take a look at it.

**29. Do you have any round-trip tickets for New York?**
(A) Yes, but you have to walk around the park.
(B) Yes, but the table is not round.
(C) No, we only have one-way seats left.

**30. How often does the bus stop here?**
(A) They say that the buck stops here regularly.
(B) It comes every 15 minutes.
(C) Whenever he feels like it.

31. Do you have any tables for three?
(A) I'm sorry, we only have double rooms.
(B) Do you have a reservation?
(C) The stables are occupied.

32. How many managers have you invited to the assembly?
(A) They're meeting in the hall.
(B) They're invited to a party.
(C) All of them.

33. He's the pilot of the plane, isn't he?
(A) The plain is flat.
(B) He looks like it, he's wearing a uniform.
(C) The uniform was ironed.

34. Have the surgeons decided when to operate?
(A) The operator was busy.
(B) They scheduled the procedure for next week.
(C) The operation was a success.

35. The architects have the blueprints, don't they?
(A) They always have the blues.
(B) That's what they're here for.
(C) Their print was blue.

36. Why don't we ask David for some help?
(A) I'm not very hungry.
(B) Are you sure he's available?
(C) He is a wonderful singer.

37. How do you call your mother?
(A) I call her Mom.
(B) I call her by phone.
(C) I call her a cab.

38. I really look forward to seeing them next week, don't you?
(A) I watch them all of the time.
(B) Watch your step.
(C) I can hardly wait.

39. Do you think that the concert will begin on time?
(A) It's time to go home.
(B) I hope so.
(C) The drummer drinks wine.

40. I can't bear the cold in the winter, can you?
(A) Well I like skiing so I guess I have to like it.
(B) The old man is on the corner.
(C) The bear hibernates in the winter.

## ■ PART 3 CD 3 piste 5

**Directions**

You will hear some conversations between two people. You will be asked to answer three questions about what the speakers say in each conversation. Select the best response to each question and mark the letter (A), (B), (C), or (D) on your answer sheet. The conversations will not be printed in your test book and will be spoken only one time.

## ■ PART 3 CD 3 piste 6

**1. Woman.** Do you think that the weather is warm in Malta at this time of year?
**Man.** Why yes, actually it's the best time of year to go. Would you like me to book the ticket and then would you like to look at some hotels?
**Woman.** No, let me think about it.
**Man.** Well you have my number so give me a call by next Wednesday.
41. Where is the conversation taking place?
42. Where does the woman want to go?
43. When does the woman have to call the man by?

**2. Man.** That play was really wonderful.
**Woman.** I know, and the acting was superb.
**Man.** I'm glad we were able to get tickets.
**Woman.** I agree. We were really lucky that my sister's husband works for the theater. Some people have been waiting for weeks to get tickets.
44. Where have the speakers been?
45. What do they praise?
46. Who was able to get them the tickets?

**3. Man.** Excuse me, Miss, but if you get too close to the sculpture you will set off the alarm.
**Woman.** But it looks so real, I can't believe it's just a piece of marble.
**Man.** Well it's more than just a piece of marble; it's a work of art. If you try and pinch it, I guarantee that it won't move.
**Woman.** Are you sure that if I approached it would start bells ringing?
**Man.** Believe me, I've been directing this building for a long time. By the way, I said an alarm Miss, not bells.
47. Who is the man?
48. Where are the speakers?
49. What will the woman trigger if she gets too close?

**4. Man.** Ms. Gal, I'll be getting my teeth cleaned so I'll be out of the office for a few hours. If anyone should call, please take a message.
**Woman.** I'd be delighted to, Mr. Degnan, but I'm not going to be here this afternoon either, I'm getting my nails done.
**Man.** Oh really? I thought that you were on duty.
**Woman.** No, Maria will be replacing me, I'll leave her a message. Isn't that funny? We're both leaving her a message. I guess I have a secretary too.
50. Where is the man going?
51. Where is the woman going?
52. What amuses Ms. Gal?

**5. Man.** When is this stallion going to be ready?

**Woman.** Well we've brushed it down, it's been shod and John rode it in the arena, so I think it'll be ready to run by this afternoon.
**Man.** I hope so, we've bet a lot of money on this race. Let's keep our fingers crossed.
**Woman.** I'll wear my lucky bracelet just to be on the safe side.
**53. What is the man talking about?**
**54. What is the event that they are preparing for?**
**55. What trinket is the woman going to wear?**

6. **Man.** Ladies and gentlemen, as you can see I have nothing up my sleeve, but I will make a rabbit appear out of nowhere.
**Woman.** Now this I've got to see. I've heard that some of his feats and tricks are astounding. I've read the program and it says that he's going to have his own show in Las Vegas next year.
**Man.** Ladies and gentlemen, this is the moment you've been waiting for...
**56. What does the man do?**
**57. Where is he going to perform?**
**58. What is the man doing?**

7.**Woman.** So how much is this going to cost me?
**Man.** Well ma'am, we'll have to inspect the transmission, the engine and the wheels. We'll then give you an itemized estimate. I have no idea about the price.
**Woman.** My husband is going to kill me, but I just didn't see that post in the street.
**59. Where does the dialogue take place?**
**60. What will the woman receive at the end of the inspection?**
**61. What has happened to the woman?**

8. **Man 1.** Come on, Dave, you can do it. There's only one lap left, just pedal faster.
**Man 2.** I don't know if my legs can handle it. Besides, we've been riding for an hour.
**Man 1.** Well just around the bend the road is all downhill. It'll be much easier. You're so close to the finish line.
**Man 2.** Alright, Arnaud, I'll give it a try, but boy are my calves going to be sore tomorrow.
**62. What are the men doing?**
**63. What direction will the road be taking?**
**64. What part of the man's body will ache?**

9. **Man.** Excuse me, can you tell me how many books I can borrow during the week?
**Woman.** We will lend you 3 books from Monday to Friday, and 2 books on either Saturday or Sunday. You may keep them for 3 weeks. We're closed on public holidays so if your due date should fall on a holiday you must return the books the previous day.
**Man.** Is there a late fee?
**Woman.** Yes there is, it's 10 pence per book per day.
**65. How many books can the man borrow on weekends?**
**66. Where is the conversation taking place?**
**67. What will happen to the man if he returns the books after the holiday?**

10. **Man.** Today it will be cold and rainy. Tomorrow there is a new chilly and stormy front blowing in from the West so any outdoor activity will have to be put on hold for a while.
**Woman.** Well, Tom, it looks as if our viewers will have to cancel any picnic plans that they may have.
**Man.** Unfortunately it looks that way, Barbara.
**Woman.** And on that note that's the news for today. Thank you for watching and we'll be back tomorrow at the same time and at the same place. Stay tuned for your movie of the week. Goodnight and have a pleasant tomorrow.
**68. What kind of weather can be expected for the days to come?**
**69. Where is the wind blowing from?**
**70. What event is taking place in the conversation?**

## ■ PART 4 CD 3 piste 7

**Directions:** You will hear some talks given by a single speaker. You will be asked to answer three questions about what the speaker says in each talk. Select the best response to each question and mark the letter (A), (B), (C) or (D) on your answer sheet. The talks will not be printed in your test book and will be spoken only one time.

## ■ PART 4 CD 3 piste 8

1. Whether you're a man or a woman, whether you're young or old, this is the opportunity of a lifetime. You can now own your own home with very little down payment. With a deposit of just 10% you can get a mortgage and buy your dream home. The interest is just 15%. You can pay on installment and have peace of mind that you're indebted for only 40 years. What more can you ask for? You can have a home for you and your loved ones, low monthly installments and a place to hang your hat for the next 4 decades. Call us now before it's too late.
**71. How much of a deposit do you need to get a loan?**
**72. How can you pay off the loan?**
**73. How long will the payments last?**

2. Alright you guys and gals of radio land, you've been listening to W.E.N.G, the only station where what's happening is happening in English. It's the top of the hour and as we have a contest drawing every hour on the hour, this is the moment. So get out your ticket stubs and who knows, you may be selected to win a trip to Mauritius for 2 with hotel and airfare included. If you are the one, listen for your name to be

called out, and your phone will ring within the next few minutes. Thanks for listening and good luck to all. (All radio employees are excluded from entering the contest.)

**74. At what time is the draw?**
**75. What will happen to the winner?**
**76. Who is not part of the draw?**

**3.** Today's weather will be cold and damp with highs in the teens. In the morning hours we'll have to deal with some fog followed by spurts of rain with the possibility of snow. Please remember that this is the season to bundle up. You should wear various layers of clothes to keep warm. Protect your extremities. Thick socks keep those toes warm and snug. Gloves will protect your hands against frost-bite and a hat will preserve your body heat. After all, the head is the chimney of the body, so keep that heat inside. This weather report was brought to you by "Wool", the best wool for knitting.

**77. What is the high temperature?**
**78. What does the reporter suggest?**
**79. What is the season described in the announcement?**

**4.** Good evening, ladies and gentlemen. Tonight's speaker is the man we all adore watching on T.V., the man who tries to keep us healthy every night. I proudly give you the one and only Dr. Quackenbush. Dr. Quackenbush is here to present his latest book on how we can all remain eternally young. After his best selling, *Plastic Surgery, Why It's Only a Snip* we can expect to find new tips concerning staying young. In this day and age when everything is dedicated to youth and youthful living, we couldn't recommend this book enough. We are all looking for the legendary fountain of youth. This is your chance; so after a short lecture, come and meet Dr. Quackenbush and pick up your copy of *Eternal Youth* today, before it's too late.

**80. Who is the speaker presenting?**
**81. What is his specialty?**
**82. What is the purpose of the presentation?**

**5.** Today is the day! We're about to see the stores open for the spring/summer sales. The doors will open at 9 o'clock on the dot. The crowds are ready to break down the doors, but they'll have to wait a few more minutes to spend their money. Some of the items on sale this year are one-piece bathing suits, cocktail dresses and flat-heeled shoes for women. For men, it's golf shoes, three-piece suits, and brief bathing suits are back in fashion. Gone are the bulky boxers, but men, I hope that you've been on a diet because those bathing suits are skimpy to say the least. There are only a few seconds remaining so I'll sign off before I get trampled by the throngs. Good luck to one and all!

**83. What are the listeners expecting?**
**84. What is on sale for women?**
**85. What do men need to be to wear a bathing suit?**

**6.** Ladies and gentlemen, this is the captain speaking. Well I've got some bad news. The radio control tower has informed me that our departure time has been delayed due to heavy traffic on the tarmac. There are about five flights ahead of us so we'll just have to be patient and await our turn to take off. In the meanwhile, just sit back and relax and I'll let you know when we've been given the green light to go. Our cabin crew is here to see to your needs and to make you as comfortable as possible. The weather in Miami is sunny and warm with temperatures in the mid-eighties. So if Miami is your final destination, you have something to look forward to. Thanks for your attention, and I'll be back as soon as I have some more news.

**86. Who is speaking?**
**87. Why has the flight been delayed?**
**88. What is the purpose of the announcement?**

**7.** Fellow vintners, welcome to this year's national assembly. Our theme this year will be "How can we sell our wines better and faster?" We will also have some workshops on the advantages of growing red grapes vs. white ones. You can find pamphlets on the table in which you will find tips on everything you need to know about bottling wine and the secrets of cork. We will also have wine tasting sessions at 5 o'clock and on Friday we have a special treat: We'll be tasting the new Champagne produced by Dubois & Dubois, who have come to New York all the way from Paris, France. But remember that if you try our samples you'll need someone to drive you home. Our policy remains: "a happy vintner is a responsible vintner."

**89. What do the members produce?**
**90. When will the members taste some champagne?**
**91. What should the vintners not do after trying the samples?**

**8.** Whether you're here to meet your soul mate or just a friend, whether you're looking for a brother or a lover, "David's Cupid Connections" will provide you with the right match. Gone are the long frustrating nights longing to meet Mr. or Miss right. David uses a new state-of-the-art computer system with which he will help you to meet the person of your dreams. We do not discriminate because our motto is "every pot has its cover". Whatever your pot looks like, we will find its lid. All you have to do is fill out the questionnaire concerning your tastes, your age and the rest is up to us. When you use "David's Cupid Connections" you're sure to find that love is, indeed, in the air.

**92. What does the company do?**
**93. What does a client have to do?**
**94. What is the purpose of the announcement?**

9. This is a reminder for all parents whose children are going on the Middle School field trip. Under no circumstances will a child be allowed to get on the bus without the proper authorizations signed by both parents. All children must be in the courtyard no later than 8 o'clock as we plan on leaving at 9 o'clock. Name tags must be attached to shirt lapels and lunches must be in brown bags or in lunch boxes. There will be two monitors who are volunteer parents and a teacher from each class to accompany the students to the exhibit. Those students who are not authorized to go on the trip will have to work in study hall until 3 o'clock, at which time they will be allowed to go home.

**95. What do students need to go on the trip?**

**96. At lease how many adults will be on the trip per class?**

**97. Where is the class going?**

10. You have reached Dr. Hadju's office. We will be out of the office until Friday the 11th of January. If this is an emergency you can reach the doctor at the golf course at 212 555-6565 but call him only if this is a real emergency. Our office will get in touch with you if you have an appointment tomorrow on the 9th or the 10th. We will reschedule your appointment with the doctor at your convenience. Should you need immediate care, please refer to the emergency ward of your local hospital. All questions relating to insurance claims will be dealt with immediately after the Christmas holidays. And on that note, the doctor and all the nurses would like to wish you all a happy holiday season. Please leave your name and number after the beep and we'll get back to you as soon as possible. BEEP.

**98. Where is the doctor?**

**99. Where should patients go in case of an emergency?**

**100. When will insurance claims be dealt with?**

SCRIPTS • CORRIGÉS

# Scripts Test 2

## ■ PART 1 CD 3 piste 9

**Listening test**

In the listening test, you will be asked to demonstrate how well you understand spoken English. The entire Listening test will last approximately 45 minutes. There are four parts, and directions are given for each part. You must mark your answers on the separate answer sheet. Do not write your answers in the test book.

**Part 1**

**Directions:** For each question in this part, you will hear four statements about a picture in your test book. When you hear the statements, you must select the one statement that best describes what you see in the picture. Then find the number of the question on your answer sheet and mark your answer. The statements will not be printed in your test book and will be spoken only one time.

Example
(A) The man is sitting at the table.
(B) The man is watching the boats.
(C) The man is praying.
(D) The man is eating.

Statement (A), "The man is sitting at the table" is the best description of the picture, so you should select answer (A) and mark it on your answer sheet.

## ■ PART 1 CD 3 piste 10

1. **Look at the picture marked number 1 in your test book.**
   (A) The woman is on the phone.
   (B) The woman is adjusting the device.
   (C) The woman is wearing a blouse.
   (D) The woman is using a microphone.

2. **Look at the picture marked number 2 in your test book.**
   (A) The trees are in bloom.
   (B) The lane is tarmacked.
   (C) The lamppost is in the courtyard.
   (D) The lawn is completely white with snow.

3. **Look at the picture marked number 3 in your test book.**
   (A) The shutters are ajar.
   (B) The windows are clean.
   (C) The sun is setting.
   (D) There are clouds in the sky.

4. **Look at the picture marked number 4 in your test book.**
   (A) The man is about to scream.
   (B) The man is looking at the screens.
   (C) The man is curious.
   (D) The man is wiping the screens.

5. **Look at the picture marked number 5 in your test book.**
   (A) The drawbridge is closed.
   (B) The men are hunting.
   (C) The seagulls are in the air.
   (D) The tide is low.

6. **Look at the picture marked number 6 in your test book.**
   (A) The peasant is in the field.
   (B) The stakes are high.
   (C) The pheasant is standing on the grass.
   (D) The bird is posing for its picture.

7. **Look at the picture marked number 7 in your test book.**
   (A) The carts are in a row.
   (B) The carts are scattered.
   (C) The carts are out of order.
   (D) The carts are transporting the luggage.

8. **Look at the picture marked number 8 in your test book.**
   (A) The signs indicate directions to the port.
   (B) The signs lead to terminal H.
   (C) The signs point out where to find taxis.
   (D) The signs are ominous.

9. **Look at the picture marked number 9 in your test book.**
   (A) The truck is the smallest vehicle.
   (B) The fields are private property.
   (C) The road signs prohibit turning left.
   (D) A man is in the phone booth.

10. **Look at the picture marked number 10 in your test book.**
   (A) The man is waiting for the bus.
   (B) The man is reluctant to leave.
   (C) The man's suitcase is on the conveyor belt.
   (D) The man is standing next to his companion.

## ■ PART 2 CD 3 piste 11

**Directions:** You will hear a question or statement and three responses spoken in English. They will not be printed in your test book and will be spoken only one time. Select the best response to the question or statement and mark the letter (A), (B), or (C) on your answer sheet.

Example

You will hear:

Where is the museum?

You will also hear:

(A) It's down the road to your right.

(B) It's in the kitchen with Dinah.

(C) It's my mother.

Your best response to the question "Where is the museum?" is choice (A), "It's down the road to your right," so (A) is the correct answer. You should mark answer (A) on your answer sheet.

## ■ PART 2 CD 3 piste 12

11. Where's the corkscrew?
    (A) It's in the wine cabinet.
    (B) It's open.
    (C) It's in the screw.

12. Have you seen the magazine that was lying on the table?
    (A) Yes, he lied to me.
    (B) He laid the keys on the table.
    (C) Yes, I put it on the book shelf.

13. When does the next train leave for Rome?
    (A) She left two hours ago.
    (B) He left in a week.
    (C) It leaves within the hour.

14. Have they decided on whether they're going to buy the house?
    (A) Yes, I think so.
    (B) The weather is very warm.
    (C) Yes, they went to their neighbour's.

15. You made an appointment to see the doctor, didn't you?
    (A) I was appointed to a new position.
    (B) I'm seeing him on Friday.
    (C) The service is available every day.

16. Do you prefer Chinese or Thai cuisine?
    (A) I hear China is very interesting.
    (B) I prefer to tie it myself.
    (C) Actually I'm very fond of all kinds of Asian food.

17. How many bananas are left in the refrigerator?
    (A) It's really cold in there.
    (B) Oh, about five.
    (C) Banana peels are very slippery.

18. When you play the piano do you read sheet music?
    (A) No, I play by ear.
    (B) No, I need a sheet to write on.
    (C) Yes, sheets are always better when washed.

19. When is Tom working?
    (A) He works to get some experience.
    (B) He's walking to work.
    (C) I think he's on the night shift.

20. How long is the flight from Paris to Reunion?
    (A) Oh, it's about 11 hours.
    (B) The reunion lasted three days.
    (C) He had great flights of fancy.

21. Excuse me sir, is this item on sale?
    (A) According to the label it should be.
    (B) It was sold yesterday.
    (C) I'm afraid it has.

22. Can you tell me where I can find the nearest gas station?
    (A) I ate too many beans.
    (B) It's right around the corner.
    (C) The more gas you inflate, the higher you go.

23. The librarian is ill so you won't be able to borrow any books.
    (A) She always feels ill at ease.
    (B) What a shame.
    (C) There are 5 boroughs.

24. I hope you're sure about your tip, those stocks are expensive.
    (A) He was paid a good tip.
    (B) They prefer summer stock.
    (C) This a sure investment, I guarantee it.

25. When is the best time to buy blue petunias?
    (A) In the spring.
    (B) The flowers looked wilted.
    (C) The spring is my favourite season.

26. The telephone is ringing, is anyone going to pick it up?
    (A) I'll get it.
    (B) The telephone is turned on.
    (C) Does the phone take coins?

27. Do you think that a second-hand car is reliable?
    (A) I don't see why it shouldn't be.
    (B) I usually use my left hand.
    (C) Let's give him a big hand.

28. Has Victor sown the carnation seeds in the garden?
    (A) Yes, he's sewn the button.
    (B) Yes, they've all been planted.
    (C) No, they've been sawn in half.

29. Why do you go to bed so early?
    (A) I'm up at the crack of dawn every day.
    (B) The water is seeping into the bedroom.
    (C) Slipping can be dangerous.

SCRIPTS • CORRIGÉS

30. What time do you want me to pick you up?
(A) Let's say that you look good.
(B) How about around 5 o'clock?
(C) Whenever he feels his pulse.

31. Why did the film end so abruptly?
(A) I really liked the humour.
(B) I think that they had a technical problem with the projector.
(C) The film is up for an award.

32. Simon looks really trim. Has he been working out at the gym?
(A) They're trimming his hair.
(B) They're working out the problem.
(C) Yes, and I think he's on a strict diet too.

33. The fax machine is working, isn't it?
(A) Just give me the facts, Ma'am.
(B) I think so.
(C) The fast ends at dawn.

34. Excuse me, where can I validate my ticket?
(A) The excuse was valid.
(B) The train leaves on time.
(C) Just give it to the conductor.

35. Should he bring his binoculars to the football game?
(A) I think so; we'll be pretty far from the field.
(B) Bicarbonate of soda is good for your digestion.
(C) Is he bilingual?

36. When is the computer repairman coming?
(A) He said he would get here as soon as possible.
(B) He said that the computer needs repairing.
(C) He said to call a plumber.

37. Have you received any news from your brother?
(A) Yes, they're being sent.
(B) Yes, they're on their way.
(C) Yes, and it's all good.

38. She's finished her exercise, hasn't she?
(A) She works at the gym.
(B) She needs another 5 minutes.
(C) She spends too much time at the clinic.

39. Do you think that the lamp shade goes with the carpeting?
(A) Absolutely.
(B) I think I'll sit in the shade.
(C) How thick is the carpeting?

40. Do you find tattoos attractive?
(A) Well it depends on whom.
(B) The taboo was shattered.
(C) The artist drew tattoos.

## ■ PART 3 CD 4 piste 1

**Directions:** You will hear some conversations between two people. You will be asked to answer three questions about what the speakers say in each conversation. Select the best response to each question and mark the letter (A), (B), (C) or (D) on your answer sheet. The conversations will not be printed in your test book and will be spoken only one time.

## ■ PART 3 CD 4 piste 2

1. **Woman.** Excuse me, have you seen the waiter? I've been waiting for over 20 minutes for my order. I'm hungry and I'm in a hurry.
**Man.** I haven't seen him but the restaurant is rather full, he must be busy.
**Woman.** I know, but I have a plane to catch and the trip to the airport takes about an hour from my office.
**Man.** Well if I see him I'll try to draw his attention.
41. Where is the conversation taking place?
42. Why is the woman complaining?
43. Where is the woman heading?

2. **Man.** I think that there is a gas station around here.
**Woman.** I hope so because we're running low and I don't want to have to push.
**Man.** Don't worry, the reserve in the tank will last for another 10 miles.
**Woman.** Yes, but we've been travelling for a long time and I could do with a break. We could grab a sandwich or have some coffee.
44. What have the speakers been doing?
45. What is their concern?
46. Why does the woman want to stop?

3. **Man.** You've been working really hard; I can see that your muscles are toned.
**Woman.** Well ever since I joined this gym I've been trying to work out at least 3 times a week.
**Man.** Do you do cardio-vascular exercises or do you lift weights?
**Woman.** Well I try to do a bit of both. Although lifting weights builds muscle, I run a lot.
**Man.** Well I'm very impressed. Of all of my students you've made the most progress. I'm proud to have been your coach.
47. Who is the man?
48. Where are the speakers?
49. What does the woman do when she works out?

4. **Man.** Well, Mrs. Minerva, you've done quite a job on this coat and I don't know if we can get the stain out.
**Woman.** Oh please, it wasn't my fault, I was at a party when a woman tripped and spilled her drink all over me.

**Man.** That must have been very awkward. Let me see if I have some special cleaning chemicals to do the job.
**Woman.** I hope you can get the stain out, Mr. Callaghan, it's my new coat and I've only worn it once.
**50. Where are the speakers?**
**51. What is on the woman's coat?**
**52. What will the man try to use?**

**5. Man.** Where do you think this market is going?
**Woman.** I wish I knew. One day the stocks are up and the next they're down. It's very volatile.
**Man.** I'm really confused. I've invested a lot of money and I don't know whether to buy or sell.
**Woman.** Well in an unstable market the best bet is just not to do anything and wait out the storm. I suggest waiting another month or two to be on the safe side.
**53. What is the man talking about?**
**54. What has the man done?**
**55. What does the woman suggest doing?**

**6. Man.** Ma'am, may I see your boarding pass please.
**Woman.** Yes, here you are.
**Man.** I'm sorry but we're calling first class passengers only. Your boarding pass is for economy class.
**Woman.** Yes, but my travelling companion is in first class and we would like to board together.
**Man.** I'm sorry, Ma'am, but you're just not first class. You'll just have to wait like everyone else. We'll be calling rows 45-65 in about 10 minutes.
**56. What does the man do?**
**57. Where is the woman's companion sitting?**
**58. Where is the dialogue taking place?**

**7. Woman.** The church bells are ringing; do you think it's a wedding or a baptism?
**Man.** I think it's a wedding because from what I can see, there are men dressed in black tuxedos and the cars are decorated.
**Woman.** I love a happy wedding. They always make me cry.
**Man.** Well it's not your wedding and we're not invited so don't start getting any funny ideas. We have many miles to drive and this traffic is not helping anything.
**59. Where does the dialogue take place?**
**60. What makes the woman emotional?**
**61. Why is the man complaining?**

**8. Man 1.** Boy this slope is really steep, are you sure it's a red one?
**Man 2.** Well I've looked at the map and it says that the slope is red. There are few bumps and the incline is not too hard.
**Man 1.** Well the snow is fresh so even if I do fall, I won't get hurt.
**Man 2.** Come on, don't be so pessimistic. Why would you fall? You've been slaloming for years.
**62. What are the men doing?**
**63. Why is the first man concerned?**
**64. What is the first man criticized for?**

**9. Man.** Sweetheart, can you move to the left just a little bit, the light is fading and I have to get this shot.
**Woman.** Are we going to be finished soon? I've been posing in this position wearing nothing but a bikini for half an hour and I would like a break.
**Man.** Well I had to change the film in the camera and it's almost sundown so I guess it's now or never.
**Woman.** Alright, click away!
**65. What is the man doing?**
**66. Why is the woman tired?**
**67. What time of day is it?**

**10. Man.** What's wrong, Betty, you look upset.
**Woman.** The manager is sending me to Las Vegas for a convention in August. I'll be in the middle of the desert in the height of summer and it'll be over 40°C. I hate the heat.
**Man.** Well it's not all that bad. All of the hotels and restaurants are air-conditioned, and you'll be able to play the slot machines and see some great shows.
**Woman.** Oh really? I don't gamble, I get cold in air-conditioning and if I go to shows who's going to pay for my tickets?
**Man.** Then maybe I'll ask the boss if I can go instead. I hate seeing you so angry.
**Woman.** Yeah right, so you can go and have a good time while I stay at the office.
**Man.** Betty, you're impossible!
**68. Why is the woman bothered?**
**69. What doesn't the woman do?**
**70. What does the man suggest?**

## ■ PART 4 CD 4 piste 3

**Directions:** You will hear some talks given by a single speaker. You will be asked to answer three questions about what the speaker says in each talk. Select the best response to each question and mark the letter (A), (B), (C) or (D) on your answer sheet. The talks will not be printed in your test book and will be spoken only one time.

## ■ PART 4 CD 4 piste 4

1. If you're looking for some tasty salami, if you're hungry for some lean pastrami, if you crave home-made chopped chicken liver on rye, then Pinsky's Delicatessen is the place for you. Come dine in our New York City atmosphere where Broadway show tunes accompany your meal. We also provide take-out services and deliver wherever you may be within a 20-mile radius. We also provide a catering service for that happy Bar Mitzvah or Baptism. Sandwiches are custom-made so everything is fresh. Come in give us a try. Pinsky's the way delicatessens should be!

**71. What is Pinsky's?**
**72. What is the atmosphere?**
**73. Where will they deliver?**

2. Attention all assembly line personnel: Today is the first day of the company's winter daylight savings policy and all night shifts will be extended by one hour. This extra time will be considered as overtime and may not be extended. Anyone who would like to work on the day shift should know that the policy is reversed in the spring so everyone gets the same benefits. Nevertheless, anyone who volunteers for the night shift will be considered for extra days off at the end of the fiscal year. We esteem that the night shift requires more attention and therefore is more grueling than the day shift. If there are any volunteers, please see the foreman. Thank you, and have a good day.
**74. What month are they in?**
**75. Who is this announcement intended for?**
**76. Why will volunteers be considered at the end of the year?**

3. Good morning, ladies and gentlemen, this is Dan, your purser, speaking. On behalf of our crew I would like to welcome you aboard on this fine Friday morning. Before we leave the port of Sydney we are required by law to go through our emergency exercises. Each one of you will find a life preserver in your cabins. As soon as you hear three short and rapid bells please take your life preservers and move to your designated muster stations. This exercise shouldn't take longer than an hour and then we can be off on our merry way. Tonight's dinner theme is casual. Bingo and shuffleboard are on deck 5 at 11 o'clock, see you there.
**77. Where is the scene taking place?**
**78. What do the passengers have to go through?**
**79. Where are they leaving from?**

4. Today's theme will be cooking from Provence, in the south of France. The region is well-known for its original recipes because of the variety of herbs and spices that can be found locally. Why, in almost any field you can find thyme, rosemary or basil. Some very interesting things can be done with lavender and violets. You haven't lived until you've tried lavender ice-cream or rose jam. Olive groves abound, providing us with the oil we use in our recipes today. So get out your pots and pans and get ready for rack of lamb in tomato sauce with thyme and basil. This will impress any of your future guests and please all family members.
**80. Who is the speaker?**
**81. What is today's theme?**
**82. What does the announcer suggest trying?**

5. Are you tired of losing money, or missing out on the right moment to buy? Are you afraid of not having enough for your retirement? Brodsky and Associates will change all of that. If you use our services we will provide you with the best one-on-one advice that will help you to build your portfolio. Our fees are as low as can be. Our aim is to help you. We meet with each and every client. We then analyze your assets and liabilities and, your spending habits, and finally we custom design what we consider the best investment plan for you and your needs. Come on in and give us a try. We will give you a free one-hour consultation to prove our good intentions and give you an idea of how we work. We are open from 9 to 5 and you can reach us by dialing (212) 919-2007. Call us today for a new start to new wealth and financial security.
**83. What do Brodsky and Associates provide?**
**84. How do they provide their services?**
**85. How much does the first consultation cost?**

6. Ladies, our next model on the catwalk is Philycia. She is wearing a black silk evening gown adorned with rhinestones and an ecru-colored collar. The accessories are variable and can be anything from matching purses to a simple pair of drop earrings. Either flat or high-heeled shoes may be worn. Our collection this year is dominated by the theme of austerity. We believe that the simple black dress says it all. Winter is usually filled with earth colors while the summer is bursting with color. Black transcends all seasons and remains eternally elegant and understated. All designs may be purchased in our shops or ordered on-line. Please allow for the time to make any gown adjustments before final delivery.
**86. Where is the scene taking place?**
**87. What does the speaker mean when referring to "elegant and understated"?**
**88. When can the black garment be worn?**

7. Hello, ladies and gentlemen and all boys and girls. Welcome to Albert's Alligator Alley. You've chosen the best alligator farm in Southern Florida, but before we take our tour of the Everglades there are a few rules about riding on an airboat. First of all the propeller can get awful noisy, so I do suggest wearing earplugs. We'll be out in broad sunlight so make sure you put on plenty of suntan lotion. And yes, there are lots of alligators just lounging out there in the swamps so all hands must remain inside the boat at all times, otherwise you may end up like a famous captain fearing alarm clocks. Wait a minute, can I hear a ticking sound already? Look out you, gators, here we come!
**89. What is the aim of the visit?**
**90. Why should the passengers wear sun tan lotion?**
**91. Why should passengers keep their hands inside the boat?**

8. The Silver Bullet will be leaving from platform 69 at 4 o'clock on the dot. Stops will be made at Fordham Station, Mt. Vernon, Tuckahoe, Purdy's, Somers, Brewster and Brewster North. You have to be in the head four cars for Brewster and Brewster North as the Silver Bullet is too long a train to fit into the local platforms. The dining car is located between cars 4 and 5 and will be open to customers as soon as we leave Grand Central Station. All non-validated tickets will be fined an extra charge of 10% of the value of the ticket. All aboard!

**92. What is the Silver Bullet?**
**93. Where will the train not be stopping?**
**94. What do the passengers have to do to their tickets?**

9. This next item up for bidding is lot number 44 and can be found on page 66 in our catalogue. This beautiful cameo pin is an Austrian heirloom that is said to have belonged to the Empress herself. Our experts have appraised the piece and have confirmed that the portrait is Maria Theresa when she was still a princess. Notice the fine craftsmanship and the delicate sculpture of her majesty's likeness. It is inlaid with diamonds, emeralds and sapphires and the entire ornament is set in white and yellow gold. Opening bids will start at $500,000. Do I have any takers?

**95. Where is the event taking place?**
**96. What is to be bid on?**
**97. What is not found on the pin?**

10. The subject today for our group therapy is phobias, and why we have them. The acclaimed and always controversial Dr. Franknbeans will be here to answer all your questions concerning your neuroses. Our program will be hosted by Igor and he will be answering calls at (212) 337-7662. If you can't get through just keep trying and one of our operators will pick up. Your questions will be on the air, live, so make sure that you know what you want to ask the doctoror you'll end up with egg on your face. You will be able to ask the Dr. about your fear of cats, elevators or closed-in spaces. Just give us a call; we're your favorite radio station, WSICK, where the doctor is always in.

**98. What is the theme for the day?**
**99. What will happen to callers if their question is not prepared?**
**100. Where is the program taking place?**

# Scripts Test 3

## ■ PART 1 CD 4 piste 5

### Listening test

In the listening test, you will be asked to demonstrate how well you understand spoken English. The entire listening test will last approximately 45 minutes. There are four parts, and directions are given for each part. You must mark your answers on the separate answer sheet. Do not write your answers in the test book.

### Directions

For each question in this part, you will hear four statements about a picture in your test book. When you hear the statements, you must select the one statement that best describes what you see in the picture. Then find the number of the question on your answer sheet and mark your answer. The statements will not be printed in your test book and will be spoken only one time.

**Example**

(A) The man is sitting at the table.
(B) The man is watching the boats.
(C) The man is praying.
(D) The man is eating.

Statement (A), "The man is sitting at the table" is the best description of the picture, so you should select answer (A) and mark it on your answer sheet.

## ■ PART 1 CD 4 piste 6

1. Look at the picture marked number 1 in your test book.
   (A) The painters are drawing a line.
   (B) The people are standing in a line.
   (C) The children are playing in the sand.
   (D) The tree casts a long shadow.

2. Look at the picture marked number 2 in your test book.
   (A) The windows are being washed.
   (B) The lamp is lit.
   (C) The scaffolding is against the building.
   (D) The top floor is covered with a canvas.

3. Look at the picture marked number 3 in your test book.
   (A) The right door is open.
   (B) The left door is locked.
   (C) The ladder is inside the van.
   (D) The letter has been sealed.

4. Look at the picture marked number 4 in your test book.
   (A) The man is waiting for a bus.
   (B) The man is standing at attention.
   (C) The man is carrying a sword.
   (D) The man is wearing a helmet.

5. Look at the picture marked number 5 in your test book.
   (A) Pedestrians must be on the right.
   (B) Bicycles must be on the left.
   (C) The sign is divided into two sides.
   (D) Bicycles must be behind pedestrians.

6. Look at the picture marked number 6 in your test book.
   (A) The man is displaying his portraits outside.
   (B) The women are trying on dresses.
   (C) The people are in the valley.
   (D) The street is being paved.

7. Look at the picture marked number 7 in your test book.
   (A) The books are behind a pane of glass.
   (B) The authors are signing their books.
   (C) The bookshop personnel are taking inventory.
   (D) The piles of books have never been read.

8. Look at the picture marked number 8 in your test book.
   (A) The drinking fountain is out of order.
   (B) The water slide is amusing.
   (C) The men and women are swimming.
   (D) The fountain is ornate.

9. Look at the picture marked number 9 in your test book.
   (A) The chimneys are filled with soot.
   (B) The logs are piled up under the counter.
   (C) The mustard dispenser is empty.
   (D) The embers are under the meat.

10. Look at the picture marked number 10 in your test book.
   (A) The man is wearing earmuffs.
   (B) The door is wide open.
   (C) The notices are on the bulletin board.
   (D) The man is a radio journalist.

## ■ PART 2 CD 4 piste 7

### Directions

You will hear a question or statement and three responses spoken in English. They will not be printed in your test book and will be spoken only one time. Select the best response to the question or statement and mark the letter (A), (B) or (C) on your answer sheet.

**Example**

You will hear:

Where is the museum?

You will also hear:

(A) It's down the road to your right.

(B) It's in the kitchen with Dinah.

(C) It's my mother.

Your best response to the question "Where is the museum?" is choice (A), "It's down the road to your right," so (A) is the correct answer. You should mark answer (A) on your answer sheet.

## ■ PART 2 CD 4 piste 8

11. Have you seen the remote control?
 (A) Yes, it's near the television set.
 (B) Yes, it's open all day.
 (C) Yes, it's turned on.

12. Mom, when we go to the amusement park can we ride on the roller-coaster?
 (A) We put coasters on the table.
 (B) I think you're both too young.
 (C) We'll just have to roll with the punches.

13. Is this an express train or a local?
 (A) She loves espresso in the morning.
 (B) The local bread is the best.
 (C) I think it makes every stop on the line.

14. Did the corporate reports come out last week?
 (A) Yes, I think they did.
 (B) Yes, we'd like to come to your party next week.
 (C) Yes, the reporters were outside.

15. You've finished your homework, haven't you?
 (A) This was the finishing touch.
 (B) We always work at home.
 (C) We didn't have any.

16. Do you know where I could buy some paper?
 (A) I think the mill is closed.
 (B) I think that there is a stationery store down the block.
 (C) I think we don't have any left.

17. Do you prefer driving stick-shift or automatic?
 (A) It really makes no difference.
 (B) The shift starts at 5 p.m.
 (C) It happens automatically.

18. What did you come across while excavating the site?
 (A) I went across a bridge.
 (B) I came, I saw and I conquered.
 (C) I discovered a very interesting artefact.

19. How long does it take you to get to work?
 (A) It's been a long time.
 (B) I take the train.
 (C) It depends on the traffic.

20. How much time did you spend in Prague?
 (A) Oh, many times.
 (B) We were there for four days.
 (C) We spent too much money

21. How much longer do we have before the meeting starts?
 (A) He was a real upstart.
 (B) He's already started.
 (C) I'm afraid it was cancelled.

22. Does anyone have a flashlight? I think the power is out.
 (A) I'm afraid of the dark.
 (B) The cake is so light.
 (C) We went out for the evening.

23. Is April a good time to travel to Paris?
 (A) It is, but it can get chilly at night.
 (B) Paris is the capital of France.
 (C) A pair is always better.

24. How does the secretary account for the discrepancy in the books?
 (A) She says that the sound was dissonant.
 (B) She closed the account.
 (C) She thinks that she made a mistake.

25. How many CD-roms do you need to run the program on the computer?
 (A) Oh, 6 should suffice.
 (B) The actors' names were all in the program.
 (C) The need was urgent.

26. Tell me, do you prefer cooperative apartments or condominiums?
 (A) She was very cooperative.
 (B) The condominium is on a high floor.
 (C) Neither one, I prefer a house.

27. Do you think that the bank will charge a high interest rate for such a small loan?
 (A) It could be interesting.
 (B) It's possible.
 (C) They could always bank on him.

28. I believe the stew could use some pepper, don't you?
 (A) The peppers were on the counter.
 (B) The paper is already there.
 (C) No, it tastes just right.

29. What do you need for your camping trip?
 (A) We're not camping; we're going on a cruise.
 (B) The trip was long.
 (C) We went camping last year.

30. When should they expect a phone call?
(A) They inspect every day.
(B) Sometime this afternoon.
(C) The call was lengthy.

31. Why did Sam leave the office so early?
(A) He had to speak to the secretary.
(B) He had a doctor's appointment.
(C) The office was on the top floor.

32. The car looks brand new, when did you have it washed?
(A) I watched it last night.
(B) They wash the windows every day.
(C) I had Tom do it yesterday.

33. Do you suffer from allergies in the spring?
(A) Yes, I sneeze a lot every April.
(B) I'm all agog.
(C) The spring needs to be checked.

34. Do we set our clocks an hour forward or backward in March?
(A) The clock is ticking.
(B) I think we go ahead one hour.
(C) The bands march forward in the parade.

35. André, did you remember to tell the secretary that we don't want to be disturbed?
(A) Oh I forgot, thanks for reminding me.
(B) I remember when she was hired.
(C) I don't mean to disturb them.

36. When are the lampposts turned on?
(A) As soon as the sun sets.
(B) As soon as the lights are turned on.
(C) As soon as the grass grows.

37. Are you coming to Lily's birthday party?
(A) I'm really busy, but I'll eventually get there.
(B) We come here every week.
(C) I don't like anniversary parties.

38. What kind of mine do you work in?
(A) We think that the mime works very hard to be funny.
(B) I work in iron ore.
(C) This pen is mine.

39. Do you like beards on a man?
(A) It depends on how it's shaped.
(B) I'll have a beer, thanks.
(C) The birds are sitting on the man's shoulder.

40. Would you care for some lemon juice on your sole sir?
(A) He was the sole survivor.
(B) There was a hole in his sole.
(C) No, thank you.

## ■ PART 3 CD 4 piste 9

**Directions:** You will hear some conversations between two people. You will be asked to answer three questions about what the speakers say in each conversation. Select the best response to each question and mark the letter (A), (B), (C) or (D) on your answer sheet. The conversations will not be printed in your test book and will be spoken only one time.

## ■ PART 3 CD 4 piste 10

1. **Woman.** I'm so frustrated, I used this device yesterday, but I can't seem to get this tape recorder to work today
**Man.** Have you thought about recording onto a CD disc?
**Woman.** I have, but I'm totally ignorant when it comes to computers and digital technology.
**Man.** Well I can give you a hand. All you need is a computer, a microphone and a blank CD disc. The rest is really easy, and besides, tapes are outdated.
41. Why is the woman upset?
42. What does she not know how to use?
43. What does the man not mention?

2. **Man.** Excuse me, but I've been waiting for an hour and no one has been to see me.
**Woman.** I'm sorry, do you have an appointment?
**Man.** Yes, I was supposed to see Mr. Franklin at 11 a.m. about the swimming pool job. I gave your colleague my CV and my motivation letter.
**Woman.** Well Susan must have forgotten to give Mr. Franklin your documents before she went to lunch. I'm a new temp and I just started my shift; but let me see if I couldn't expedite things a little bit.
44.What has the man been waiting for?
45. Where did Susan go?
46. What will the woman try to do?

3. **Man.** We have over ten breeds to choose from, so take your time and let me know when you're ready.
**Woman.** Well I'm looking for a dog that's not too young but not too old. I don't want to have to train it, but I do want it to be able to scamper about and play with my children.
**Man.** When you adopt a pet you can't be too choosy. As a qualified veterinarian, I can tell you that these animals long for love and affection. Let's see if we can't find you a little friend to satisfy your needs.
**Woman.** Oh, I do hope so. I would like to surprise my children and put the dog under the Christmas tree next week.
**Man.** Alright, I think I have a Maltese that would love to have a new home.
47. Who is the man?
48. Where are the speakers?
49. Why does the woman want an older dog?

**4. Man.** Number 35.
**Woman.** Darn it, I can't find my ticket but I'm number 35. I was on my cell phone and I don't know what I did with it.
**Man.** Fine, what kind of sandwich would you like, Madam?
**Woman.** Is your roast beef lean?
**Man.** Yes, ma'am, it is, we also have smoked turkey on special.
**Woman.** No, I'm allergic to turkey. I'll have roast beef on rye bread with mustard.
**Man.** Would you like lettuce and tomato?
**Woman.** No, but I'd like some onions and red peppers.
**50. What has the woman misplaced?**
**51. What is on special?**
**52. How does the woman like her roast beef?**

**5. Man.** I don't know what to do about my daughter, she's been so touchy lately and secretive.
**Woman.** Well Sarah is 14 years old. She's just going through a stage of adolescence.
**Man.** You're right, but it's driving me crazy. No matter what I say or do, she takes it the wrong way. How did you handle Arnaud when he was 14?
**Woman.** Well boys go through puberty at a later age, so at 14 he was still playing with model cars. However his sister Lily is 14, maybe the girls can get together and discuss teen issues. Usually when teenagers find someone of their age that they can open up to they become more communicative with the older generation.
**Man.** Let's hope so.
**53. What is the man talking about?**
**54. What does the woman say about 14 year-old boys?**
**55. What does the woman suggest?**

**6. Man.** Do you do color photocopies?
**Woman.** Yes, we usually do, but our machine has run out of toner. Could you do with black and white?
**Man.** Well this is an urgent project so I guess I'll have to make do with black and white. Does your machine collate and staple the copies?
**Woman.** Yes, they do. How many copies would you like?
**Man.** I need a hundred copies. It's 1 o'clock now but I need them by 1:30.
**Woman.** You'll have them within 15 minutes.
**56. Why can't the woman satisfy the man's request?**
**57. What does the machine do?**
**58. When will the man get his copies?**

**7. Woman.** I've been trying to send Mrs. Johnson an e-mail and I keep getting a message that it couldn't get through.
**Man.** Maybe you have a problem with your modem, have you checked to see if it's on?
**Woman.** Yes, I've tried everything. I'm able to go on the Internet so it couldn't be my connection.
**Man.** Well perhaps your server is down. When these things happen to me, I usually wait a little and then I try again.
**Woman.** I'd like to wait but this message is really important. It's her confirmation number for her flight to New York this afternoon. If she doesn't get the information she can't get on the plane.
**Man.** If it's that important, why don't you just pick up the phone and give her a call?
**59. What kind of problem does the woman have?**
**60. What does the man usually do in a similar situation?**
**61. Why does the woman need to contact Mrs. Johnson?**

**8. Man.** Have you seen how much Johan's shoulders have broadened?
**Woman.** I know, he can hardly fit into his shirts anymore.
**Man.** He's been working at the gym every day come rain or shine. I wonder why he's been training so hard.
**Woman.** I think he's up for a job as a bouncer in the new nightclub. I guess they need people who look threatening, but I don't think he'll get the job, he's too nice a fellow.
**62. What has happened to Johan's shoulders?**
**63. Why has Johan been going to the gym?**
**64. Why doesn't the speaker think that Johan will get the job?**

**9. Man.** Can I help you?
**Woman.** I hope so, I'm in such pain. It was such a beautiful day that I decided to get some color. I fell asleep in the sun and now I'm burnt to a crisp.
**Man.** Well you should have been more vigilant. The early summer sun can be devastating. Here is some soothing balm, and I'll give you some over-the-counter pain killers. But that's the best I can do for you without a prescription. If you need anything stronger you'll have to see a physician.
**Woman.** I don't know what I'll do if this doesn't work. My general practitioner is out of town and this is the only pharmacy that's open.
**65. What does the man do?**
**66. What has happened to the woman?**
**67. What does the woman need to get stronger medication?**

**10. Man.** Ladies and gentlemen and children of all ages, welcome to "Circe's Spectacular Circus!"
**Woman.** I've always loved the circus, especially the clowns.
**Man.** I don't really care for the clowns, they're always so goofy. I'd rather see the acrobats. I'm always impressed by their dexterity and coordination.
**Woman.** Oh really? I could take them or leave them.

Besides, they make me dizzy just watching them. My husband loves the lion tamers. Ever since he went on a safari in Africa, he's been fascinated by those ferocious felines.

**Man.** I hear that they're only ferocious when they're hungry. If you keep them sated, they're like overgrown pussycats.

**Woman.** Well that 300 lb. pussycat's roar was more than just a meow!

**68. Why doesn't the man like the clowns?**
**69. Why does the man like the acrobats?**
**70. What is the man's tone concerning lions?**

## ■ PART 4 CD 4 piste 11

**Directions:** You will hear some talks given by a single speaker. You will be asked to answer three questions about what the speaker says in each talk. Select the best response to each question and mark the letter (A), (B), (C) or (D) on your answer sheet. The talks will not be printed in your test book and will be spoken only one time.

## ■ PART 4 CD 4 piste 12

1. Here we are at the annual swimming competition at the new recreation centre. After being closed for renovations for 6 months the centre looks better than ever. Previously our swimmers had to train and compete in neighbouring towns, but now they've got an Olympic-sized swimming pool right in the heart of our fair city. The architects have added a fitness room, two saunas and a steam room. There's a new water slide that promises to be great fun for children of all ages. My assistant has just informed me that our competitors have warmed up and are ready to face the aquatic challenges at hand. The swimmers will have to demonstrate their abilities using 4 different strokes: the butterfly, the breaststroke, the backstroke and the crawl. We wish them the best of luck.

**71. Why was the city centre closed for 6 months?**
**72. What will be entertaining for children?**
**73. What stroke is not mentioned?**

2. Attention all high school seniors: Our students have been invited to the state observatory to see the new lunar eclipse on Friday. This is a great privilege for all of us to meet renowned scientists and specialists who be gathering from all over the world for this rare event. The observatory is located at very high altitudes so all students will have to remember to wear warm clothing on the day of our trip. We will also have to wear special glasses to protect our eyes from the deflected rays of the sun. The director of the observatory has informed our principal that we will be given a full hour to look through their telescope to look at the other planets of the solar system. With a little bit of luck, we'll be able to get a close up of the moon, and catch glimpses of Venus and Mars. Who knows, we may even see a U.F.O.

**74. Who is this announcement for?**
**75. Why is the event a privilege?**
**76. What will the students not see through the telescope?**

3. Good morning, ladies and gentlemen, you have been chosen to sit on this jury to determine whether the accused is guilty or innocent of the crime that he has been charged with. It is your civic and moral responsibility to listen to all of the evidence put before you by the prosecutor and the defendant's lawyer. Both attorneys will try to sway your opinions but you should only consider the cold, hard evidence in this case. As this promises to be a long trial you will be staying at the Vacation Inn Hotel and all of your meals will be paid for by the state. Unfortunately you will not be allowed to contact anyone who is not involved in the case, and you will not be able to watch television or read any newspapers.

**77. Where is the scene taking place?**
**78. What do the members of the jury have to consider?**
**79. Who will the members be able to contact?**

4. Today's show will be about floral arrangements for your home. Many designers frighten us by saying choosing the right combination of flowers for a room requires taste, color coordination and a sense of style. Some of you may think that selecting the right flowers is very daunting but believe me, it's not. Doing a floral arrangement is just a question of being observant and using a little bit of common sense. Whether you are choosing daisies, petunias or lilies you have to look at the room décor. What color are the walls? What style is the furniture? What season are we in? (The season will determine which flowers are in bloom; mistletoe is more readily available in the winter than in the summer.) Then just use some logic and most of all, a little bit of imagination, that's all there is to it. In no time you too can be a floral arranger.

**80. Who is the speaker?**
**81. What do some designers have us think about floral design?**
**82. What does anyone need to be a floral designer?**

5. If you are tired of all of those usual, run-of-the-mill cooking magazines that recycle old recipes, have we got good news for you. Starting tomorrow a new gourmet monthly, *The Contented Cook.* will be available at all newspaper kiosks. For the low price of just $5.99 you can have access to recipes created by five-star gourmet chefs. Each meal is explained with easy step-by-step directions and you can see what the outcome should look like, as every mouth-watering meal is beautifully photographed and printed on glossy paper. The great advantage of buying this

helpful magazine is that each and every recipe has been specifically created for the periodical; that means that no one is giving you the run-around with rehashed recipes. You'll be able to surprise friends and family members with the most succulent dishes that no one has ever served before. Before you know it, they'll be calling you a gourmet chef.

**83. Who is this announcement meant for?**
**84. What does each meal come with?**
**85. How much will the magazine cost?**

6. I've just returned from the Odeon theatre where I saw the first performance of the new show *Dancing on the Rooftops of London* I'm sure you're all wondering what it was like. Well let me tell you, if you want to see the show of the decade, don't walk, run and get tickets before they are all sold out. I have rarely seen such a wonderful, entertaining yet meaningful show. The choreography impeccably mirrored the actors' emotions and the songs were all intelligent and memorable. I left the theatre humming the tunes. All of the performers had solid voices but I would like to single out a young baritone, David Okros; you'll be hearing from him very soon as he is bound to become a star overnight. His song, "I'm a Better Queen Than the Queen Ever Will Be" stopped the show and left the audience howling with laughter for 15 minutes. This show is sure to run away with all of the awards at the next Felix Awards.

**86. What has the man just seen?**
**87. What does the speaker suggest doing?**
**88. What does the speaker predict for the baritone singer?**

7. Many of you out there are dissatisfied with your jobs. You think that you deserve a pay raise, but you're afraid to take the bull by the horns and talk to your boss. You procrastinate, you find a plethora of things to do, and you postpone doing the one thing that should be on your mind, namely how are you going to approach the boss to ask for more money. It's true that asking for more money is always an awkward thing to do, so we help develop the right rhetoric for you. Yes, our company, "Rhonda's Raise Rhetoric" can help you organise your thoughts, channel your emotions and stop you from beating around the bush. Our professional advisors will help you to get that long-deserved increase in your salary. The first step towards no longer being a cowardly lion is logging on to our website: Rhondasraiserhetoric.com

**89. Who is this announcement meant for?**
**90. What is said about the experience of asking for a raise?**
**91. What should anyone do to be more courageous?**

8. As you all know, we are coming to the end of the school year and that means that we are ready for the annual party. Each student will receive two tickets to the event. Should anyone need more tickets, the purchase price will be £30 per ticket. Each ticket includes three drinks per person. As usual, the dress code will be formal. This means tuxedos or suits and ties for men and evening gowns or pantsuits for women. Cocktails and appetizers will be served from 8 p.m. to 10 p.m. After 10 p.m. only soft drinks will be served, as many of you will have to drive home. Car pools are being organized for those of you who don't have any means of transport. Last but not least, we want everyone to have a good time, but a good time also means a safe time.

**92. How many tickets will each student receive?**
**93. What apparel will not be tolerated?**
**94. What will be served after 10 o'clock?**

9. Many of you may feel apprehensive about scuba diving but there's nothing to be afraid of. If you follow the rules you will discover the magnificent world of the deep. We will teach you how to breathe under water with a regulator, sign language to communicate with your buddy, and how to read depth gauges. On the other hand, scuba diving is not recommended for anyone who suffers from chronic sinusitis or claustrophobia. Our first dive is at 15 metres and as you know the deeper we go the higher the pressure becomes. All beginners are first trained in the hotel swimming pool and then they'll have to take a written exam. On the third day of training you will take your first dive in the ocean and your lives will never be the same.

**95. Where is the event taking place?**
**96. What is the depth of the first dive?**
**97. Who should not dive?**

10. Any lumberjack who is worth his salt knows the ins and outs of chopping down a tree, how to strip it of its bark and send it downstream to the local sawmill. A good lumberjack knows which chainsaw to use on which tree. But a good lumberjack knows how to respect trees too. Whether he's cutting down a maple, a pine or an elm, it is important to remember that not all trees can or should be cut down. We have to maintain the delicate balance of nature and only use the trees that are essential for our survival. How can a lumberjack have respect for himself if he isn't worried about the state of our forests? Trees are here to help us and we should thank them by allowing them to reproduce so that we can continue building our houses and heating our homes.

**98. What is not among the things that a lumberjack should know how to do?**
**99. What kinds of trees should a lumberjack chop down?**
**100. What should a responsible lumberjack do?**

# Corrigés

## Build up

### ■ *Tips* Part 1 (pp. 10-12)

**EX. 1**
**Nom :** potatoes, 3 people, woman, child, girl, shop, vegetable, Chinese people, stewpot, bowl, shelving/shelves, window, posters, stool, brochette, food, awning, steam, mobile (cell) phone, shirt, pinafore, smile, table…
**Verbe :** cook, sell, prepare, heat, listen, talk, smile, laugh…
**Adjectif / adverbe :** Chinese, little, boiling, checked, patterned, dark, cold, happy, dirty…
**Préposition :** on, in, under, by, beside, beneath, above, at…

**EX. 2**
**Où :** In a factory / plant / workshop / company, by / in front of a machine…
**Actions :** making, measuring, gauging, preparing, putting, wearing gloves / safety shoes, talking, discussing, deciding, looking at…
**Opinion :** they are working in a factory, they are going to put the metal on the machine, they are preparing the part to be machined, they are discussing the part, they are on the day shift…

**EX. 3**
**Ways of cooking:** smoked – boiled – roasted – grilled – baked – fried – steamed – poached
**Meat:** beef – lamb – pork – mutton – veal
Poultry: egg – goose – chicken – guinea fowl – turkey – frog's legs – duck
**Produce (Vegetables & salad):** lettuce – cauliflower – Brussels sprouts – beans – turnip – cucumber – avocado – leeks – asparagus – green/red pepper – mushrooms – carrots – peas – potatoes – cabbage – spinach – tomato
**(Fruit):** pineapple – lemon – banana – raspberry – apple – grapefruit – blackcurrant – pear – grapes – lime – orange
**Drinks / nibbles:** red/white wine – lager – peanuts – mineral water – rosé – coffee – soft drinks – olives
**Fish & seafood:** oysters – scallops – trout – shrimp – kipper – mussels – prawns – pike – salmon – lobster
**Game:** pheasant – hare – partridge – wild boar – venison – rabbit
**Dessert / pudding:** pancake – fruit salad – ice cream – custard

**EX. 4**
**1.** Preposition: on
**2.** Confusing word: as far as
**3.** Homophone: sea
**4.** Confusing word when listening: sand
**5.** Preposition: background
**6.** False friend: at present
**7.** Homophone: wood
**8.** Confusing word when listening: beach
**9.** False friend: sizeable
**10.** Vocabulary: calm / waveless
**11.** Prepositions: behind
**12.** Confusing word when listening: white sign
**13.** Homophone: weather
**14.** Confusing word: hardly
**15.** Vocabulary: taking time off

### ■ *Part 1* (pp. 13-18)

**1.** (C) A pan = une poêle
**2.** (C) Intertwined = entremêlé
**3.** (A) Tongs = des pincettes
**4.** (C) A square = une place public
**5.** (A) To be reflected = se refléter ; a pond = un étang
**6.** (C) To be on the horizon = être à l'horizon
**7.** (D) To be part of something = être intégré dans qqch
**8.** (C) To head in a direction = être en direction de
**9.** (D) To look at something = regarder qqch
**10.** (C) Under = au-dessous de

### ■ *Tips* Part 2 (pp. 19-22)

**EX. 1**
**1.** e, **2.** f, **3.** h, **4.** j, **5.** d, **6.** a, **7.** b, **8.** i, **9.** c, **10.** g

**EX. 2**
**1.** Who sent you a postcard?
**2.** Which/what job did she apply for?
**3.** Who did she call?
**4.** Who is coming to dinner?
**5.** What happened to the car?
**6.** Which test did she pass?

**EX. 3**
**1.** Haven't I met you before?
**2.** Wouldn't it be quicker to go by air?
**3.** Didn't you get the present I sent for your birthday?
**4.** Why don't we take a break now?
**5.** Don't you want me to sweep the floor?
**6.** Can't you just be honest for once?

**EX. 4**
**1.** c, **2.** e, **3.** f, **4.** a, **5.** b, **6.** d

### ■ *Part 2* (p. 23)

**11.** (C) – **12.** (B) I haven't gotten to it yet. = Je n'ai pas encore pris le temps. (UK: I haven't got around to it yet.) – **13.** (A) – **14.** (C) – **15.** (C) – **16.** (B) – **17.** (A) Drummers = Batteurs – **18.** (C) – **19.** (A) – **20.** (C) Blurred = flou – **21.** (C) – **22.** (C) – **23.** (A) Trim = coupe d'entretien – **24.** (B) – **25.** (A) – **26.** (B) Loaves = des miches de pain – **27.** (C) – **28.** (A) – **29.** (B) – **30.** (C) – **31.** (C) – **32.** (C) – **33.** (C) – **34.** (B) – **35.** (A) – **36.** (C) – **37.** (A) – **38.** (B) – **39.** (B) – **40.** (B)

## Build up 1 + 2 (pp. 24-29)

**PART 1**
**1.** (C) To prohibit = interdire – **2.** (A) A vending machine = un distributeur de friandise – **3.** (A) – **4.** (D) – **5.** (C) To turn on = allumer – **6.** (D) – **7.** (C) To saw = scier – **8.** (D) Stationary = stationnaire – **9.** (A) – **10.** (B) To dump = déverser ; soil = la terre

**PART 2**
**11.** (A) Socket = prise (murale) – **12.** (A) – **13.** (C) – **14.** (A) – **15.** (B) – **16.** (C) – **17.** (A) – **18.** (C) – **19.** (B) – **20.** (C) – **21.** (C) – **22.** (C) – **23.** (B) – **24.** (A) – **25.** (C) – **26.** (A) – **27.** (A) – **28.** (C) Sewing = faire la couture – **29.** (B) – **30.** (A) Sweltering = torride – **31.** (B) – **32.** (A) To lay off = licencier – **33.** (B) – **34.** (C) – **35.** (A) Catering service = traiteur – **36.** (A) – **37.** (B) – **38.** (A) – **39.** (B) – **40.** (C) Device = appareil / dispositif

## Tips Part 3 (pp. 30-33)

**EX. 1**
**1.** House hunting – **2.** Don't waste time seeing it – **3.** Dream destination – **4.** Insider dealers arrested – **5.** Let's have a lie-in.

**EX. 2**
**1.** c, **2.** b, **3.** 29%

**EX. 3**
**1.** He's been so very happy since he met Elise.
**2.** How many times has he been to New York?
**3.** I'm afraid this meat is very overcooked.
**4.** He really didn't like the choice of venue for the party.
**5.** What kind / holiday / couple hoping / take?
**6.** / party given / authors / howling success.
**7.** / next meeting / 8th June / Seventh floor / Relax Room.
**8.** / didn't realize / film / flop.

**EX. 4**
**1.** B, **2.** D, **3.** A, **4.** E, **5.** C

**EX. 5**
**1.** Auxiliaires – **2.** To be – **3.** Pronoms sujet – **4.** Parfois même le verbe principal.

## Part 3 (pp. 34-37)

**41.** (D) – **42.** (C) – **43.** (A) – **44.** (A) – **45.** (A) – **46.** (C) – **47.** (C) – **48.** (B) – **49.** (D) – **50.** (B) – **51.** (C) – **52.** (A) Scallops = coquilles Saint Jacques – **53.** (C) – **54.** (A) – **55.** (A) Ease the workload = diminuer la charge de travail – **56.** (B) – **57.** (D) – **58.** (D) – **59.** (A) – **60.** (D) – **61.** (A) – **62.** (C) – **63.** (C) – **64.** (C) – **65.** (C) – **66.** (D) – **67.** (B) – **68.** (A) – **69.** (D) Couch = canapé – **70.** (B)

## Build up 1 + 2 + 3 (pp. 38-47)

**PART 1**
**1.** (C) To iron = repasser – **2.** (D) A barge = une péniche – **3.** (A) Stationery = papeterie – **4.** (C) A hand-rail = une rampe – **5.** (B) Glasses = les lunettes – **6.** (B) A weeping willow = un saule pleureur / A quay = un quai – **7.** (A) A waiter = un garçon de restaurant – **8.** (C) A flag = un drapeau; to flap = agiter; the wind = le vent – **9.** (B) A shelf = une étagère *pluriel irrégulier Shelves = des étagères – **10.** (C) To punch in a code = taper un code

**PART 2**
**11.** (B) – **12.** (A) – **13.** (A) – **14.** (C) – **15.** (B) – **16.** (A) – **17.** (C) – **18.** (C) – **19.** (C) – **20.** (A) – **21.** (B) Stew = ragoût – **22.** (C) – **23.** (A) – **24.** (B) – **25.** (C) – **26.** (A) – **27.** (C) – **28.** (A) A toll = un péage – **29.** (C) – **30.** (B) – **31.** (A) – **32.** (B) – **33.** (A) – **34.** (C) – **35.** (A) – **36.** (B) – **37.** (A) – **38.** (C) – **39.** (B) – **40.** (C)

**PART 3**
**41.** (A) Game = gibier – **42.** (C) – **43.** (A) – **44.** (D) – **45.** (A) – **46.** (C) – **47.** (D) – **48.** (B) Deductible = franchise – **49.** (A) – **50.** (B) – **51.** (A) Blueprint = plan d'architecte (un bleu) – **52.** (B) – **53.** (D) – **54.** (B) – **55.** (B) – **56.** (D) – **57.** (A) – **58.** (C) – **59.** (B) – **60.** (A) – **61.** (C) – **62.** (D) – **63.** (A) – **64.** (C) – **65.** (D) – **66.** (D) To have one's hair dyed = se faire teindre les cheveux – **67.** (A) Haughty = hautaine – **68.** (B) Jeu de mots sur : Cutler's Cutting Cutlery (les couverts qui coupent de Coutelier – ici le mot « cutler = coutelier » a été transformé en nom propre) – **69.** (D) – **70.** (C)

## Tips Part 4 (pp. 48-51)

**EX. 1**
sailing boats, rope, trees, a building, a pontoon, a pot, lavender, masts, a piece of wood, the sea, houses, the sky, clouds, reflections on the water, guardrail, a knot, a folded sail... (Nous en avons trouvés 17 !)

**EX. 2**
A-c ; B-a ; C-a

**EX. 3**
1-b ; 2-a ; 3-b

## Part 4 (pp. 52-55)

**71.** (C) – **72.** (C) – **73.** (D) – **74.** (C) – **75.** (C) Share value = la valeur de l'action – **76.** (B) – **77.** (A) – **78.** (B) – **79.** (D) Deep sea diving = la plongée sous-marine – **80.** (D) – **81.** (B) – **82.** (A) – **83.** (D) To be bound for = être en route pour – **84.** (C) – **85.** (D) – **86.** (B) – **87.** (A) – **88.** (C) – **89.** (C) – **90.** (B) – **91.** (A) – **92.** (A) – **93.** (B) We have reduced our overheads to a bare minimum. = nous avons réduit nos frais généraux à un strict minimum. – **94.** (C) – **95.** (B) – **96.** (A) – **97.** (D) – **98.** (A) – **99.** (D) Sneakers = baskets ; Loafers = mocassins – **100.** (A)

## Build up 1 + 2 + 3 + 4 (pp. 56-69)

**PART 1**
**1.** (C) The stones = les pierres – **2.** (D) A newspaper = un journal – **3.** (A) The roots = les racines / To be upturned = être renversé – **4.** (C) To ride a bicycle = monter à bicyclette – **5.** (D) A padlock = un cadenas – **6.** (A) snarled up = être dans un embouteillage – **7.** (C) To blow up a balloon = gonfler un ballon – **8.** (D) To sit in the sunshine

= être assis au soleil – **9.** (B) Haphazardly = au hazard – **10.** (D) To tow away = être remorqué

**PART 2**

**11.** (B) – **12.** (C) – **13.** (C) – **14.** (A) Suspenseful = plein de suspense – **15.** (C) A week from Friday = une semaine à partir de vendredi – **16.** (B) – **17.** (A) – **18.** (A) – **19.** (B) – **20.** (C) – **21.** (B) – **22.** (A) – **23.** (B) Frame = cadre – **24.** (C) Rummy = jeu de cartes, rami – **25.** (B) Nurse his wound = soigner sa blessure – **26.** (C) – **27.** (C) – **28.** (C) Slippers = chaussons – **29.** (C) – **30.** (C) – **31.** (A) – **32.** (C) – **33.** (C) Scab = croûte sur une ancienne blessure – **34.** (C) – **35.** (B) – **36.** (C) – **37.** (A) Run out = expirer / terminer ; Purchase = acheter – **38.** (B) Shrimps = crevettes ; Scallops = coquilles Saint Jacques. « Either » – soit l'un soit l'autre ou « neither » ni l'un ni l'autre se réfèrent à **2** options. « None of them » se réfère à plus d'options. – **39.** (B) Take turns = faire chacun son tour / Switchboard = standard **40.** (B) Tape = bande (magnétique)

**PART 3**

**41.** (A) Loathe = détester / Shovel snow = enlever la neige à la pelle – **42.** (B) – **43.** (A) – **44.** (D) – **45.** (A) – **46.** (B) – **47.** (C) – **48.** (D) – **49.** (B) – **50.** (C) Real estate agent = agent immobilier – **51.** (C) – **52.** (A) Etched in stone = presque impossible à changer – **53.** (D) – **54.** (D) Spectacles = lunettes (aussi « glasses ») – **55.** (D) – **56.** (C) – **57.** (A) Bare = nu (sans feuilles) – **58.** (A) – **59.** (A) – **60.** (C) – **61.** (D) – **62.** (A) – **63.** (B) – **64.** (B) To get/be laid off = être licencié – **65.** (D) – **66.** (D) – **67.** (D) – **68.** (D) Reams of paper = ramettes de papier – **69.** (D) – **70.** (C) Flabbergasted = sidéré / Stunned = stupéfait

**PART 4**

**71.** (C) – **72.** (C) – **73.** (D) – **74.** (D) – **75.** (C) – **76.** (C) – **77.** (D) – **78.** (D) – **79.** (C) – **80.** (D) – **81.** (B) – **82.** (C) – **83.** (B) – **84.** (C) – **85.** (B) – **86.** (C) – **87.** (D) – **88.** (B) – **89.** (C) Produce = fruits et légumes – **90.** (B) – **91.** (A) – **92.** (B) Fearsome = acharné (Féroce) – **93.** (D) Clay = terre battue – **94.** (C) – **95.** (C) – **96.** (D) Dutchman = un Hollandais – **97.** (A) To give a rain-check = remettre à plus tard – **98.** (B) – **99.** (C) – **100.** (A)

## ■ *Tips* Part 5 (pp. 70-73)

**EX. 1**

**1.** on, **2.** in, **3.** at, **4.** on, **5.** at, **6.** in, **7.** on, **8.** on, **9.** at / on, **10.** in

**EX. 2**

**1.** call, **2.**to, **3.**into, **4.**of, **5.**in, **6.** to me, **7.** to you, **8.** us

**EX. 3**

**1.** for, **2.** about, **3.** for, **4.** to, **5.**on, **6.** in, **7.** about, **8.** to

**EX. 4**

**1.** came across – **2.** puts up with – **3.** looking for – **4.** work out (you can also work out at the gym = take exercise!) – **5.** Dropped in – **6.**cut up

## ■ *Part 5* (pp. 74-79)

**101.** (B) For all = en dépit de

**102.** (C) To miss someone = manquer (mais attention, en anglais c'est à l'inverse du français donc – « I missed my brother. » = Mon frère m'a manqué.

**103.** (B) To have the means = avoir les moyens. Attention, le singulier porte aussi un « s » : a means / many means.

**104.** (D) Hardly = à peine. Lorsqu'on met un négatif en début de phrase, il faut inverser le sujet et le verbe. « Hardly » est considéré un négatif. L'adverbe, « difficilement » est « hard ». Ex: He works hard for the money.

**105.** (A) Meanwhile = en même temps dans un autre endroit

**106.** (B) « I'd rather » exprime une préférence. Lorsque nous exprimons la préférence pour la même personne nous utilisons la forme verbale « I'd rather go to the movies ». Mais lorsque nous exprimons une préférence pour quelqu'un d'autre nous utilisons le prétérit. « I'd rather he went to the movies. »

**107.** (B) Le subjonctif : To insist that est suivi par le subjonctif. Pour créer un subjonctif il faut prendre l'infinitif du verbe et enlever « to ». C'est la même forme à tous les temps. i.e. « I insist that she be on time. » « He recommended that she wear a helmet ». « It is essential that the wedding cake be ready by midday. »

**108.** (C) To talk someone into + ing = convaincre quelqu'un. I'll talk David into doing his work = Je vais convaincre David de faire son travail.

**109.** (C) « To teach » est un verbe irrégulier. Teach/taught/taught. Ici il faut un present perfect.

**110.** (D) Used to + verbe = une action qui était faite régulièrement dans le passé mais qui ne se fait plus. Il se traduit par l'imparfait elle vivait. À ne pas confondre avec « I am used to living here. » = avoir l'habitude de vivre ici.

**111.** (C) L'idée de « se voir » s'exprime par « each other ». Attention : pronom réfléchis = « themselves » mais pronom réciproque (interaction entre deux personnes) = « each other ». Ex : They see each other in the street. = Ils se voient dans la rue.

**112** (D) to expect = s'attendre à

**113.** (B) To rise est un verbe irrégulier rise/rose/risen
To rise = s'élever ; To raise = lever

**114.** (B) To ask someone for something = demander quelque chose à quelqu'un
Attention à la préposition

**115.** (D) Quite = plutôt (quiet = calme, tranquille)

**116.** (B) Most = « la plupart de » lorsque l'on généralise en utilisant un nom dénombrable. « Most boys like cars. » Néanmoins, lorsqu'il s'agit d'une quantité parmi un groupe spécifique, « the boys in my class », nous disons « Most of the boys in my class like cars ». Dans les deux cas la traduction est « la plupart de. »

**117.** (C) Both = les deux. Ici nous avons deux éléments donc « both ». All = tout, pour au moins 3 éléments.

**118.** (D) To agree = être d'accord (Souvenez-vous, pas d'auxiliaire en anglais.). Ici c'est le prétérit, « he agreed ».

**119.** (D) La voix passive : to be + participe passé (To be known)

**120.** (C) To be detoured = être détourné

**121.** (D) To be obsequious = être obséquieux

**122.** (D) How many = combien pour des noms dénombrables (« how much » pour les indénombrables).
**123.** (D) To be divided into X parts = être divisé en X parts
**124.** (B) L'adverbe et l'adjectif ont la même forme : fast = vite / rapide. He is a fast worker. / He works fast.
**125.** (A) A merger = une fusion
**126.** (D) Le modal « must have » indique une forte probabilité.
**127.** (B) Woman est irrégulier au pluriel. woman/women. Rappel : généralement il y a 4 catégories de noms qui prennent « s' » pour exprimer la possession. A. les gens i.e. « David's dog ». B. les animaux « The dog's tail » C. les groupes de gens i.e. « The government's decision was good » ou « France's cheeses are smelly. » D. Les expressions de temps et de poids. i.e. « Today's news is good. » Les objets ne peuvent pas posséder en anglais. Nous faisons soit (A) « The window of the car ». Soit (B). « The car window ». Une particularité de la langue anglaise est que nous pouvons changer un nom en adjectif. Les adjectifs en anglais sont neutres donc « les pieds de la table » devient « the legs of the table » ou « the table legs. » Ceci est un « compound noun/nom composé » ; une forme que nous utilisons très souvent.
**128.** (C) To straighten up a bedroom = ranger une chambre
**129.** (D) To look something up = chercher une référence
**130.** (C) Would + forme verbale = le conditionnel.
Ex : I would go if I could.
**131.** (C) Sails = les voiles (d'un bateau) / To batten down the sails = attacher les voiles.
**132.** (A) The tide comes in = la marée monte / The tide goes out = la marée descend
**133.** (D) To be worth something = valoir quelque chose
**134.** (D) To tighten = serrer
**135.** (C) Le superlatif des mots qui ont une syllabe se forme avec le suffixe -est → the tallest.
**136.** (D) A helping = une portion de nourriture
**137.** (A) « Nonetheless » est un synonyme de « nevertheless » = néanmoins
**138.** (B) On behalf of someone = au nom de quelqu'un
**139.** (D) To draw up = élaborer un projet. « To draw » est un verbe irrégulier draw/drew/drawn.
**140.** (C) To heighten = augmenter, accentuer

## ■ *Tips* Part 6 (pp. 80-83)

**EX. 1**
**1.** to try out, **2.** listening to, **3.** to relocate, **4.** cut, **5.**to get, **6.** working

**EX. 2**
**1.** to sign, **2.** come, **3.** have, **4.** repaired, **5.** to walk, **6.** to go, **7.** to open, **8.** to fall

**EX. 3**
**1.** My father is a kind man. / He is a kind man. **2.** She wrote the contract herself **3.** It's mine. **4.** We often send e-mails to each other. **5.** I'm concentrating hard on the job. **6.** Can we meet? **7.** They are really so proud of their house. **8.** He has been eating.

**EX. 4**
**1.**to, **2.** and, **3.** although, **4.** whether...or, **5.** since, **6.** so that, **7.** so, **8.** whereas

## ■ *Part 6* (pp. 85-86)

**141.** (C) Prépositions: among = parmi / Between est utilisé uniquement pour 2 éléments.
**142.** (C) En français il y a deux définitions pour le mot important.
– Il est très important de bien dormir avant un examen.
– Le chiffre de bénéfice est plus important cette année.
La deuxième définition qui exprime la taille de quelque chose n'existe pas en anglais. Nous utilisons « big », « tall » ou « substantial ».
**143.** (A) « Information » est toujours au singulier comme « furniture, hair, luggage, the news ». Ce sont des noms indénombrables. En français on dirait « Les informations sont bonnes » mais en anglais « The information is good ».
**144.** (A) A stay = un séjour
**145.** (D) Prépositions : to be limited to = être limité à
**146.** (D) Les modaux (can, could, should, would, may, might, must) sont toujours suivis par la base verbale. « must knock. »
**147.** (D) Les prépositions sont toujours suivies par la forme verbale « -ing ». Ex. : Before leaving, without sleeping, etc.
**148.** (C) To be fined = avoir une amende ; a fine = une amende
**149.** (C) A pass = un laisser-passer
**150.** (A) Therefore = donc
**151.** (D) To avoid + ing ; avoid doing something = éviter de faire quelque chose
**152.** (A) To look forward to + ing = s'impatienter, avoir hâte de

## ■ *Build up 5 + 6* (pp. 87-94)

**PART 5**
**101.** (B) If – prétérit suivi de would + base verbale
Si vous supprimez le « if » il faut inverser le sujet et le verbe. Pour le conditionnel du verbe « to be » on utilise « were ». ( « Was » n'est pas la règle néanmoins il est toléré dans le langage de tous les jours. Pour le Toeic, il faut appliquer les règles.)
**102.** (D) Préposition : To leave for a place = partir à une destination
**103.** (C) Préposition : To take someone along = prendre quelqu'un avec soi
**104.** (A) During + nom = pendant. During the exam, during the holidays, etc.
**105.** (B) Hardly = à peine. Hardly est considéré un négatif. L'adverbe, « difficilement » est « hard ». Ex. : He works hard for the money.
**106.** (C) How many = combien pour des noms dénombrables
**107.** (C) To assume = supposer. Le gérondif : « Le fait de faire quelque chose » est exprimé par le gérondif ; i.e. Sleeping is good for your concentration.

**108.** (D) Le modal « should » est suivi par la base verbale « you should go » (la forme verbale est l'infinitif sans « to »). Ici nous utilisons la forme progressive pour indiquer la continuité de l'action, « be working ».
Attention à ne pas traduire mot à mot étant donné qu'en français nous utilisons l'infinitif « vous devez aller ».
**109.** (C) Préposition : nous utilisons « on » pour indiquer le jour où un événement a lieu. Ex. : We are going to the theatre on Monday
**110.** (C) Jet lag = le décalage horaire
**111.** (D) To look up to someone = respecter quelqu'un
**112.** (B) To attend a class = assister à un cours
**113.** (B) Le gérondif « lying »: le fait de s'allonger au soleil. To lie/lay/lain = s'allonger, être posé sur. Ne pas confondre avec to lie = mentir
**114.** (B) Ici nous pouvons dire, « My sunglasses aren't anywhere to be found. » ou « My sunglasses are nowhere to be found. » Notez bien qu'après un verbe à la forme négative nous utilisons la forme « any ». Ex. : I don't (do not) have any money. Néanmoins, si le verbe n'est pas à la forme négative, nous disons, « I have no money » la négation vient avant le nom.
**115.** (C) To turn someone down for a job = refuser un candidat
**116.** (D) To rely on = compter sur
**117.** (B) To afford something = avoir les moyens financiers
**118.** (C) To be charged with = être accusé de
**119.** (A) To relinquish = abandoner, délaisser
**120.** (C) Rainy = pluvieux
**121.** (B) « Wish » se rencontre dans deux situations :
a) Un souhait irréalisable : Ex. : I hate these wrinkles, I wish I didn't have to grow old. Malgré tous nos efforts nous ne pouvons pas changer le fait que nous vieillissons, nous utilisons le prétérit après « wish ».
b) Un souhait réalisable : Ex : I wish it would stop raining this afternoon. Dans ce cas, imaginons que la météo annonce de la pluie pendant la matinée avec une petite chance de soleil pour l'après-midi, notre souhait est réalisable car il y a une possibilité d'avoir un peu de soleil, nous utilisons la forme « would ».
Pour cette question nous appliquons a), étant donné qu'ils sont arrivés en retard et il est impossible de remonter dans le temps. Le prétérit de « can » est « could ».
**122.** (D) To weep = pleurer weep/wept/wept
**123.** (A) Prépositions : to be absent from a place = être absent d'un endroit
**124.** (C) To show up = faire acte de présence
**125.** (B) To stop + ing = arrêter une activité : « I have to stop smoking »
To stop + infinitif = s'arrêter pour faire autre chose :« I have to stop to smoke a cigarette »
**126.** (C) To look down on someone = mépriser quelqu'un
**127.** (D) To be considered = être consideré
**128.** (C) An event = événement / In the event that = dans le cas
**129.** (A) Wherever = n'importe où
**130.** (B) To shirk something = négliger
**131.** (A) Inclement = rigoureux, rude
**132.** (D) « Whom« I have to stop smoking » est le pronom utilisé pour une personne qui est l'objet de la phrase. Ex : My sister, with whom I played golf, was taken to the hospital. « Who« I have to stop smoking » concerne une personne « sujet ». Ex. : He was the one who committed the murder.
Néanmoins lorsque nous voulons poser une question en langue parlée, « whom » est remplacé par « who » uniquement en début de phrase. Nous disons « Who did you speak to? » et non pas « Whom did you speak to? ».
**133.** (C) To have your teeth cleaned = faire faire un détartrage
**134.** (D) Yet + infinitif = reste à faire
« Yet » à la fin d'une question ou une phrase négative = pas encore. Ex. : Has he arrived yet? / He hasn't arrived yet. « Yet » au début d'une phrase = pourtant Ex : Yet we were supposed to meet at **3** o'clock.
**135.** (D) To miss something = quelque chose nous manque.
**136.** (C) To pretend + infinitif = faire semblant de
to claim = prétendre
**137.** (B) To outdo oneself = se surpasser
**138.** (D) Advice est toujours au singulier /
To advise someone = conseiller quelqu'un
**139.** (B) To intend + infinitif = avoir l'intention de
**140.** (D) To remind someone to do something = rappeler à quelqu'un de faire quelque chose. Ex. : Remind me to call the doctor. To remember = se rappeler. Ex. : I remember when I was young.

**PART 6**
**141.** (C) To take advantage of = profiter de
**142.** (A) Continue + ing
**143.** (A) Odds = les chances
**144.** (C) to move on = avancer, continuer son chemin
**145.** (B) For est utilisé pour indiquer une durée.
**146.** (D) Préposition : to turn over to = transférer à quelqu'un
**147.** (A) However = pourtant, cependant
**148.** (B) To deal with someone = avoir affaire à quelqu'un
**149.** (C) La continuité dans le futur. Example : Next week we will be working very long hours.
**150.** (A) To do research = faire des recherches.
Research est un mot indénombrable.
**151.** (D) to hand in = remettre
**152.** (D) Ici nous utilisons le comparatif en parallèle avec « longer » : to take time = prendre le temps

## ■ *Tips* Part 7 (pp. 95-99)

**EX. I**
**1.** D – **2.** f – **3.** b – **4.** i – **5.** g – **6.** a – **7.** h – **8.** j – **9.** c – **10.** e

## ■ *Part 7* (pp. 100-114)

**153.** (C) – **154.** (A) – **155.** (D) – **156.** (B) – **157.** (D) – **158.** (C) – **159.** (A) – **160.** (B) – **161.** (B) – **162.** (D) – **163.** (A) – **164.** (D) Sound = solide – **165.** (D) – **166.** (A) – **167.** (A) – **168.** (B) – **169.** (A) – **170.** (B) – **171.** (A) – **172.** (C) – **173.** (B) – **174.** (A) – **175.** (D) – **176.** (A) Biased

= manquant d'objectivité – **77.** (A) Lodging = habitation ; housing = logement – **178.** (C) Gratuities = pourboire – **179.** (C) – **180.** (A) To be literate = savoir lire et écrire – **181.** (D) Foreign national = étranger/ère – **182.** (B) – **183.** (C) – **184.** (B) – **185.** (C) – **186.** (A) – **187.** (D) Braces = appareil dentaire – **188.** (A) – **189.** (D) Closing = fin – **190.** (A) Breathe life into = insuffler – **191.** (D) – **192.** (A) – **193.** (C) Fortnight = deux semaines – **194.** (D) – **195.** (B) – **196.** (D) – **197.** (B) – **198.** (A) – **199.** (D) Roof = toit ; Gate = portail ; Shutter = volet ; sewer = égout ; gutter = gouttière ; eaves = avant-toit – **200.** (A)

## ■ *Build up 5 + 6 + 7* (pp. 115-135)

**PART 5**

**101.** (A) You had better (you'd better) = vous feriez mieux de. Ne pas confondre avec « you'd (you would) have a better chance ».
**102.** (C) « Hardly » est suivi de « when » en tant que pronom relatif.
**103.** (C) Ours = le nôtre. »This is our car » mais « the car is ours ».
**104.** (B) Light bulb = une ampoule
One of + pluriel. Ex. : He's one of my friends.
**105.** (A) On peut dire « comme » de deux façons en anglais : Like + nom : He looks just like his father. As + sujet + verbe : Do the exercise as I taught you.
**106.** (D) To get to + ing = « prendre l'habitude de »
Il ne faut pas confondre avec « I used to work » qui indique une action habituelle dans le passé qu'on ne fait plus
**107.** (C) « Few » est utilisé pour des noms dénombrables. Ici il s'agit d'un comparatif : « the longer... the fewer ».
**108.** (B) A people = un peuple, peoples = les peuples. The peoples of the United Nations are voting this afternoon. « One person / many people » sont utilisé pour les gens.
**109.** (C) How often = combien de fois
**110.** (B) Live = en direct. Ex. : This performance is coming to you live from our studio.
**111.** (C) To swim= nager. Verbe irrégulier : swim/swam/swum
Ici on utilise le conditionnel.
If + prétérit suivi par would + base verbale.
Ex. : « If I had money, I would be rich »
If + présent suivi par le futur ou un autre présent.
Ex. : « If I have the time, I will call you ».
If + past perfect suivi par would have + participe passé.
Ex. : « If I had had the time, I would have called ».
Pour un style un peu plus soigné, on utilise les verbes « to be » et « to have » : On enlève « if » et on inverse le sujet/verbe. Ex. : « If I had had the time, I would have called » devient « Had I had the time, I would have called. »
Donc, « He would have won....had he won. »
**112.** (C) A Spaniard = un Espagnol.
Spanish = espagnol (adj.). The Spanish = les Espagnols
**113.** (D) Already = déjà
**114** (C) To have something done = faire faire quelque chose. Ex. : I'm having my car washed.
Ici nous utilisons le présent progressif pour indiquer une action qui va avoir lieu dans un futur proche.
**115.** (D) Les prépositions sont toujours suivies par la forme « -ing ». Ex. : Before eating, after working, without sleeping, etc.
**116.** (D) To dare + infinitif
To dare someone = mettre quelqu'un au défi de...
Ex. : I dare you to do kiss him on the cheek!
**117.** (B) Vocabulaire :to mean = vouloir dire
**118.** (A) to give someone a piece of my mind = dire ses 4 vérités. Ex. : I don't like the way he's treating us and I'm going to give him a piece my mind about it. Cette expression est souvent utilisée lorsqu'on est en colère.
**119.** (C) To leave = partir. Verbe irrégulier leave/left/left
To leave in droves = partir en masse
**120.** (A) To be dumbfounded = être médusé
**121.** (D) Thousands of = des milliers de
Les chiffres exacts ne prennent ni 's' ni 'of'. Ex. : Ten thousand cats = dix-mille chats. mais nous disons thousands of cats = des milliers de chats.
**122.** (D) Blueprints = les plans architecturaux
**123.** (C) Although = bien que. Les 3 autres réponses veulent dire malgré ou en dépit de.
**124.** (B) To want + infinitif; Ex. : We want to go to the museum. Si nous voulons que quelqu'un fasse quelque chose nous utilisons les pronoms indirects. Ex. : They want us to go to the museum.
**125.** (B) Pour le conditionnel du verbe « to be » on utilise « were ». (« Was » n'est pas la règle néanmoins il est toléré dans le langage de tous les jours. Pour le Toeic, il faut appliquer les règles acceptées.)
**126.** (B) « Hard » est l'adjectif et l'adverbe.
Hardly = à peine
**127.** (C) To like + ing = aimer faire une activité : I like cooking.
**128.** (C) Pour les verbes : « to hope, to think, to doubt, to understand, to believe » lorsqu'il s'agit d'une réponse courte on ajoute « so ». Ex. : Do you think he'll be coming? I believe so. / I don't believe so. Mais nous pouvons dire « I believe not » également.
**129.** (C) Usually = habituellement
**130.** (B) To spring something on someone = prendre quelqu'un à l'improviste, faire quelque chose d'inattendu
**131.** (B) I can't help + ing = je ne peux pas m'empêcher de... Ex. : I can't help falling in love with you.
**132.** (B) « Worse » est le comparatif de bad > bad / worse / the worst. To take a turn for the worse = se gâter : The weather is taking a turn for the worse = la météo se gâte.
**133.** (B) Les dénombrables prennent many/few.
An inch = un pouce (l'équivalent de 2.54 cm).
**134.** (C) Préposition : to have a gift for something = avoir un don pour quelque chose
**135.** (D) Le subjonctif : « to insist that » est suivi par le subjonctif. Pour créer le subjonctif il faut prendre l'infinitif du verbe et enlever « to ». C'est la même forme à toutes les conjugaisons. i.e. « I insist that she be on time. »
**136.** (A) Information est toujours singulier en anglais (furniture, the news, the luggage sont également singuliers). Ce sont des mots indénombrables.
**137.** (B) Innate = inné

138. (C) Prépositions : to give up = renoncer
139. (D) To ask someone to do something = demander à quelqu'un de faire quelque chose
Attention : il n y a pas de préposition après le verbe « to ask »
140. (B) Whether = si
Whether est une autre façon de dire « if ». Nous pouvons dire « Ask him whether he's coming to the party » ou « Ask him if he's coming to the party. »

**PART 6**
141. (D) Préposition: to come under = subir
142. (B) An audit = un contrôle fiscal
143. (C) A bore = un ennui
144. (C) Préposition : to get out of something = sortir de quelque chose
145. (D) To start + ing = commencer à
146. (B) « How many » est utilisé pour les noms dénombrables. « You » est le pronom pluriel pour « vous tous »
147. (D) To phase out = faire disparaître au fur et à mesure
148. (D) Either…or = soit…soit
149. (B) To be thrilled = ressentir une vive émotion.
Ex. : I was thrilled to have been invited.
150. (D) In which =dans lequel / laquelle
151. (C) Previous = antérieur
152. (D) Rehearsal = une répétition

**PART 7**
**153.** (D) – **154.** (A) – **155.** (D) – **156.** (B) – **157.** (D) – **158.** (D) – **159.** (D) – **160.** (B) It's a draw = c'est ex-aequo. – **161.** (C) – **162.** (C) – **163.** (B) – **164.** (C) – **165.** (C) – **166.** (A) – **167.** (C) – **168.** (A) to provide investors with the most data possible = donner aux investisseurs autant de données que possible. – **169.** (A) – **170.** (C) It's pending = c'est en attente. – **171.** (D) – **172.** (B) – **173.** (A) – **174.** (B) Wells = puits – **175.** (D) – **176.** (D) – **177.** (D) – **178.** (A) – **179.** (A) Show rehersals = répétitions pour le spectacle – **180.** (C) – **181.** (A) Thriving = florissant – **182.** (D) Outsource = sous-traité – **183.** (A) – **184.** (A) – **185.** (D) Straight edge (USA) = règle – **186.** (C) – **187.** (A) – **188.** (D) – **189.** (D) – **190.** (C) – **191.** (B) – **192.** (A) – **193.** (B) – **194.** (D) – **195.** (C) Congenial = agréable – **196.** (B) – **197.** (D) Janitor = gardien – **198.** (B) Tremors = secousse – **199.** (D) – **200.** (B)

# Test 1 (pp. 136-172)

**PART I**
**1.** (A) Lobsters = homards – **2.** (C) To board = embarquer – **3.** (B) – **4.** (B) A lane = un chemin – **5.** (A) Pastries = pâtisseries ; a dish = une assiette – **6.** (D) To wear a cap = porter une casquette – **7.** (A) – **8.** (B) A crane = une grue – **9.** (C) A banner = une bannière – **10.** (B) Shells = les coquillages

**PART 2**
**11.** (C) – **12.** (C) – **13.** (B) – **14.** (C) Stock trade = le commerce des actions boursières – **15.** (A) – **16.** (A) – **17.** (C) – **18.** (B) – **19.** (A) To account for = justifier – **20.** (A) – **21.** (C) – **22.** (C) – **23.** (B) – **24.** (B) To draw up = établir (le bilan financier) ; Assets & Liabilities = Actif et Passif – **25.** (B) Slump = Effondrement – **26.** (A) To flow smoothly = circuler sans problème – **27.** (B) – **28.** (C) – **29.** (C) – **30.** (B) – **31.** (B) – **32.** (C) – **33.** (B) – **34.** (B) – **35.** (B) Blueprints: plans d'architect (bleus) – **36.** (B) – **37.** (B) – **38.** (C) – **39.** (B) – **40.** (A)

**PART 3**
**41.** (C) – **42.** (C) – **43.** (C) – **44.** (A) – **45.** (B) Praise = faire l'éloge de – **46.** (D) – **47.** (D) – **48.** (D) Curator = conservateur/rice – **49.** (D) – **50.** (B) – **51.** (C) – **52.** (B) – **53.** (D) Stallion = étalon – **54.** (C) – **55.** (C) Trinket = babiole – **56.** (D) – **57.** (D) – **58.** (A) Feat = exploit – **59.** (D) – **60.** (C) – **61.** (A) Post = poteau – **62.** (C) – **63.** (A) – **64.** (C) Calf/calves = mollet ; Sore = douleureux/se – **65.** (A) – **66.** (C) – **67.** (D) – **68.** (C) Brisk = vif/vive – **69.** (D) – **70.** (A)

**PART 4**
**71.** (A) – **72.** (A) – **73.** (D) – **74.** (C) Draw = tirage – **75.** (B) – **76.** (A) – **77.** (C) – **78.** (C) – **79.** (D) – **80.** (C) – **81.** (D) – **82.** (D) – **83.** (A) – **84.** (B) – **85.** (A) – **86.** (B) – **87.** (A) – **88.** (C) – **89.** (A) – **90.** (B) – **91.** (C) Sample = échantillon – **92.** (C) – **93.** (C) – **94.** (A) – **95.** (A) – **96.** (C) – **97.** (A) – **98.** (C) – **99.** (A) – **100.** (A)

**PART 5**
**101.** (B) Despite something = malgré
In spite of something = malgré
Les deux formes veulent dire la même chose mais « in spite » prend la préposition « of ».
**102.** (C) If + preterit est suivi de would + verb. Si vous supprimez « if », il faut inverser le sujet et le verbe
**103.** (D) « To insist that » est suivi du subjonctif.
Pour créer le subjonctif, on prend l'infinitif du verbe et on enlève le « to ». La forme est la même à toutes les conjugaisons. i.e. « I insist that she be on time. »
**104.** (C) Le futur proche se traduit par le present progressive.
**105.** (D) Nous utilisons le present perfect pour faire le bilan d'une action. Ici nous faisons le bilan de 3 semaines de grève.
**106.** (B) Verbe + ing > To imagine + ing
**107.** (A) Nous utilisons le present perfect progressive pour le bilan d'une action et une action qui continue. Nous savons que l'action est continue car la personne est en train de suivre un cours d'anglais.
**108.** (C) « To be unknown to someone ». Il faut apprendre les prépositions par cœur.
**109.** (A) Ici nous utilisons le futur antérieur (the future perfect) « By the time » est souvent suivi par le futur perfect ou le future perfect progressive « will have been driving ».
**110.** (D) « Cooking » est un gérondif. « Le fait de » faire quelque chose est exprimé par le gérondif. i.e. « Sleeping is good for your concentration ».
**111.** (C) Pour les indénombrables nous utilisons « much/little ». Le temps en anglais est considéré comme indénombrable. Ex. : « I don't have much time » ou « I have little time ».
**112** (B) To postpone = reporter
**113.** (C) Produce = les fruits et légumes
Ne confondez pas le verbe to produce = produire avec produce (fruits et légumes).

A product = un produit
A production = une production
A producer = un producteur
**114.** (B) To borrow from = emprunter à
Attention à la préposition.
**115.** (C) To be used to + ing = avoir l'habitude de
Attention ! Il ne faut pas confondre avec « I used to eat » qui indique une action habituelle dans le passé. Avoir l'habitude de faire et faire quelque chose habituellement ne sont pas la même chose. Par exemple, je peux passer toute ma vie en prison « habituellement » et ne jamais avoir l'habitude d'être en prison.
**116.** (C) « Where » est la question pour un lieu
**117.** (C) Ceci est une phrase verbale.
To get on a bus = monter dans un bus.
**118.** (A) « Neither » est suivi par un singulier donc « neither nurse ».
**119.** (C) To be responsible for something.
Il faut apprendre les prépositions par cœur.
**120.** (C) To be expected = être attendu / To expect something = s'attendre à
**121.** (B) To look forward to + ing = s'impatienter / avoir hâte de
**122.** (D) To look to someone = se tourner vers quelqu'un
**123.** (C) Ago + preterit. Ne pas confondre il y a = « there is/are » avec il y a = « ago ».
**124.** (C) To go to a place.
Il faut apprendre les prépositions par cœur.
**125.** (B) « Economic » est l'adjectif se raportant à l'économie. Economical = économique, ce qui nous permet d'économiser (de l'argent, de l'énergie) i.e. « A small car is more economical in a big city ».
**126.** (C) Although / though = bien que
**127.** (C) Policy = la politique de quelqu'un / Politics = le monde du politique / A politician = un politicien
**128.** (D) Le modal « should » est suivi par la base verbale. « you should go » (La base verbale est l'infinitif sans « to »). Attention à ne pas traduire mot à mot étant donné qu'en français nous utilisons l'infinitif « vous devez aller », aller = « to go » (infinitif).
**129.** (D) The past progressive est identique au present progressive « en train de » mais au passé. Si vous voyez « while », c'est un indice qu'il faut mettre le progressif.
**130.** (C) On utilise « some » devant les noms indénombrables (water, rice, spray…) dans les phrases affirmatives.
**131.** (B) A standstill = une impasse, i.e. « The two members couldn't come to an agreement, they were at a standstill. »
**132.** (B) If + preterit est suivi par would + verb.
Attention: le verbe « to be » au conditionnel prend la forme « were ». Ex. : If he were rich, he'd buy a car. « Was » est toléré mais n'est pas reconnu.
**133.** (C) « The worst » est le superlatif de l'adjectif « bad ».
Bad / worse / the worst
**134.** (D) rather than = plutôt que
**135.** (B) « I'd rather » exprime une préférence.
Lorsque nous exprimons la préférence pour la même personne nous utilisons la forme verbale « I'd rather go to the movies ». Mais lorsque nous exprimons une préférence pour quelqu'un d'autre nous utilisons le prétérit. « I'd rather he went to the movies. »
**136.** (B) « Should » est un modal qui :
a. exprime une obligation morale. Ex. : « You should call your mother, she's worried. »
b. Should + sujet + verbe = dans le cas où, i.e. « Should it rain I suggest he take his umbrella ».
Attention : « to suggest that… » prend le subjonctif.
**137.** (B) blueprints = des plans architecturaux
**138.** (B) Un bilan d'une action de 10 ans. Rien n'exprime la continuité explicitement, mais les autres choix sont faux en ce qui concerne la forme ou le sens.
Attention : il ne faut pas confondre to live = vivre avec to leave = partir / quitter.
**139.** (B) Le possessif d'un pluriel prend l'apostrophe après le « s » du pluriel.
Généralement il y a 4 catégories de noms qui prennent « 's » pour exprimer la possession.
– les gens : « David's dog ».
– les animaux : « The dog's tail »
– les groupes de gens : « The government's decision was good » ou « France's cheeses are smelly. »
– les expressions de temps et de poids. : « Today's news is good. »
Les objets ne peuvent pas posséder en anglais. Nous dirons soit « The window of the car », soit « The car window ». Une particularité de la langue anglaise est que nous pouvons changer un nom en adjectif. Les adjectifs en anglais sont neutres donc la phrase « les pieds de la table » devient « The legs of the table » ou « the table legs ». Ceci est un compound noun, nom composé, une forme que nous utilisons très souvent.
**140.** (B) Breathe = respirer
Breath = la respiration / l'haleine

**PART 6**

**141.** (B) – **142.** (D) – **143.** (B) – **144.** (A) To live up to = être à la hauteur de – **145.** (C) – **146.** (B) To upgrade = mettre à jour / améliorer – **147.** (D) – **148.** (D) – **149.** (B) – **150.** (A) – **151.** (B) – **152.** (A)

**PART 7**

**153.** (C) – **154.** (C) Hail = grêle – **155.** (A) – **156.** (D) – **157.** (C) – **158.** (B) – **159.** (B) – **160.** (B) – **161.** (D) – **162.** (B) – **163.** (D) – **164.** (A) – **165.** (B) – **166.** (B) – **167.** (D) – **168.** (A) Property Manager = gérant d'immeuble – **169.** (A) – **170.** (B) – **171.** (D) – **172.** (D) – **173.** (A) – **174.** (B) – **175.** (D) – **176.** (A) – **177.** (D) – **178.** (B) Alteration request = demande de retouche – **179.** (C) – **180.** (B) – **181.** (D) – **182.** (D) – **183.** (D) – **184.** (D) – **185.** (A) – **186.** (A) – **187.** (C) – **188.** (C) Chick = poussin – **189.** (A) To cull = recueillir – **190.** (B) – **191.** (A) – **192.** (D) – **193.** (B) – **194.** (B) – **195.** (C) – **196.** (D) – **197.** (D) – **198.** (B) – **199.** (D) – **200.** (A)

## Test 2 (pp. 173-210)

**PART 1**

**1.** (B) A device = un appareil / Blouse = chemiser. – **2.** (C) A lamppost = un lampadaire / Tarmacked = goudronné – **3.** (A) Shutters = des volets ; to be ajar = être entrouvert –

4. (B) Screens = les écrans – 5. (C) Seagulls = des mouettes – 6. (C) A pheasant = un faisan – 7. (A) A cart = un chariot / To be in a row = être aligné – 8. (C) To point out = indiquer – 9. (C) To prohibit = interdire – 10. (A) To wait for something = attendre qqch

**PART 2**

**11.** (A) Corkscrew = tire bouchon – **12.** (C) – **13.** (C) – **14.** (A) – **15.** (B) – **16.** (C) – **17.** (B) – **18.** (A) Sheet music = partition – **19.** (C) – **20.** (A) – **21.** (A) – **22.** (B) – **23.** (B) – **24.** (C) – **25.** (A) – **26.** (A) – **27.** (A) – **28.** (B) Carnation seeds = graines d'oeillet – **29.** (A) – **30.** (B) – **31.** (B) – **32.** (C) Trim = svelte – **33.** (B) – **34.** (C) – **35.** (A) – **36.** (A) – **37.** (C) – **38.** (B) – **39.** (A) – **40.** (A)

**PART 3**

**41.** (B) – **42.** (A) – **43.** (C) To head = aller quelque part – **44.** (D) – **45.** (A) – **46.** (C) – **47.** (C) – **48.** (A) – **49.** (D) – **50.** (D) – **51.** (C) A stain = une tâche – **52.** (B) – **53.** (A) Stock market = la Bourse – **54.** (B) – **55.** (C) – **56.** (D) – **57.** (A) – **58.** (C) – **59.** (C) – **60.** (C) – **61.** (D) – **62.** (C) – **63.** (A) Slope = pente ; Steep = raide – **64.** (B) – **65.** (D) – **66.** (A) – **67.** (D) – **68.** (A) – **69.** (A) – **70.** (D)

**PART 4**

**71.** (C) – **72.** (A) – **73.** (B) – **74.** (B) – **75.** (A) Foreman = chef d'équipe – **76.** (D) – **77.** (C) – **78.** (C) – **79.** (C) – **80.** (A) – **81.** (D) – **82.** (A) – **83.** (C) – **84.** (C) – **85.** (C) – **86.** (C) – **87.** (A) Inconspicuous = discret – **88.** (D) – **89.** (A) – **90.** (A) Blazing = ardent – **91.** (C) – **92.** (D) – **93.** (C) – **94.** (D) – **95.** (C) Auction = vente aux enchères – **96.** (D) To bid = enchérir (forme passif) / faire une offre – **97.** (A) Pin = broche – **98.** (C) – **99.** (D) End up with egg on your face = se retrouver comme une andouille / imbécile – **100.** (D)

**PART 5**

**101.** (C) Nous utilisons le present perfect pour parler d'une chose qui s'est fait dans une passé sans précision de date (contrairement au prétérit qui est associé à un moment précis). Nous ne savons pas à quelle heure le soleil s'est levé, seulement que c'est fait.
**102.** (C) To marry someone = se marier avec quelqu'un. Il n'y a pas de préposition. Par contre nous disons « John is married TO Diane » ou bien « John and Diane got married . »
**103.** (B) To promise ≠ infinitive = promettre de faire quelque chose.
**104.** (C) Le subjonctif : to demand that est suivi par un subjonctif. Pour créer le subjonctif il faut prendre l'infinitif du verbe et enlever « to ». C'est la même forme à tous les temps. i.e. « I demand that she be on time. » « He will recommend that they sign the document quickly».
**105.** (D) To be out of order = être hors service
**106.** (B) To sew = coudre. (To sow = semer, to sue = porter plainte, to saw = scier)
**107.** (B) A diner = un endroit où on peut manger, style brasserie
**108.** (B) To be bound for = être à destination de
**109.** (A) To burst = éclater
**110.** (A) Scuba diving est un gérondif. « Le fait de » faire quelque chose est exprimé par le gérondif ; i.e. « Sleeping is good for your concentration ».
**111.** (D) Expression idiomatique : To fall in love at first sight = avoir un coup de foudre
**112.** (B) Lorsqu'il s'agit d'une action on utilise l'adverbe « best ». « The best » est un adjective superlatif, « He is the best player. »
**113.** (C) To look into = examiner, étudier
**114** (D) Therefore = donc, par conséquent
**115.** (D) Change = la petite monnaie
**116.** (C) Formidable = redoutable
**117.** (C) « May » est un modal auxiliaire. Donc il est suivi par la base verbale « may be » = « Il se peut que »
**118.** (D) Le present progressif est utilisé pour indiquer le futur proche.
**119.** (D) Ici on utilise le conditionnel.
If + preterit suivi par would + base verbale « If I had money, I would be rich »
If + present suivi par le futur ou un autre présent « If I have the time, I will call you »
If + past perfect suivi par would have + participe passé. « If I had had the time, I would have called ».
Pour avoir un style un peu plus soigné avec les verbes « to be et to have », on enlève le « if » et on inverse le sujet/verbe.
« If I had had the time, I would have called » devient « Had I had the time, I would have called. »
**120.** (B) to loosen = relâcher, deserrer ; to lose = perdre
**121.** (B) Vocabulaire: to lie/lay/lain = s'allonger, être posé sur. His success lies on (le present), donc his success lay on (le passé) Ne pas confondre avec to lie = mentir
**122.** (A)
**123.** (D) To be used to + ing = avoir l'habitude de
Attention : Il ne faut pas confondre avec « I used to eat » qui indique une action habituelle dans le passé. Avoir l'habitude de faire et faire quelque chose habituellement ne sont pas la même chose. Par exemple, je peux passer toute ma vie en prison « habituellement » et ne jamais avoir l'habitude d'être en prison.
**124.** (D) Pour une action terminée on utilise le prétérit.
**125.** (B) Pour le conditionnel du verbe « to be » on utilise « were ». (« Was » n'est pas la règle néanmoins il est toléré dans le langue de tous les jours. Pour le Toeic, il faut appliquer les règles.)
**126.** (D) To take up = aborder, se mettre à
**127.** (C) Deux actions parallèles indiquées par « just as » Arrived/began
**128.** (C) Le verbe « to need » a deux formes à la voix passive
« my car needs to be washed » To need to be + participe passé
« My car needs washing » To need + ing
**129.** (B) to go through someone = utiliser les services ou les talents de quelqu'un
**130.** (A) To spread = étaler
**131.** (D) Après une phrase négative, on utilise « any ». Ex. : « I don't have any sugar. » Ici le verbe de la phrase est positif « was » et non pas « wasn't » donc on utilise la négation « no » « It was nowhere to be found. » La phrase « The money wasn't anywhere to be found » est entièrement correcte.
**132.** (B) To spend time = passer le temps

**133.** (C) En anglais le temps est indénombrable.
Les indénombrables prennent « Much/little »
Les dénombrables prennent « Many/few »
Time / Money / Weight : Indénombrable
Heures / Euros / Kilos (unités) : dénombrable
**134.** (A) Pour exprimer « une si grande maison » on peut dire « such a big house » ou « so big a house ». « So » est suivi par l'adjectif, qui est suivi par l'article indéfini. « Such » est suivi par l'article indéfini qui est suivi par l'adjectif.
**135.** (D) To go through something = fouiller quelque chose
**136.** (B) Furniture = les meubles. Attention ! Furniture est un mot indénombrable (the news, the information, the luggage sont également singulier en anglais).
**137.** (D) Crutches = les béquilles
**138.** (D) Ought to = devoir (son synonyme : « should »)
**139.** (D) Les pommes de terres sont dénombrables donc on utilise « many ».
**140.** (C) To find out = découvrir

**PART 6**
**141.** (A) Verbe à particule : to look over = parcourir
**142.** (C) Verbe à particule : to go through = passer par
**143.** (B) Late = feu, décédé
**144.** (C) An heir = un héritier
**145.** (B) To deal with = s'agir de, traiter (un sujet)
**146.** (A) Ici il s'agit du gérondif. « being » = le fait d'être
**147.** (C) Tiring = fatiguant ; tired = fatigué
**148.** (C) Le comparatif de bad est worse → Bad/worse/the worst / worth = valeur
**149.** (A) Neither...nor = ni...ni / Either...or = soit...soit
**150.** (D) An inconvenience = une incommodité, une gêne
**151.** (D) To carry out something = mettre à exécution, réaliser quelque chose
**152.** (D) Prépositions : to be responsible for = être responsable de

**PART 7**
**153.** (C) – **154.** (C) Hectic = mouvementé – **155.** (A) Buff = enthousiaste – **156.** (C) – **157.** (B) – **158.** (C) – **159.** (D) – **160.** (C) – **161.** (B) – **162.** (A) Wild cat strike = grève sauvage – **163.** (A) – **164.** (C) – **165.** (B) – **166.** (A) – **167.** (B) Soar = monter en flèche – **168.** (D) – **169.** (C) – **170.** (A) – **171.** (B) – **172.** (D) – **173.** (A) – **174.** (D) – **175.** (B) – **176.** (C) – **177.** (D) Staple = agrafe – **178.** (B) – **179.** (B) Bulletin board = tableau d'affichage / Thumbtack = punaise – **180.** (C) – **181.** (A) Archery = tir à l'arc – **182.** (A) – **183.** (A) – **184.** (D) – **185.** (B) Renewable lease = bail reconductible – **186.** (C) – **187.** (A) Pending = en attente – **188.** (A) – **189.** (A) – **190.** (B) – **191.** (A) – **192.** (B) – **193.** (C) – **194.** (C) – **195.** (C) To purchase = acheter – **196.** (A) – **197.** (B) – **198.** (B) – **199.** (A) – **200.** (D)

## Test 3 (pp. 211-247)

**PART 1**
**1.** (B) To stand in a line (or to queue – GB) = faire la queue
**2.** (C) Scaffolding = l'échafaudage
**3.** (C) A ladder = une échelle ; inside = dedans
**4.** (B) To stand at (or to) attention = prendre l'attitude militaire, se tenir au garde-à-vous
**5.** (C) To divide into = diviser
**6.** (A) To display = exhiber, étaler
**7.** (D) Read = lire. Verbe irrégulier read/read/read
**8.** (D) Ornate = orné, surchargé d'ornements
**9.** (B) Logs = les bûches / To pile up = empiler / Under = sous
**10.** (D) A radio journalist = un journaliste de radio. Ici radio est utilisé comme un adjectif. En anglais nous pouvons utiliser un nom comme adjectif. Ex. : The blue window (la fenêtre bleue) ; The car window (la fenêtre de la voiture)

**PART 2**
**11.** (A) A remote control = une télécommande – **12.** (B) A roller-coaster = une montagne russe – **13.** (C) A local = un omnibus – **14.** (A) – **15.** (C) – **16.** (B) – **17.** (A) Stick-shift = une boîte à vitesse manuelle – **18.** (C) – **19.** (C) – **20.** (B) – **21.** (C) – **22.** (A) A flashlight = une lampe de poche – **23.** (A) – **24.** (C) A discrepancy = un désaccord, une divergence – **25.** (A) – **26.** (C) – **27.** (B) A rate = un taux – **28.** (C) A stew = un ragoût – **29.** (A) – **30.** (B) – **31.** (B) – **32.** (C) – **33.** (A) – **34.** (B) – **35.** (A) – **36.** (A) A lamp-post = un réverbère – **37.** (A) – **38.** (B) – **39.** (A) A beard = une barbe – **40.** (C) To care for something = aimer quelque chose

**PART 3**
**41.** (B) To be upset = être bouleversé – **42.** (A) – **43.** (D) – **44.** (C) – **45.** (A) – **46.** (D) – **47.** (C) – **48.** (B) – **49.** (C) – **50.** (B) – **51.** (C) Lean = mince – **52.** (A) – **53.** (B) The trials and tribulations of = les épreuves de – **54.** (A) – **55.** (D) – **56.** (D) – **57.** (A) – **58.** (D) – **59.** (B) – **60.** (C) To unplug = débrancher – **61.** (A) – **62.** (B) Narrow = étroit – **63.** (A) To bounce = rebondir ; To look dashing = avoir l'air beau – **64.** (A) – **65.** (C) – **66.** (C) Frost = le gel – **67.** (B) A prescription = une ordonnance – **68.** (B) – **69.** (A) Deftness = agilité ; sloth = paresse ; stiffness = rigidité ; demeanor = comportement – **70.** (D) Flimsy = faible, mou; disappointed = déçu

**PART 4**
**71.** (C) An overhaul = une révision – **72.** (C) A stroke = une nage ; the butterfly, = le papillon; the breaststroke = la brasse – **73.** (D) – **74.** (D) A freshman= un élève en première année; a sophomore = un élève en deuxième année; a junior = un élève en troisième année; a senior = un élève en quatrième année – **75.** (D) – **76.** (D) – **77.** (C) – **78.** (D) – **79.** (A) – **80.** (A) – **81.** (B) – **82.** (A) A green thumb = la main verte – **83.** (C) Heartburn = brûlure d'estomac – **84.** (D) A subscription = un abonnement – **85.** (C) – **86.** (A) – **87.** (B) The intermission = l'entracte – **88.** (A) – **89.** (A) To yearn for = avoir bien envie de – **90.** (D) A raise = une augmentation – **91.** (A) – **92.** (B) – **93.** (D) Apparel = habillement – **94.** (C) – **95.** (A) – **96.** (C) – **97.** (C) To snore = ronfler – **98.** (B) A lumberjack = un bûcheron; bark = l'écorce; upstream = en amont; a chainsaw = une scie à chaîne – **99.** (D) – **100.** (B) Sawdust = la sciure de bois; a sawmill = une scierie

**PART 5**

**101.** (C) The news = nom indénombrable. « The news is good ». Un nom indénombrable est toujours suivi par le verbe au singulier. Le pronom d'un singulier est « it ». Donc it is ou it's. Its = c'est le possessif.
**102.** (D) whereabouts = le lieu où se trouve quelqu'un
**103.** (A) « I have been trying ». Ici nous utilisons le present perfect continuous. Nous communiquons deux éléments : le bilan de l'action et la continuité de l'action.
**104.** (B) To match = aller avec
**105.** (C) Blunt = mal taillé
**106.** (B) A tablecloth = une nappe
**107.** (C) To earn money = gagner de l'argent (le récompense du travail) – To win money = gagner de l'argent (à un jeu)
**108.** (D) To run out of something = être à court de quelque chose
**109.** (D) A lease = un bail
**110.** (D) Ants = des fourmis
**111.** (C) To worsen = empirer
**112** (D) Rare = saignant (pour la cuisson de viande)
**113.** (C) To come to = arriver à
**114** (B) To spare some time = trouver du temps disponible
**115.** (D) To bide your time = attendre le moment juste
**116.** (B) Fabric = le tissu
**117.** (B) Expression idiomatique : to bend over backwards = se plier en quatre
**118.** (C) To squeeze something = presser ou pincer quelque chose
**119.** (D) Mot de transition : unless = sauf si
**120.** (B) Ici nous utilisons le comparatif. Good/better/the best
**121.** (D) To be born = être né. En anglais il faut penser que nous sommes nés dans le passé donc : I was born/ they were born
**122.** (A) To gather = ramasser. Ici nous utilisons le gérondif. Le fait de ramasser
**123.** (D) Le pronom relatif whose = dont, ce dont
**124.** (A) Regarding = en ce qui concerne, quant à. Nous pouvons également dire « as regards » pour en ce qui concerne. Ex. : As regards your project, we need time to think it over.
**125.** (C) Ripe = mûr (pour un aliment)
**126.** (D) Waist = la taille (de quelqu'un) – size = la taille (grandeur, dimension) Ex. : What size shirt do you wear?
**127.** (C) Ici nous utilisons neither pour dire aucun mais de deux éléments uniquement.
**128.** (B) To bring = amener Bring/brought/brought
**129.** (D) To rise = s'élever Rise/rose/risen
to raise = élever = raise/raised/raised
**130.** (A) managerial = directorial
**131.** (C) To be eager = être impatient de
**132.** (C) To sue someone = porter plainte contre quelqu'un
**133.** (D) To spell = épeler.
Très souvent nous utilisons le present perfect avec already, ever, never, just, since et for
**134.** (B) Ought to = devoir (une obligation morale)
« should » et « ought to » peuvent être utilisés interchangeablement
**135.** (D) A coaster = un sous-verre
**136.** (A) To get somewhere = arriver quelque part
**137.** (B) How many = combien (pour des noms dénombrables)
**138.** (B) Mould = la moisissure
**139.** (C) Hay = le foin
**140.** (C) To look forward to + ing = s'impatienter, avoir hâte de

**PART 6**

**141.** (B) Despite something = malgré en dépit de
In spite OF something = malgré, en dépit de
**142.** (D) To live up to = être à la hauteur de
**143.** (C) Opponent = opposant
**144.** (D) To long + infinitive = désirer quelque chose fortement
**145.** (A) Opportunity = occasion
**146.** (B) To be erased = être effacé
**147.** (C) A few = quelques (pour les noms dénombrables) – few = peu de
**148.** (D) Rambunctious = turbulent, incontrôlable
**149.** (B) To be aware = être au courant de
**150.** (B) Nevertheless = néanmoins
**151.** (B) A reminder = un rappel
**152.** (A) A schedule = un plan (de travail)

**PART 7**

**153.** (A) – **154.** (A) – **155.** (B) – **156.** (C) – **157.** (D) – **158.** (A) – **159.** (C) – **160.** (C) – **161.** (A) To harvest = récolter; fertilizer = l'engrais– **162.** (B) Oxen = les bœufs (pluriel irrégulier: ox/oxen); an orb = un globe, une sphère – **163.** (B) A sewer = un égout – **164.** (B) – **165.** (C) – **166.** (A) – **167.** (D) An eel = une anguille; a toad = un crapaud – **168.** (A) – **169.** (D) – **170.** (D) – **171.** (D) A penny = un cent; a nickel = **5** cents; a dime = **10** cents; a quarter = **25** cents – **172.** (D) – **173.** (A) Overhead = les dépenses générales (Overheads GB) – **174.** (C) – **175.** (A) A blouse = un chemisier – **176.** (D) A hem = un ourlet – **177.** (D) – **178.** (C) – **179.** (A) – **180.** (B) – **181.** (B) – **182.** (D) – **183.** (A) – **184.** (C) – **185.** (A) – **186.** (C) – **187.** (A) – **188.** (B) An auction = une vente aux enchère – **189.** (B) – **190.** (B) – **191.** (D) – **192.** (A) – **193.** (D) – **194.** (A) To cater to = pourvoir aux plaisirs de; the elderly = les personnes âgées – **195.** (B) – **196.** (C) – **197.** (D) – **198.** (A) – **199.** (B) To be on a panel = faire partie d'un jury – **200.** (D)

# Tableau de conversion du test TOEIC

| | SCORE | |
|---|---|---|
| Bonne réponse | Écrit | oral |
| 0 | 5 | 5 |
| 1 | 5 | 5 |
| 2 | 5 | 5 |
| 3 | 5 | 5 |
| 4 | 5 | 5 |
| 5 | 5 | 5 |
| 6 | 5 | 5 |
| 7 | 10 | 5 |
| 8 | 15 | 5 |
| 9 | 20 | 5 |
| 10 | 25 | 5 |
| 11 | 30 | 5 |
| 12 | 35 | 5 |
| 13 | 40 | 5 |
| 14 | 45 | 5 |
| 15 | 50 | 5 |
| 16 | 55 | 10 |
| 17 | 60 | 15 |
| 18 | 65 | 20 |
| 19 | 70 | 25 |
| 20 | 75 | 30 |
| 21 | 80 | 35 |
| 22 | 85 | 40 |
| 23 | 90 | 45 |
| 24 | 95 | 50 |
| 25 | 100 | 60 |
| 26 | 110 | 65 |
| 27 | 115 | 70 |
| 28 | 120 | 80 |
| 29 | 125 | 85 |
| 30 | 130 | 90 |
| 31 | 135 | 95 |
| 32 | 140 | 100 |
| 33 | 145 | 110 |
| 34 | 150 | 115 |
| 35 | 160 | 120 |
| 36 | 165 | 125 |
| 37 | 170 | 130 |
| 38 | 175 | 140 |
| 39 | 180 | 145 |
| 40 | 185 | 150 |
| 41 | 190 | 160 |
| 42 | 195 | 165 |
| 43 | 200 | 170 |
| 44 | 210 | 175 |
| 45 | 215 | 180 |
| 46 | 220 | 190 |
| 47 | 230 | 195 |
| 48 | 240 | 200 |
| 49 | 245 | 210 |
| 50 | 250 | 215 |

| | SCORE | |
|---|---|---|
| Bonne réponse | Écrit | oral |
| 51 | 255 | 220 |
| 52 | 260 | 225 |
| 53 | 270 | 230 |
| 54 | 275 | 235 |
| 55 | 280 | 240 |
| 56 | 290 | 250 |
| 57 | 295 | 255 |
| 58 | 300 | 260 |
| 59 | 310 | 265 |
| 60 | 315 | 270 |
| 61 | 320 | 280 |
| 62 | 325 | 285 |
| 63 | 330 | 290 |
| 64 | 340 | 300 |
| 65 | 345 | 305 |
| 66 | 350 | 310 |
| 67 | 360 | 320 |
| 68 | 365 | 325 |
| 69 | 370 | 330 |
| 70 | 380 | 335 |
| 71 | 385 | 340 |
| 72 | 390 | 350 |
| 73 | 395 | 355 |
| 74 | 400 | 360 |
| 75 | 405 | 365 |
| 76 | 410 | 370 |
| 77 | 420 | 380 |
| 78 | 425 | 385 |
| 79 | 430 | 390 |
| 80 | 440 | 395 |
| 81 | 445 | 400 |
| 82 | 450 | 405 |
| 83 | 460 | 410 |
| 84 | 465 | 415 |
| 85 | 470 | 420 |
| 86 | 475 | 425 |
| 87 | 480 | 430 |
| 88 | 485 | 435 |
| 89 | 490 | 445 |
| 90 | 495 | 450 |
| 91 | 495 | 455 |
| 92 | 495 | 465 |
| 93 | 495 | 470 |
| 94 | 495 | 480 |
| 95 | 495 | 485 |
| 96 | 495 | 490 |
| 97 | 495 | 495 |
| 98 | 495 | 495 |
| 99 | 495 | 495 |
| 100 | 495 | 495 |

Notez que dans la table de conversion il n'y pas d'égalité exacte entre le nombre de bonnes réponses et votre score. Par exemple, si vous avez 50 bonnes réponses, votre résultat est de 250 à l'écrit alors qu'il est de 215 à l'oral.
1-6 bonnes réponses à l'écrit vous donne un score de 5, alors que 1-15 bonnes réponses à l'oral vous donne un score de 5.
De ce fait, vous avez le droit à une petite marge d'erreur !

# LISTENING SECTION

| | | | | | | | |
|---|---|---|---|---|---|---|---|
| 1 | Ⓐ Ⓑ Ⓒ Ⓓ | 26 | Ⓐ Ⓑ Ⓒ Ⓓ | 51 | Ⓐ Ⓑ Ⓒ Ⓓ | 76 | Ⓐ Ⓑ Ⓒ Ⓓ |
| 2 | Ⓐ Ⓑ Ⓒ Ⓓ | 27 | Ⓐ Ⓑ Ⓒ Ⓓ | 52 | Ⓐ Ⓑ Ⓒ Ⓓ | 77 | Ⓐ Ⓑ Ⓒ Ⓓ |
| 3 | Ⓐ Ⓑ Ⓒ Ⓓ | 28 | Ⓐ Ⓑ Ⓒ Ⓓ | 53 | Ⓐ Ⓑ Ⓒ Ⓓ | 78 | Ⓐ Ⓑ Ⓒ Ⓓ |
| 4 | Ⓐ Ⓑ Ⓒ Ⓓ | 29 | Ⓐ Ⓑ Ⓒ Ⓓ | 54 | Ⓐ Ⓑ Ⓒ Ⓓ | 79 | Ⓐ Ⓑ Ⓒ Ⓓ |
| 5 | Ⓐ Ⓑ Ⓒ Ⓓ | 30 | Ⓐ Ⓑ Ⓒ Ⓓ | 55 | Ⓐ Ⓑ Ⓒ Ⓓ | 80 | Ⓐ Ⓑ Ⓒ Ⓓ |
| 6 | Ⓐ Ⓑ Ⓒ Ⓓ | 31 | Ⓐ Ⓑ Ⓒ Ⓓ | 56 | Ⓐ Ⓑ Ⓒ Ⓓ | 81 | Ⓐ Ⓑ Ⓒ Ⓓ |
| 7 | Ⓐ Ⓑ Ⓒ Ⓓ | 32 | Ⓐ Ⓑ Ⓒ Ⓓ | 57 | Ⓐ Ⓑ Ⓒ Ⓓ | 82 | Ⓐ Ⓑ Ⓒ Ⓓ |
| 8 | Ⓐ Ⓑ Ⓒ Ⓓ | 33 | Ⓐ Ⓑ Ⓒ Ⓓ | 58 | Ⓐ Ⓑ Ⓒ Ⓓ | 83 | Ⓐ Ⓑ Ⓒ Ⓓ |
| 9 | Ⓐ Ⓑ Ⓒ Ⓓ | 34 | Ⓐ Ⓑ Ⓒ Ⓓ | 59 | Ⓐ Ⓑ Ⓒ Ⓓ | 84 | Ⓐ Ⓑ Ⓒ Ⓓ |
| 10 | Ⓐ Ⓑ Ⓒ Ⓓ | 35 | Ⓐ Ⓑ Ⓒ Ⓓ | 60 | Ⓐ Ⓑ Ⓒ Ⓓ | 85 | Ⓐ Ⓑ Ⓒ Ⓓ |
| 11 | Ⓐ Ⓑ Ⓒ Ⓓ | 36 | Ⓐ Ⓑ Ⓒ Ⓓ | 61 | Ⓐ Ⓑ Ⓒ Ⓓ | 86 | Ⓐ Ⓑ Ⓒ Ⓓ |
| 12 | Ⓐ Ⓑ Ⓒ Ⓓ | 37 | Ⓐ Ⓑ Ⓒ Ⓓ | 62 | Ⓐ Ⓑ Ⓒ Ⓓ | 87 | Ⓐ Ⓑ Ⓒ Ⓓ |
| 13 | Ⓐ Ⓑ Ⓒ Ⓓ | 38 | Ⓐ Ⓑ Ⓒ Ⓓ | 63 | Ⓐ Ⓑ Ⓒ Ⓓ | 88 | Ⓐ Ⓑ Ⓒ Ⓓ |
| 14 | Ⓐ Ⓑ Ⓒ Ⓓ | 39 | Ⓐ Ⓑ Ⓒ Ⓓ | 64 | Ⓐ Ⓑ Ⓒ Ⓓ | 89 | Ⓐ Ⓑ Ⓒ Ⓓ |
| 15 | Ⓐ Ⓑ Ⓒ Ⓓ | 40 | Ⓐ Ⓑ Ⓒ Ⓓ | 65 | Ⓐ Ⓑ Ⓒ Ⓓ | 90 | Ⓐ Ⓑ Ⓒ Ⓓ |
| 16 | Ⓐ Ⓑ Ⓒ Ⓓ | 41 | Ⓐ Ⓑ Ⓒ Ⓓ | 66 | Ⓐ Ⓑ Ⓒ Ⓓ | 91 | Ⓐ Ⓑ Ⓒ Ⓓ |
| 17 | Ⓐ Ⓑ Ⓒ Ⓓ | 42 | Ⓐ Ⓑ Ⓒ Ⓓ | 67 | Ⓐ Ⓑ Ⓒ Ⓓ | 92 | Ⓐ Ⓑ Ⓒ Ⓓ |
| 18 | Ⓐ Ⓑ Ⓒ Ⓓ | 43 | Ⓐ Ⓑ Ⓒ Ⓓ | 68 | Ⓐ Ⓑ Ⓒ Ⓓ | 93 | Ⓐ Ⓑ Ⓒ Ⓓ |
| 19 | Ⓐ Ⓑ Ⓒ Ⓓ | 44 | Ⓐ Ⓑ Ⓒ Ⓓ | 69 | Ⓐ Ⓑ Ⓒ Ⓓ | 94 | Ⓐ Ⓑ Ⓒ Ⓓ |
| 20 | Ⓐ Ⓑ Ⓒ Ⓓ | 45 | Ⓐ Ⓑ Ⓒ Ⓓ | 70 | Ⓐ Ⓑ Ⓒ Ⓓ | 95 | Ⓐ Ⓑ Ⓒ Ⓓ |
| 21 | Ⓐ Ⓑ Ⓒ Ⓓ | 46 | Ⓐ Ⓑ Ⓒ Ⓓ | 71 | Ⓐ Ⓑ Ⓒ Ⓓ | 96 | Ⓐ Ⓑ Ⓒ Ⓓ |
| 22 | Ⓐ Ⓑ Ⓒ Ⓓ | 47 | Ⓐ Ⓑ Ⓒ Ⓓ | 72 | Ⓐ Ⓑ Ⓒ Ⓓ | 97 | Ⓐ Ⓑ Ⓒ Ⓓ |
| 23 | Ⓐ Ⓑ Ⓒ Ⓓ | 48 | Ⓐ Ⓑ Ⓒ Ⓓ | 73 | Ⓐ Ⓑ Ⓒ Ⓓ | 98 | Ⓐ Ⓑ Ⓒ Ⓓ |
| 24 | Ⓐ Ⓑ Ⓒ Ⓓ | 49 | Ⓐ Ⓑ Ⓒ Ⓓ | 74 | Ⓐ Ⓑ Ⓒ Ⓓ | 99 | Ⓐ Ⓑ Ⓒ Ⓓ |
| 25 | Ⓐ Ⓑ Ⓒ Ⓓ | 50 | Ⓐ Ⓑ Ⓒ Ⓓ | 75 | Ⓐ Ⓑ Ⓒ Ⓓ | 100 | Ⓐ Ⓑ Ⓒ Ⓓ |

# READING SECTION

| | | | | | | | |
|---|---|---|---|---|---|---|---|
| 101 | A B C D | 126 | A B C D | 151 | A B C D | 176 | A B C D |
| 102 | A B C D | 127 | A B C D | 152 | A B C D | 177 | A B C D |
| 103 | A B C D | 128 | A B C D | 153 | A B C D | 178 | A B C D |
| 104 | A B C D | 129 | A B C D | 154 | A B C D | 179 | A B C D |
| 105 | A B C D | 130 | A B C D | 155 | A B C D | 180 | A B C D |
| 106 | A B C D | 131 | A B C D | 156 | A B C D | 181 | A B C D |
| 107 | A B C D | 132 | A B C D | 157 | A B C D | 182 | A B C D |
| 108 | A B C D | 133 | A B C D | 158 | A B C D | 183 | A B C D |
| 109 | A B C D | 134 | A B C D | 159 | A B C D | 184 | A B C D |
| 110 | A B C D | 135 | A B C D | 160 | A B C D | 185 | A B C D |
| 111 | A B C D | 136 | A B C D | 161 | A B C D | 186 | A B C D |
| 112 | A B C D | 137 | A B C D | 162 | A B C D | 187 | A B C D |
| 113 | A B C D | 138 | A B C D | 163 | A B C D | 188 | A B C D |
| 114 | A B C D | 139 | A B C D | 164 | A B C D | 189 | A B C D |
| 115 | A B C D | 140 | A B C D | 165 | A B C D | 190 | A B C D |
| 116 | A B C D | 141 | A B C D | 166 | A B C D | 191 | A B C D |
| 117 | A B C D | 142 | A B C D | 167 | A B C D | 192 | A B C D |
| 118 | A B C D | 143 | A B C D | 168 | A B C D | 193 | A B C D |
| 119 | A B C D | 144 | A B C D | 169 | A B C D | 194 | A B C D |
| 120 | A B C D | 145 | A B C D | 170 | A B C D | 195 | A B C D |
| 121 | A B C D | 146 | A B C D | 171 | A B C D | 196 | A B C D |
| 122 | A B C D | 147 | A B C D | 172 | A B C D | 197 | A B C D |
| 123 | A B C D | 148 | A B C D | 173 | A B C D | 198 | A B C D |
| 124 | A B C D | 149 | A B C D | 174 | A B C D | 199 | A B C D |
| 125 | A B C D | 150 | A B C D | 175 | A B C D | 200 | A B C D |

# LISTENING SECTION

| | | | | | | | |
|---|---|---|---|---|---|---|---|
| 1 | (A) (B) (C) (D) | 26 | (A) (B) (C) (D) | 51 | (A) (B) (C) (D) | 76 | (A) (B) (C) (D) |
| 2 | (A) (B) (C) (D) | 27 | (A) (B) (C) (D) | 52 | (A) (B) (C) (D) | 77 | (A) (B) (C) (D) |
| 3 | (A) (B) (C) (D) | 28 | (A) (B) (C) (D) | 53 | (A) (B) (C) (D) | 78 | (A) (B) (C) (D) |
| 4 | (A) (B) (C) (D) | 29 | (A) (B) (C) (D) | 54 | (A) (B) (C) (D) | 79 | (A) (B) (C) (D) |
| 5 | (A) (B) (C) (D) | 30 | (A) (B) (C) (D) | 55 | (A) (B) (C) (D) | 80 | (A) (B) (C) (D) |
| 6 | (A) (B) (C) (D) | 31 | (A) (B) (C) (D) | 56 | (A) (B) (C) (D) | 81 | (A) (B) (C) (D) |
| 7 | (A) (B) (C) (D) | 32 | (A) (B) (C) (D) | 57 | (A) (B) (C) (D) | 82 | (A) (B) (C) (D) |
| 8 | (A) (B) (C) (D) | 33 | (A) (B) (C) (D) | 58 | (A) (B) (C) (D) | 83 | (A) (B) (C) (D) |
| 9 | (A) (B) (C) (D) | 34 | (A) (B) (C) (D) | 59 | (A) (B) (C) (D) | 84 | (A) (B) (C) (D) |
| 10 | (A) (B) (C) (D) | 35 | (A) (B) (C) (D) | 60 | (A) (B) (C) (D) | 85 | (A) (B) (C) (D) |
| 11 | (A) (B) (C) (D) | 36 | (A) (B) (C) (D) | 61 | (A) (B) (C) (D) | 86 | (A) (B) (C) (D) |
| 12 | (A) (B) (C) (D) | 37 | (A) (B) (C) (D) | 62 | (A) (B) (C) (D) | 87 | (A) (B) (C) (D) |
| 13 | (A) (B) (C) (D) | 38 | (A) (B) (C) (D) | 63 | (A) (B) (C) (D) | 88 | (A) (B) (C) (D) |
| 14 | (A) (B) (C) (D) | 39 | (A) (B) (C) (D) | 64 | (A) (B) (C) (D) | 89 | (A) (B) (C) (D) |
| 15 | (A) (B) (C) (D) | 40 | (A) (B) (C) (D) | 65 | (A) (B) (C) (D) | 90 | (A) (B) (C) (D) |
| 16 | (A) (B) (C) (D) | 41 | (A) (B) (C) (D) | 66 | (A) (B) (C) (D) | 91 | (A) (B) (C) (D) |
| 17 | (A) (B) (C) (D) | 42 | (A) (B) (C) (D) | 67 | (A) (B) (C) (D) | 92 | (A) (B) (C) (D) |
| 18 | (A) (B) (C) (D) | 43 | (A) (B) (C) (D) | 68 | (A) (B) (C) (D) | 93 | (A) (B) (C) (D) |
| 19 | (A) (B) (C) (D) | 44 | (A) (B) (C) (D) | 69 | (A) (B) (C) (D) | 94 | (A) (B) (C) (D) |
| 20 | (A) (B) (C) (D) | 45 | (A) (B) (C) (D) | 70 | (A) (B) (C) (D) | 95 | (A) (B) (C) (D) |
| 21 | (A) (B) (C) (D) | 46 | (A) (B) (C) (D) | 71 | (A) (B) (C) (D) | 96 | (A) (B) (C) (D) |
| 22 | (A) (B) (C) (D) | 47 | (A) (B) (C) (D) | 72 | (A) (B) (C) (D) | 97 | (A) (B) (C) (D) |
| 23 | (A) (B) (C) (D) | 48 | (A) (B) (C) (D) | 73 | (A) (B) (C) (D) | 98 | (A) (B) (C) (D) |
| 24 | (A) (B) (C) (D) | 49 | (A) (B) (C) (D) | 74 | (A) (B) (C) (D) | 99 | (A) (B) (C) (D) |
| 25 | (A) (B) (C) (D) | 50 | (A) (B) (C) (D) | 75 | (A) (B) (C) (D) | 100 | (A) (B) (C) (D) |

# READING SECTION

| | | | | | | | |
|---|---|---|---|---|---|---|---|
| 101 | (A) (B) (C) (D) | 126 | (A) (B) (C) (D) | 151 | (A) (B) (C) (D) | 176 | (A) (B) (C) (D) |
| 102 | (A) (B) (C) (D) | 127 | (A) (B) (C) (D) | 152 | (A) (B) (C) (D) | 177 | (A) (B) (C) (D) |
| 103 | (A) (B) (C) (D) | 128 | (A) (B) (C) (D) | 153 | (A) (B) (C) (D) | 178 | (A) (B) (C) (D) |
| 104 | (A) (B) (C) (D) | 129 | (A) (B) (C) (D) | 154 | (A) (B) (C) (D) | 179 | (A) (B) (C) (D) |
| 105 | (A) (B) (C) (D) | 130 | (A) (B) (C) (D) | 155 | (A) (B) (C) (D) | 180 | (A) (B) (C) (D) |
| 106 | (A) (B) (C) (D) | 131 | (A) (B) (C) (D) | 156 | (A) (B) (C) (D) | 181 | (A) (B) (C) (D) |
| 107 | (A) (B) (C) (D) | 132 | (A) (B) (C) (D) | 157 | (A) (B) (C) (D) | 182 | (A) (B) (C) (D) |
| 108 | (A) (B) (C) (D) | 133 | (A) (B) (C) (D) | 158 | (A) (B) (C) (D) | 183 | (A) (B) (C) (D) |
| 109 | (A) (B) (C) (D) | 134 | (A) (B) (C) (D) | 159 | (A) (B) (C) (D) | 184 | (A) (B) (C) (D) |
| 110 | (A) (B) (C) (D) | 135 | (A) (B) (C) (D) | 160 | (A) (B) (C) (D) | 185 | (A) (B) (C) (D) |
| 111 | (A) (B) (C) (D) | 136 | (A) (B) (C) (D) | 161 | (A) (B) (C) (D) | 186 | (A) (B) (C) (D) |
| 112 | (A) (B) (C) (D) | 137 | (A) (B) (C) (D) | 162 | (A) (B) (C) (D) | 187 | (A) (B) (C) (D) |
| 113 | (A) (B) (C) (D) | 138 | (A) (B) (C) (D) | 163 | (A) (B) (C) (D) | 188 | (A) (B) (C) (D) |
| 114 | (A) (B) (C) (D) | 139 | (A) (B) (C) (D) | 164 | (A) (B) (C) (D) | 189 | (A) (B) (C) (D) |
| 115 | (A) (B) (C) (D) | 140 | (A) (B) (C) (D) | 165 | (A) (B) (C) (D) | 190 | (A) (B) (C) (D) |
| 116 | (A) (B) (C) (D) | 141 | (A) (B) (C) (D) | 166 | (A) (B) (C) (D) | 191 | (A) (B) (C) (D) |
| 117 | (A) (B) (C) (D) | 142 | (A) (B) (C) (D) | 167 | (A) (B) (C) (D) | 192 | (A) (B) (C) (D) |
| 118 | (A) (B) (C) (D) | 143 | (A) (B) (C) (D) | 168 | (A) (B) (C) (D) | 193 | (A) (B) (C) (D) |
| 119 | (A) (B) (C) (D) | 144 | (A) (B) (C) (D) | 169 | (A) (B) (C) (D) | 194 | (A) (B) (C) (D) |
| 120 | (A) (B) (C) (D) | 145 | (A) (B) (C) (D) | 170 | (A) (B) (C) (D) | 195 | (A) (B) (C) (D) |
| 121 | (A) (B) (C) (D) | 146 | (A) (B) (C) (D) | 171 | (A) (B) (C) (D) | 196 | (A) (B) (C) (D) |
| 122 | (A) (B) (C) (D) | 147 | (A) (B) (C) (D) | 172 | (A) (B) (C) (D) | 197 | (A) (B) (C) (D) |
| 123 | (A) (B) (C) (D) | 148 | (A) (B) (C) (D) | 173 | (A) (B) (C) (D) | 198 | (A) (B) (C) (D) |
| 124 | (A) (B) (C) (D) | 149 | (A) (B) (C) (D) | 174 | (A) (B) (C) (D) | 199 | (A) (B) (C) (D) |
| 125 | (A) (B) (C) (D) | 150 | (A) (B) (C) (D) | 175 | (A) (B) (C) (D) | 200 | (A) (B) (C) (D) |

# LISTENING SECTION

| | | | | | | | |
|---|---|---|---|---|---|---|---|
| 1 | Ⓐ Ⓑ Ⓒ Ⓓ | 26 | Ⓐ Ⓑ Ⓒ Ⓓ | 51 | Ⓐ Ⓑ Ⓒ Ⓓ | 76 | Ⓐ Ⓑ Ⓒ Ⓓ |
| 2 | Ⓐ Ⓑ Ⓒ Ⓓ | 27 | Ⓐ Ⓑ Ⓒ Ⓓ | 52 | Ⓐ Ⓑ Ⓒ Ⓓ | 77 | Ⓐ Ⓑ Ⓒ Ⓓ |
| 3 | Ⓐ Ⓑ Ⓒ Ⓓ | 28 | Ⓐ Ⓑ Ⓒ Ⓓ | 53 | Ⓐ Ⓑ Ⓒ Ⓓ | 78 | Ⓐ Ⓑ Ⓒ Ⓓ |
| 4 | Ⓐ Ⓑ Ⓒ Ⓓ | 29 | Ⓐ Ⓑ Ⓒ Ⓓ | 54 | Ⓐ Ⓑ Ⓒ Ⓓ | 79 | Ⓐ Ⓑ Ⓒ Ⓓ |
| 5 | Ⓐ Ⓑ Ⓒ Ⓓ | 30 | Ⓐ Ⓑ Ⓒ Ⓓ | 55 | Ⓐ Ⓑ Ⓒ Ⓓ | 80 | Ⓐ Ⓑ Ⓒ Ⓓ |
| 6 | Ⓐ Ⓑ Ⓒ Ⓓ | 31 | Ⓐ Ⓑ Ⓒ Ⓓ | 56 | Ⓐ Ⓑ Ⓒ Ⓓ | 81 | Ⓐ Ⓑ Ⓒ Ⓓ |
| 7 | Ⓐ Ⓑ Ⓒ Ⓓ | 32 | Ⓐ Ⓑ Ⓒ Ⓓ | 57 | Ⓐ Ⓑ Ⓒ Ⓓ | 82 | Ⓐ Ⓑ Ⓒ Ⓓ |
| 8 | Ⓐ Ⓑ Ⓒ Ⓓ | 33 | Ⓐ Ⓑ Ⓒ Ⓓ | 58 | Ⓐ Ⓑ Ⓒ Ⓓ | 83 | Ⓐ Ⓑ Ⓒ Ⓓ |
| 9 | Ⓐ Ⓑ Ⓒ Ⓓ | 34 | Ⓐ Ⓑ Ⓒ Ⓓ | 59 | Ⓐ Ⓑ Ⓒ Ⓓ | 84 | Ⓐ Ⓑ Ⓒ Ⓓ |
| 10 | Ⓐ Ⓑ Ⓒ Ⓓ | 35 | Ⓐ Ⓑ Ⓒ Ⓓ | 60 | Ⓐ Ⓑ Ⓒ Ⓓ | 85 | Ⓐ Ⓑ Ⓒ Ⓓ |
| 11 | Ⓐ Ⓑ Ⓒ Ⓓ | 36 | Ⓐ Ⓑ Ⓒ Ⓓ | 61 | Ⓐ Ⓑ Ⓒ Ⓓ | 86 | Ⓐ Ⓑ Ⓒ Ⓓ |
| 12 | Ⓐ Ⓑ Ⓒ Ⓓ | 37 | Ⓐ Ⓑ Ⓒ Ⓓ | 62 | Ⓐ Ⓑ Ⓒ Ⓓ | 87 | Ⓐ Ⓑ Ⓒ Ⓓ |
| 13 | Ⓐ Ⓑ Ⓒ Ⓓ | 38 | Ⓐ Ⓑ Ⓒ Ⓓ | 63 | Ⓐ Ⓑ Ⓒ Ⓓ | 88 | Ⓐ Ⓑ Ⓒ Ⓓ |
| 14 | Ⓐ Ⓑ Ⓒ Ⓓ | 39 | Ⓐ Ⓑ Ⓒ Ⓓ | 64 | Ⓐ Ⓑ Ⓒ Ⓓ | 89 | Ⓐ Ⓑ Ⓒ Ⓓ |
| 15 | Ⓐ Ⓑ Ⓒ Ⓓ | 40 | Ⓐ Ⓑ Ⓒ Ⓓ | 65 | Ⓐ Ⓑ Ⓒ Ⓓ | 90 | Ⓐ Ⓑ Ⓒ Ⓓ |
| 16 | Ⓐ Ⓑ Ⓒ Ⓓ | 41 | Ⓐ Ⓑ Ⓒ Ⓓ | 66 | Ⓐ Ⓑ Ⓒ Ⓓ | 91 | Ⓐ Ⓑ Ⓒ Ⓓ |
| 17 | Ⓐ Ⓑ Ⓒ Ⓓ | 42 | Ⓐ Ⓑ Ⓒ Ⓓ | 67 | Ⓐ Ⓑ Ⓒ Ⓓ | 92 | Ⓐ Ⓑ Ⓒ Ⓓ |
| 18 | Ⓐ Ⓑ Ⓒ Ⓓ | 43 | Ⓐ Ⓑ Ⓒ Ⓓ | 68 | Ⓐ Ⓑ Ⓒ Ⓓ | 93 | Ⓐ Ⓑ Ⓒ Ⓓ |
| 19 | Ⓐ Ⓑ Ⓒ Ⓓ | 44 | Ⓐ Ⓑ Ⓒ Ⓓ | 69 | Ⓐ Ⓑ Ⓒ Ⓓ | 94 | Ⓐ Ⓑ Ⓒ Ⓓ |
| 20 | Ⓐ Ⓑ Ⓒ Ⓓ | 45 | Ⓐ Ⓑ Ⓒ Ⓓ | 70 | Ⓐ Ⓑ Ⓒ Ⓓ | 95 | Ⓐ Ⓑ Ⓒ Ⓓ |
| 21 | Ⓐ Ⓑ Ⓒ Ⓓ | 46 | Ⓐ Ⓑ Ⓒ Ⓓ | 71 | Ⓐ Ⓑ Ⓒ Ⓓ | 96 | Ⓐ Ⓑ Ⓒ Ⓓ |
| 22 | Ⓐ Ⓑ Ⓒ Ⓓ | 47 | Ⓐ Ⓑ Ⓒ Ⓓ | 72 | Ⓐ Ⓑ Ⓒ Ⓓ | 97 | Ⓐ Ⓑ Ⓒ Ⓓ |
| 23 | Ⓐ Ⓑ Ⓒ Ⓓ | 48 | Ⓐ Ⓑ Ⓒ Ⓓ | 73 | Ⓐ Ⓑ Ⓒ Ⓓ | 98 | Ⓐ Ⓑ Ⓒ Ⓓ |
| 24 | Ⓐ Ⓑ Ⓒ Ⓓ | 49 | Ⓐ Ⓑ Ⓒ Ⓓ | 74 | Ⓐ Ⓑ Ⓒ Ⓓ | 99 | Ⓐ Ⓑ Ⓒ Ⓓ |
| 25 | Ⓐ Ⓑ Ⓒ Ⓓ | 50 | Ⓐ Ⓑ Ⓒ Ⓓ | 75 | Ⓐ Ⓑ Ⓒ Ⓓ | 100 | Ⓐ Ⓑ Ⓒ Ⓓ |

# READING SECTION

| | | | | | | | | | | | | | | | | | | | |
|---|---|---|---|---|---|---|---|---|---|---|---|---|---|---|---|---|---|---|---|
| 101 | Ⓐ | Ⓑ | Ⓒ | Ⓓ | 126 | Ⓐ | Ⓑ | Ⓒ | Ⓓ | 151 | Ⓐ | Ⓑ | Ⓒ | Ⓓ | 176 | Ⓐ | Ⓑ | Ⓒ | Ⓓ |
| 102 | Ⓐ | Ⓑ | Ⓒ | Ⓓ | 127 | Ⓐ | Ⓑ | Ⓒ | Ⓓ | 152 | Ⓐ | Ⓑ | Ⓒ | Ⓓ | 177 | Ⓐ | Ⓑ | Ⓒ | Ⓓ |
| 103 | Ⓐ | Ⓑ | Ⓒ | Ⓓ | 128 | Ⓐ | Ⓑ | Ⓒ | Ⓓ | 153 | Ⓐ | Ⓑ | Ⓒ | Ⓓ | 178 | Ⓐ | Ⓑ | Ⓒ | Ⓓ |
| 104 | Ⓐ | Ⓑ | Ⓒ | Ⓓ | 129 | Ⓐ | Ⓑ | Ⓒ | Ⓓ | 154 | Ⓐ | Ⓑ | Ⓒ | Ⓓ | 179 | Ⓐ | Ⓑ | Ⓒ | Ⓓ |
| 105 | Ⓐ | Ⓑ | Ⓒ | Ⓓ | 130 | Ⓐ | Ⓑ | Ⓒ | Ⓓ | 155 | Ⓐ | Ⓑ | Ⓒ | Ⓓ | 180 | Ⓐ | Ⓑ | Ⓒ | Ⓓ |
| 106 | Ⓐ | Ⓑ | Ⓒ | Ⓓ | 131 | Ⓐ | Ⓑ | Ⓒ | Ⓓ | 156 | Ⓐ | Ⓑ | Ⓒ | Ⓓ | 181 | Ⓐ | Ⓑ | Ⓒ | Ⓓ |
| 107 | Ⓐ | Ⓑ | Ⓒ | Ⓓ | 132 | Ⓐ | Ⓑ | Ⓒ | Ⓓ | 157 | Ⓐ | Ⓑ | Ⓒ | Ⓓ | 182 | Ⓐ | Ⓑ | Ⓒ | Ⓓ |
| 108 | Ⓐ | Ⓑ | Ⓒ | Ⓓ | 133 | Ⓐ | Ⓑ | Ⓒ | Ⓓ | 158 | Ⓐ | Ⓑ | Ⓒ | Ⓓ | 183 | Ⓐ | Ⓑ | Ⓒ | Ⓓ |
| 109 | Ⓐ | Ⓑ | Ⓒ | Ⓓ | 134 | Ⓐ | Ⓑ | Ⓒ | Ⓓ | 159 | Ⓐ | Ⓑ | Ⓒ | Ⓓ | 184 | Ⓐ | Ⓑ | Ⓒ | Ⓓ |
| 110 | Ⓐ | Ⓑ | Ⓒ | Ⓓ | 135 | Ⓐ | Ⓑ | Ⓒ | Ⓓ | 160 | Ⓐ | Ⓑ | Ⓒ | Ⓓ | 185 | Ⓐ | Ⓑ | Ⓒ | Ⓓ |
| 111 | Ⓐ | Ⓑ | Ⓒ | Ⓓ | 136 | Ⓐ | Ⓑ | Ⓒ | Ⓓ | 161 | Ⓐ | Ⓑ | Ⓒ | Ⓓ | 186 | Ⓐ | Ⓑ | Ⓒ | Ⓓ |
| 112 | Ⓐ | Ⓑ | Ⓒ | Ⓓ | 137 | Ⓐ | Ⓑ | Ⓒ | Ⓓ | 162 | Ⓐ | Ⓑ | Ⓒ | Ⓓ | 187 | Ⓐ | Ⓑ | Ⓒ | Ⓓ |
| 113 | Ⓐ | Ⓑ | Ⓒ | Ⓓ | 138 | Ⓐ | Ⓑ | Ⓒ | Ⓓ | 163 | Ⓐ | Ⓑ | Ⓒ | Ⓓ | 188 | Ⓐ | Ⓑ | Ⓒ | Ⓓ |
| 114 | Ⓐ | Ⓑ | Ⓒ | Ⓓ | 139 | Ⓐ | Ⓑ | Ⓒ | Ⓓ | 164 | Ⓐ | Ⓑ | Ⓒ | Ⓓ | 189 | Ⓐ | Ⓑ | Ⓒ | Ⓓ |
| 115 | Ⓐ | Ⓑ | Ⓒ | Ⓓ | 140 | Ⓐ | Ⓑ | Ⓒ | Ⓓ | 165 | Ⓐ | Ⓑ | Ⓒ | Ⓓ | 190 | Ⓐ | Ⓑ | Ⓒ | Ⓓ |
| 116 | Ⓐ | Ⓑ | Ⓒ | Ⓓ | 141 | Ⓐ | Ⓑ | Ⓒ | Ⓓ | 166 | Ⓐ | Ⓑ | Ⓒ | Ⓓ | 191 | Ⓐ | Ⓑ | Ⓒ | Ⓓ |
| 117 | Ⓐ | Ⓑ | Ⓒ | Ⓓ | 142 | Ⓐ | Ⓑ | Ⓒ | Ⓓ | 167 | Ⓐ | Ⓑ | Ⓒ | Ⓓ | 192 | Ⓐ | Ⓑ | Ⓒ | Ⓓ |
| 118 | Ⓐ | Ⓑ | Ⓒ | Ⓓ | 143 | Ⓐ | Ⓑ | Ⓒ | Ⓓ | 168 | Ⓐ | Ⓑ | Ⓒ | Ⓓ | 193 | Ⓐ | Ⓑ | Ⓒ | Ⓓ |
| 119 | Ⓐ | Ⓑ | Ⓒ | Ⓓ | 144 | Ⓐ | Ⓑ | Ⓒ | Ⓓ | 169 | Ⓐ | Ⓑ | Ⓒ | Ⓓ | 194 | Ⓐ | Ⓑ | Ⓒ | Ⓓ |
| 120 | Ⓐ | Ⓑ | Ⓒ | Ⓓ | 145 | Ⓐ | Ⓑ | Ⓒ | Ⓓ | 170 | Ⓐ | Ⓑ | Ⓒ | Ⓓ | 195 | Ⓐ | Ⓑ | Ⓒ | Ⓓ |
| 121 | Ⓐ | Ⓑ | Ⓒ | Ⓓ | 146 | Ⓐ | Ⓑ | Ⓒ | Ⓓ | 171 | Ⓐ | Ⓑ | Ⓒ | Ⓓ | 196 | Ⓐ | Ⓑ | Ⓒ | Ⓓ |
| 122 | Ⓐ | Ⓑ | Ⓒ | Ⓓ | 147 | Ⓐ | Ⓑ | Ⓒ | Ⓓ | 172 | Ⓐ | Ⓑ | Ⓒ | Ⓓ | 197 | Ⓐ | Ⓑ | Ⓒ | Ⓓ |
| 123 | Ⓐ | Ⓑ | Ⓒ | Ⓓ | 148 | Ⓐ | Ⓑ | Ⓒ | Ⓓ | 173 | Ⓐ | Ⓑ | Ⓒ | Ⓓ | 198 | Ⓐ | Ⓑ | Ⓒ | Ⓓ |
| 124 | Ⓐ | Ⓑ | Ⓒ | Ⓓ | 149 | Ⓐ | Ⓑ | Ⓒ | Ⓓ | 174 | Ⓐ | Ⓑ | Ⓒ | Ⓓ | 199 | Ⓐ | Ⓑ | Ⓒ | Ⓓ |
| 125 | Ⓐ | Ⓑ | Ⓒ | Ⓓ | 150 | Ⓐ | Ⓑ | Ⓒ | Ⓓ | 175 | Ⓐ | Ⓑ | Ⓒ | Ⓓ | 200 | Ⓐ | Ⓑ | Ⓒ | Ⓓ |

# LISTENING SECTION

| | | | | | | | | | | | | | | | | | | | |
|---|---|---|---|---|---|---|---|---|---|---|---|---|---|---|---|---|---|---|---|
| 1 | Ⓐ | Ⓑ | Ⓒ | Ⓓ | 26 | Ⓐ | Ⓑ | Ⓒ | Ⓓ | 51 | Ⓐ | Ⓑ | Ⓒ | Ⓓ | 76 | Ⓐ | Ⓑ | Ⓒ | Ⓓ |
| 2 | Ⓐ | Ⓑ | Ⓒ | Ⓓ | 27 | Ⓐ | Ⓑ | Ⓒ | Ⓓ | 52 | Ⓐ | Ⓑ | Ⓒ | Ⓓ | 77 | Ⓐ | Ⓑ | Ⓒ | Ⓓ |
| 3 | Ⓐ | Ⓑ | Ⓒ | Ⓓ | 28 | Ⓐ | Ⓑ | Ⓒ | Ⓓ | 53 | Ⓐ | Ⓑ | Ⓒ | Ⓓ | 78 | Ⓐ | Ⓑ | Ⓒ | Ⓓ |
| 4 | Ⓐ | Ⓑ | Ⓒ | Ⓓ | 29 | Ⓐ | Ⓑ | Ⓒ | Ⓓ | 54 | Ⓐ | Ⓑ | Ⓒ | Ⓓ | 79 | Ⓐ | Ⓑ | Ⓒ | Ⓓ |
| 5 | Ⓐ | Ⓑ | Ⓒ | Ⓓ | 30 | Ⓐ | Ⓑ | Ⓒ | Ⓓ | 55 | Ⓐ | Ⓑ | Ⓒ | Ⓓ | 80 | Ⓐ | Ⓑ | Ⓒ | Ⓓ |
| 6 | Ⓐ | Ⓑ | Ⓒ | Ⓓ | 31 | Ⓐ | Ⓑ | Ⓒ | Ⓓ | 56 | Ⓐ | Ⓑ | Ⓒ | Ⓓ | 81 | Ⓐ | Ⓑ | Ⓒ | Ⓓ |
| 7 | Ⓐ | Ⓑ | Ⓒ | Ⓓ | 32 | Ⓐ | Ⓑ | Ⓒ | Ⓓ | 57 | Ⓐ | Ⓑ | Ⓒ | Ⓓ | 82 | Ⓐ | Ⓑ | Ⓒ | Ⓓ |
| 8 | Ⓐ | Ⓑ | Ⓒ | Ⓓ | 33 | Ⓐ | Ⓑ | Ⓒ | Ⓓ | 58 | Ⓐ | Ⓑ | Ⓒ | Ⓓ | 83 | Ⓐ | Ⓑ | Ⓒ | Ⓓ |
| 9 | Ⓐ | Ⓑ | Ⓒ | Ⓓ | 34 | Ⓐ | Ⓑ | Ⓒ | Ⓓ | 59 | Ⓐ | Ⓑ | Ⓒ | Ⓓ | 84 | Ⓐ | Ⓑ | Ⓒ | Ⓓ |
| 10 | Ⓐ | Ⓑ | Ⓒ | Ⓓ | 35 | Ⓐ | Ⓑ | Ⓒ | Ⓓ | 60 | Ⓐ | Ⓑ | Ⓒ | Ⓓ | 85 | Ⓐ | Ⓑ | Ⓒ | Ⓓ |
| 11 | Ⓐ | Ⓑ | Ⓒ | Ⓓ | 36 | Ⓐ | Ⓑ | Ⓒ | Ⓓ | 61 | Ⓐ | Ⓑ | Ⓒ | Ⓓ | 86 | Ⓐ | Ⓑ | Ⓒ | Ⓓ |
| 12 | Ⓐ | Ⓑ | Ⓒ | Ⓓ | 37 | Ⓐ | Ⓑ | Ⓒ | Ⓓ | 62 | Ⓐ | Ⓑ | Ⓒ | Ⓓ | 87 | Ⓐ | Ⓑ | Ⓒ | Ⓓ |
| 13 | Ⓐ | Ⓑ | Ⓒ | Ⓓ | 38 | Ⓐ | Ⓑ | Ⓒ | Ⓓ | 63 | Ⓐ | Ⓑ | Ⓒ | Ⓓ | 88 | Ⓐ | Ⓑ | Ⓒ | Ⓓ |
| 14 | Ⓐ | Ⓑ | Ⓒ | Ⓓ | 39 | Ⓐ | Ⓑ | Ⓒ | Ⓓ | 64 | Ⓐ | Ⓑ | Ⓒ | Ⓓ | 89 | Ⓐ | Ⓑ | Ⓒ | Ⓓ |
| 15 | Ⓐ | Ⓑ | Ⓒ | Ⓓ | 40 | Ⓐ | Ⓑ | Ⓒ | Ⓓ | 65 | Ⓐ | Ⓑ | Ⓒ | Ⓓ | 90 | Ⓐ | Ⓑ | Ⓒ | Ⓓ |
| 16 | Ⓐ | Ⓑ | Ⓒ | Ⓓ | 41 | Ⓐ | Ⓑ | Ⓒ | Ⓓ | 66 | Ⓐ | Ⓑ | Ⓒ | Ⓓ | 91 | Ⓐ | Ⓑ | Ⓒ | Ⓓ |
| 17 | Ⓐ | Ⓑ | Ⓒ | Ⓓ | 42 | Ⓐ | Ⓑ | Ⓒ | Ⓓ | 67 | Ⓐ | Ⓑ | Ⓒ | Ⓓ | 92 | Ⓐ | Ⓑ | Ⓒ | Ⓓ |
| 18 | Ⓐ | Ⓑ | Ⓒ | Ⓓ | 43 | Ⓐ | Ⓑ | Ⓒ | Ⓓ | 68 | Ⓐ | Ⓑ | Ⓒ | Ⓓ | 93 | Ⓐ | Ⓑ | Ⓒ | Ⓓ |
| 19 | Ⓐ | Ⓑ | Ⓒ | Ⓓ | 44 | Ⓐ | Ⓑ | Ⓒ | Ⓓ | 69 | Ⓐ | Ⓑ | Ⓒ | Ⓓ | 94 | Ⓐ | Ⓑ | Ⓒ | Ⓓ |
| 20 | Ⓐ | Ⓑ | Ⓒ | Ⓓ | 45 | Ⓐ | Ⓑ | Ⓒ | Ⓓ | 70 | Ⓐ | Ⓑ | Ⓒ | Ⓓ | 95 | Ⓐ | Ⓑ | Ⓒ | Ⓓ |
| 21 | Ⓐ | Ⓑ | Ⓒ | Ⓓ | 46 | Ⓐ | Ⓑ | Ⓒ | Ⓓ | 71 | Ⓐ | Ⓑ | Ⓒ | Ⓓ | 96 | Ⓐ | Ⓑ | Ⓒ | Ⓓ |
| 22 | Ⓐ | Ⓑ | Ⓒ | Ⓓ | 47 | Ⓐ | Ⓑ | Ⓒ | Ⓓ | 72 | Ⓐ | Ⓑ | Ⓒ | Ⓓ | 97 | Ⓐ | Ⓑ | Ⓒ | Ⓓ |
| 23 | Ⓐ | Ⓑ | Ⓒ | Ⓓ | 48 | Ⓐ | Ⓑ | Ⓒ | Ⓓ | 73 | Ⓐ | Ⓑ | Ⓒ | Ⓓ | 98 | Ⓐ | Ⓑ | Ⓒ | Ⓓ |
| 24 | Ⓐ | Ⓑ | Ⓒ | Ⓓ | 49 | Ⓐ | Ⓑ | Ⓒ | Ⓓ | 74 | Ⓐ | Ⓑ | Ⓒ | Ⓓ | 99 | Ⓐ | Ⓑ | Ⓒ | Ⓓ |
| 25 | Ⓐ | Ⓑ | Ⓒ | Ⓓ | 50 | Ⓐ | Ⓑ | Ⓒ | Ⓓ | 75 | Ⓐ | Ⓑ | Ⓒ | Ⓓ | 100 | Ⓐ | Ⓑ | Ⓒ | Ⓓ |

# READING SECTION

| | | | |
|---|---|---|---|
| 101 Ⓐ Ⓑ Ⓒ Ⓓ | 126 Ⓐ Ⓑ Ⓒ Ⓓ | 151 Ⓐ Ⓑ Ⓒ Ⓓ | 176 Ⓐ Ⓑ Ⓒ Ⓓ |
| 102 Ⓐ Ⓑ Ⓒ Ⓓ | 127 Ⓐ Ⓑ Ⓒ Ⓓ | 152 Ⓐ Ⓑ Ⓒ Ⓓ | 177 Ⓐ Ⓑ Ⓒ Ⓓ |
| 103 Ⓐ Ⓑ Ⓒ Ⓓ | 128 Ⓐ Ⓑ Ⓒ Ⓓ | 153 Ⓐ Ⓑ Ⓒ Ⓓ | 178 Ⓐ Ⓑ Ⓒ Ⓓ |
| 104 Ⓐ Ⓑ Ⓒ Ⓓ | 129 Ⓐ Ⓑ Ⓒ Ⓓ | 154 Ⓐ Ⓑ Ⓒ Ⓓ | 179 Ⓐ Ⓑ Ⓒ Ⓓ |
| 105 Ⓐ Ⓑ Ⓒ Ⓓ | 130 Ⓐ Ⓑ Ⓒ Ⓓ | 155 Ⓐ Ⓑ Ⓒ Ⓓ | 180 Ⓐ Ⓑ Ⓒ Ⓓ |
| 106 Ⓐ Ⓑ Ⓒ Ⓓ | 131 Ⓐ Ⓑ Ⓒ Ⓓ | 156 Ⓐ Ⓑ Ⓒ Ⓓ | 181 Ⓐ Ⓑ Ⓒ Ⓓ |
| 107 Ⓐ Ⓑ Ⓒ Ⓓ | 132 Ⓐ Ⓑ Ⓒ Ⓓ | 157 Ⓐ Ⓑ Ⓒ Ⓓ | 182 Ⓐ Ⓑ Ⓒ Ⓓ |
| 108 Ⓐ Ⓑ Ⓒ Ⓓ | 133 Ⓐ Ⓑ Ⓒ Ⓓ | 158 Ⓐ Ⓑ Ⓒ Ⓓ | 183 Ⓐ Ⓑ Ⓒ Ⓓ |
| 109 Ⓐ Ⓑ Ⓒ Ⓓ | 134 Ⓐ Ⓑ Ⓒ Ⓓ | 159 Ⓐ Ⓑ Ⓒ Ⓓ | 184 Ⓐ Ⓑ Ⓒ Ⓓ |
| 110 Ⓐ Ⓑ Ⓒ Ⓓ | 135 Ⓐ Ⓑ Ⓒ Ⓓ | 160 Ⓐ Ⓑ Ⓒ Ⓓ | 185 Ⓐ Ⓑ Ⓒ Ⓓ |
| 111 Ⓐ Ⓑ Ⓒ Ⓓ | 136 Ⓐ Ⓑ Ⓒ Ⓓ | 161 Ⓐ Ⓑ Ⓒ Ⓓ | 186 Ⓐ Ⓑ Ⓒ Ⓓ |
| 112 Ⓐ Ⓑ Ⓒ Ⓓ | 137 Ⓐ Ⓑ Ⓒ Ⓓ | 162 Ⓐ Ⓑ Ⓒ Ⓓ | 187 Ⓐ Ⓑ Ⓒ Ⓓ |
| 113 Ⓐ Ⓑ Ⓒ Ⓓ | 138 Ⓐ Ⓑ Ⓒ Ⓓ | 163 Ⓐ Ⓑ Ⓒ Ⓓ | 188 Ⓐ Ⓑ Ⓒ Ⓓ |
| 114 Ⓐ Ⓑ Ⓒ Ⓓ | 139 Ⓐ Ⓑ Ⓒ Ⓓ | 164 Ⓐ Ⓑ Ⓒ Ⓓ | 189 Ⓐ Ⓑ Ⓒ Ⓓ |
| 115 Ⓐ Ⓑ Ⓒ Ⓓ | 140 Ⓐ Ⓑ Ⓒ Ⓓ | 165 Ⓐ Ⓑ Ⓒ Ⓓ | 190 Ⓐ Ⓑ Ⓒ Ⓓ |
| 116 Ⓐ Ⓑ Ⓒ Ⓓ | 141 Ⓐ Ⓑ Ⓒ Ⓓ | 166 Ⓐ Ⓑ Ⓒ Ⓓ | 191 Ⓐ Ⓑ Ⓒ Ⓓ |
| 117 Ⓐ Ⓑ Ⓒ Ⓓ | 142 Ⓐ Ⓑ Ⓒ Ⓓ | 167 Ⓐ Ⓑ Ⓒ Ⓓ | 192 Ⓐ Ⓑ Ⓒ Ⓓ |
| 118 Ⓐ Ⓑ Ⓒ Ⓓ | 143 Ⓐ Ⓑ Ⓒ Ⓓ | 168 Ⓐ Ⓑ Ⓒ Ⓓ | 193 Ⓐ Ⓑ Ⓒ Ⓓ |
| 119 Ⓐ Ⓑ Ⓒ Ⓓ | 144 Ⓐ Ⓑ Ⓒ Ⓓ | 169 Ⓐ Ⓑ Ⓒ Ⓓ | 194 Ⓐ Ⓑ Ⓒ Ⓓ |
| 120 Ⓐ Ⓑ Ⓒ Ⓓ | 145 Ⓐ Ⓑ Ⓒ Ⓓ | 170 Ⓐ Ⓑ Ⓒ Ⓓ | 195 Ⓐ Ⓑ Ⓒ Ⓓ |
| 121 Ⓐ Ⓑ Ⓒ Ⓓ | 146 Ⓐ Ⓑ Ⓒ Ⓓ | 171 Ⓐ Ⓑ Ⓒ Ⓓ | 196 Ⓐ Ⓑ Ⓒ Ⓓ |
| 122 Ⓐ Ⓑ Ⓒ Ⓓ | 147 Ⓐ Ⓑ Ⓒ Ⓓ | 172 Ⓐ Ⓑ Ⓒ Ⓓ | 197 Ⓐ Ⓑ Ⓒ Ⓓ |
| 123 Ⓐ Ⓑ Ⓒ Ⓓ | 148 Ⓐ Ⓑ Ⓒ Ⓓ | 173 Ⓐ Ⓑ Ⓒ Ⓓ | 198 Ⓐ Ⓑ Ⓒ Ⓓ |
| 124 Ⓐ Ⓑ Ⓒ Ⓓ | 149 Ⓐ Ⓑ Ⓒ Ⓓ | 174 Ⓐ Ⓑ Ⓒ Ⓓ | 199 Ⓐ Ⓑ Ⓒ Ⓓ |
| 125 Ⓐ Ⓑ Ⓒ Ⓓ | 150 Ⓐ Ⓑ Ⓒ Ⓓ | 175 Ⓐ Ⓑ Ⓒ Ⓓ | 200 Ⓐ Ⓑ Ⓒ Ⓓ |

# LISTENING SECTION

| | | | |
|---|---|---|---|
| 1 Ⓐ Ⓑ Ⓒ Ⓓ | 26 Ⓐ Ⓑ Ⓒ Ⓓ | 51 Ⓐ Ⓑ Ⓒ Ⓓ | 76 Ⓐ Ⓑ Ⓒ Ⓓ |
| 2 Ⓐ Ⓑ Ⓒ Ⓓ | 27 Ⓐ Ⓑ Ⓒ Ⓓ | 52 Ⓐ Ⓑ Ⓒ Ⓓ | 77 Ⓐ Ⓑ Ⓒ Ⓓ |
| 3 Ⓐ Ⓑ Ⓒ Ⓓ | 28 Ⓐ Ⓑ Ⓒ Ⓓ | 53 Ⓐ Ⓑ Ⓒ Ⓓ | 78 Ⓐ Ⓑ Ⓒ Ⓓ |
| 4 Ⓐ Ⓑ Ⓒ Ⓓ | 29 Ⓐ Ⓑ Ⓒ Ⓓ | 54 Ⓐ Ⓑ Ⓒ Ⓓ | 79 Ⓐ Ⓑ Ⓒ Ⓓ |
| 5 Ⓐ Ⓑ Ⓒ Ⓓ | 30 Ⓐ Ⓑ Ⓒ Ⓓ | 55 Ⓐ Ⓑ Ⓒ Ⓓ | 80 Ⓐ Ⓑ Ⓒ Ⓓ |
| 6 Ⓐ Ⓑ Ⓒ Ⓓ | 31 Ⓐ Ⓑ Ⓒ Ⓓ | 56 Ⓐ Ⓑ Ⓒ Ⓓ | 81 Ⓐ Ⓑ Ⓒ Ⓓ |
| 7 Ⓐ Ⓑ Ⓒ Ⓓ | 32 Ⓐ Ⓑ Ⓒ Ⓓ | 57 Ⓐ Ⓑ Ⓒ Ⓓ | 82 Ⓐ Ⓑ Ⓒ Ⓓ |
| 8 Ⓐ Ⓑ Ⓒ Ⓓ | 33 Ⓐ Ⓑ Ⓒ Ⓓ | 58 Ⓐ Ⓑ Ⓒ Ⓓ | 83 Ⓐ Ⓑ Ⓒ Ⓓ |
| 9 Ⓐ Ⓑ Ⓒ Ⓓ | 34 Ⓐ Ⓑ Ⓒ Ⓓ | 59 Ⓐ Ⓑ Ⓒ Ⓓ | 84 Ⓐ Ⓑ Ⓒ Ⓓ |
| 10 Ⓐ Ⓑ Ⓒ Ⓓ | 35 Ⓐ Ⓑ Ⓒ Ⓓ | 60 Ⓐ Ⓑ Ⓒ Ⓓ | 85 Ⓐ Ⓑ Ⓒ Ⓓ |
| 11 Ⓐ Ⓑ Ⓒ Ⓓ | 36 Ⓐ Ⓑ Ⓒ Ⓓ | 61 Ⓐ Ⓑ Ⓒ Ⓓ | 86 Ⓐ Ⓑ Ⓒ Ⓓ |
| 12 Ⓐ Ⓑ Ⓒ Ⓓ | 37 Ⓐ Ⓑ Ⓒ Ⓓ | 62 Ⓐ Ⓑ Ⓒ Ⓓ | 87 Ⓐ Ⓑ Ⓒ Ⓓ |
| 13 Ⓐ Ⓑ Ⓒ Ⓓ | 38 Ⓐ Ⓑ Ⓒ Ⓓ | 63 Ⓐ Ⓑ Ⓒ Ⓓ | 88 Ⓐ Ⓑ Ⓒ Ⓓ |
| 14 Ⓐ Ⓑ Ⓒ Ⓓ | 39 Ⓐ Ⓑ Ⓒ Ⓓ | 64 Ⓐ Ⓑ Ⓒ Ⓓ | 89 Ⓐ Ⓑ Ⓒ Ⓓ |
| 15 Ⓐ Ⓑ Ⓒ Ⓓ | 40 Ⓐ Ⓑ Ⓒ Ⓓ | 65 Ⓐ Ⓑ Ⓒ Ⓓ | 90 Ⓐ Ⓑ Ⓒ Ⓓ |
| 16 Ⓐ Ⓑ Ⓒ Ⓓ | 41 Ⓐ Ⓑ Ⓒ Ⓓ | 66 Ⓐ Ⓑ Ⓒ Ⓓ | 91 Ⓐ Ⓑ Ⓒ Ⓓ |
| 17 Ⓐ Ⓑ Ⓒ Ⓓ | 42 Ⓐ Ⓑ Ⓒ Ⓓ | 67 Ⓐ Ⓑ Ⓒ Ⓓ | 92 Ⓐ Ⓑ Ⓒ Ⓓ |
| 18 Ⓐ Ⓑ Ⓒ Ⓓ | 43 Ⓐ Ⓑ Ⓒ Ⓓ | 68 Ⓐ Ⓑ Ⓒ Ⓓ | 93 Ⓐ Ⓑ Ⓒ Ⓓ |
| 19 Ⓐ Ⓑ Ⓒ Ⓓ | 44 Ⓐ Ⓑ Ⓒ Ⓓ | 69 Ⓐ Ⓑ Ⓒ Ⓓ | 94 Ⓐ Ⓑ Ⓒ Ⓓ |
| 20 Ⓐ Ⓑ Ⓒ Ⓓ | 45 Ⓐ Ⓑ Ⓒ Ⓓ | 70 Ⓐ Ⓑ Ⓒ Ⓓ | 95 Ⓐ Ⓑ Ⓒ Ⓓ |
| 21 Ⓐ Ⓑ Ⓒ Ⓓ | 46 Ⓐ Ⓑ Ⓒ Ⓓ | 71 Ⓐ Ⓑ Ⓒ Ⓓ | 96 Ⓐ Ⓑ Ⓒ Ⓓ |
| 22 Ⓐ Ⓑ Ⓒ Ⓓ | 47 Ⓐ Ⓑ Ⓒ Ⓓ | 72 Ⓐ Ⓑ Ⓒ Ⓓ | 97 Ⓐ Ⓑ Ⓒ Ⓓ |
| 23 Ⓐ Ⓑ Ⓒ Ⓓ | 48 Ⓐ Ⓑ Ⓒ Ⓓ | 73 Ⓐ Ⓑ Ⓒ Ⓓ | 98 Ⓐ Ⓑ Ⓒ Ⓓ |
| 24 Ⓐ Ⓑ Ⓒ Ⓓ | 49 Ⓐ Ⓑ Ⓒ Ⓓ | 74 Ⓐ Ⓑ Ⓒ Ⓓ | 99 Ⓐ Ⓑ Ⓒ Ⓓ |
| 25 Ⓐ Ⓑ Ⓒ Ⓓ | 50 Ⓐ Ⓑ Ⓒ Ⓓ | 75 Ⓐ Ⓑ Ⓒ Ⓓ | 100 Ⓐ Ⓑ Ⓒ Ⓓ |

# READING SECTION

| | | | | | | | | | | | | | | | | | | | |
|---|---|---|---|---|---|---|---|---|---|---|---|---|---|---|---|---|---|---|---|
| 101 | A | B | C | D | 126 | A | B | C | D | 151 | A | B | C | D | 176 | A | B | C | D |
| 102 | A | B | C | D | 127 | A | B | C | D | 152 | A | B | C | D | 177 | A | B | C | D |
| 103 | A | B | C | D | 128 | A | B | C | D | 153 | A | B | C | D | 178 | A | B | C | D |
| 104 | A | B | C | D | 129 | A | B | C | D | 154 | A | B | C | D | 179 | A | B | C | D |
| 105 | A | B | C | D | 130 | A | B | C | D | 155 | A | B | C | D | 180 | A | B | C | D |
| 106 | A | B | C | D | 131 | A | B | C | D | 156 | A | B | C | D | 181 | A | B | C | D |
| 107 | A | B | C | D | 132 | A | B | C | D | 157 | A | B | C | D | 182 | A | B | C | D |
| 108 | A | B | C | D | 133 | A | B | C | D | 158 | A | B | C | D | 183 | A | B | C | D |
| 109 | A | B | C | D | 134 | A | B | C | D | 159 | A | B | C | D | 184 | A | B | C | D |
| 110 | A | B | C | D | 135 | A | B | C | D | 160 | A | B | C | D | 185 | A | B | C | D |
| 111 | A | B | C | D | 136 | A | B | C | D | 161 | A | B | C | D | 186 | A | B | C | D |
| 112 | A | B | C | D | 137 | A | B | C | D | 162 | A | B | C | D | 187 | A | B | C | D |
| 113 | A | B | C | D | 138 | A | B | C | D | 163 | A | B | C | D | 188 | A | B | C | D |
| 114 | A | B | C | D | 139 | A | B | C | D | 164 | A | B | C | D | 189 | A | B | C | D |
| 115 | A | B | C | D | 140 | A | B | C | D | 165 | A | B | C | D | 190 | A | B | C | D |
| 116 | A | B | C | D | 141 | A | B | C | D | 166 | A | B | C | D | 191 | A | B | C | D |
| 117 | A | B | C | D | 142 | A | B | C | D | 167 | A | B | C | D | 192 | A | B | C | D |
| 118 | A | B | C | D | 143 | A | B | C | D | 168 | A | B | C | D | 193 | A | B | C | D |
| 119 | A | B | C | D | 144 | A | B | C | D | 169 | A | B | C | D | 194 | A | B | C | D |
| 120 | A | B | C | D | 145 | A | B | C | D | 170 | A | B | C | D | 195 | A | B | C | D |
| 121 | A | B | C | D | 146 | A | B | C | D | 171 | A | B | C | D | 196 | A | B | C | D |
| 122 | A | B | C | D | 147 | A | B | C | D | 172 | A | B | C | D | 197 | A | B | C | D |
| 123 | A | B | C | D | 148 | A | B | C | D | 173 | A | B | C | D | 198 | A | B | C | D |
| 124 | A | B | C | D | 149 | A | B | C | D | 174 | A | B | C | D | 199 | A | B | C | D |
| 125 | A | B | C | D | 150 | A | B | C | D | 175 | A | B | C | D | 200 | A | B | C | D |

FSC
www.fsc.org
MIXTE
Papier issu
de sources
responsables
FSC® C022030

Achevé d'imprimer en avril 2017
sur les presses de la Nouvelle Imprimerie Laballery
58500 Clamecy
Dépôt légal : mai 2017
N° d'impression : 704207
N° d'éditeur : 10213147 - ALINEA

*Imprimé en France*

La Nouvelle Imprimerie Laballery est titulaire de la marque Imprim'Vert®